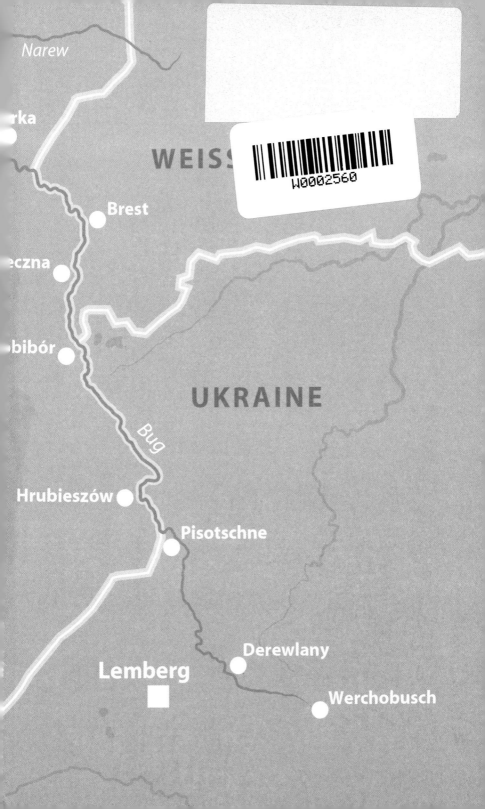

Der stille Bug

Annette Dittert/Fritz F. Pleitgen

DER STILLE BUG

Reise durch ein zerrissenes Land

Kiepenheuer & Witsch

2. Auflage 2004

© 2004 by Verlag Kiepenheuer & Witsch, Köln
Alle Rechte vorbehalten. Kein Teil des Werkes
darf in irgendeiner Form (durch Fotografie, Mikrofilm
oder ein anderes Verfahren) ohne schriftliche
Genehmigung des Verlages reproduziert oder unter
Verwendung elektronischer Systeme verarbeitet,
vervielfältigt oder verbreitet werden.
Umschlaggestaltung: Rudolf Linn, Köln
Umschlagfoto: © Repro WDR und Bettina Fürst-Fastré
Bildrechte: © WDR
Karte: © Wieslaw Prus
Repro: Repro acht, Köln
Gesetzt aus der Garamond Stempel (Berthold)
bei Kalle Giese, Overath
Druck und Bindearbeiten: GGP Media, Pößneck
ISBN 3-462-03400-6

Inhalt

Wie uns der Bug zusammenbrachte
Von Fritz Pleitgen und Annette Dittert 9

Die Quelle   *Fritz Pleitgen* 13

Die Hochzeit   *Annette Dittert* 29

Lemberg   *Fritz Pleitgen* 47

Ein Pole kehrt zurück   *Annette Dittert* 79

Die Synagoge   *Fritz Pleitgen* 97

Der durchsichtige Engel   *Annette Dittert* 109

Der Bug – die Westgrenze der Ukraine   *Fritz Pleitgen* 127

Der Bug – die Ostgrenze Polens   *Annette Dittert* ... 149

Sobibor   *Fritz Pleitgen* 171

Das Kloster von Jableczna   *Annette Dittert* 195

Brest   *Fritz Pleitgen* 215

Die Wallfahrt nach Grabarka   *Annette Dittert* 231

Zeittafel 245

Literaturhinweise 249

Wie uns der Bug zusammenbrachte
Von Fritz Pleitgen und Annette Dittert

Meine erste Begegnung mit dem Bug – ich kann es nicht verheimlichen – verlief enttäuschend. Obwohl seitdem Jahrzehnte vergangen sind, ist mir jener Tag in frischer Erinnerung geblieben. Ende 1970 war ich mit dem Auto auf dem Weg nach Moskau, um dort meine Tätigkeit als Korrespondent aufzunehmen. In Europa herrschte kalter Krieg. Entspannung begann sich gerade erst zu regen.

Einzelreisen durch das sozialistische Lager gehörten damals nicht zu den Alltäglichkeiten. Hinter Warschau bekam ich das Gefühl, als Westler mutterseelenallein Richtung Osten zu fahren. So näherte ich mich dem Bug. Ich war neugierig, den Fluss kennen zu lernen, der mir in Geschichtsbüchern und Erzählungen einige Male begegnet war. Immer, wenn es in Osteuropa etwas zu teilen gab, schien der Bug dabei zu sein; vor allem im 20. Jahrhundert.

Nach dem Ersten Weltkrieg war er Teil der legendären Curzon-Linie zwischen Polen und der frisch entstandenen Sowjetunion. Der Plan funktionierte nicht. Polen rückte 200 Kilometer nach Osten vor, konnte den Landgewinn nur kurz genießen, denn 1939 wurde es von Hitler und Stalin geteilt. Die beiden Diktatoren machten den Bug zur Trennlinie zwischen ihren Reichen.

Kurze Zeit später machte der Fluss wieder Geschichte; erneut für Deutschland unrühmlich. Hitler überfiel von hier aus mit einem gigantischen Truppenaufgebot die Sowjetunion. Als der Zweite Weltkrieg zu Ende ging, kam der Bug wieder ins Spiel. Nun als endgültige Ostgrenze Polens, so der Wille der damaligen Siegermächte!

Diese Gedanken gingen mir durch den Kopf, als ich auf den Bug zurollte. In Terespol, dem letzten Ort in Polen, fertigten mich die Grenzer und Zöllner kalt ab. Sie übergingen meine Versuche, mit ihnen russisch zu sprechen. Erst als ich mich aufs Deutsche verlegte, wurden sie zugänglicher. So lernte ich den Charakter einer sozialistischen Freundschaftsgrenze kennen.

Nach einer leichten Rechtskurve gelangte ich an den Bug. Ich fuhr auf eine kleine Brücke zu. In wenigen Sekunden wäre ich auf der anderen Seite gewesen, wenn mir nicht ein Schlagbaum die Einfahrt in die Union der Sozialistischen Sowjetrepubliken versperrt hätte. Da sich im Osten nichts regte, hatte ich Muße, mir die Umgebung zu betrachten. Der Anblick war nicht erhebend. Ich schaute auf den Bug. Was ich sah, war kein starker Fluss, sondern ein müder Schleicher; bräunlich undurchsichtig, bescheidene 30 Meter breit.

Hinter dem Schlagbaum blieb es ruhig. Leichter Schneeregen legte sich auf meine Windschutzscheibe. Ich schloss die Augen und kam ins Grübeln. Am Bug hatten die Nazis die Vernichtungslager Sobibor und Treblinka errichtet, fiel mir ein. Hunderttausende Juden waren hier ermordet worden.

Die düstere Stimmung der Natur passte zu den apokalyptischen Vorgängen von damals. Die Zeit rann dahin. Eine Stunde. Ich war immer noch allein auf der Brücke. Außer mir schien kein Mensch nach Russland reisen zu wollen. Endlich: Ein Grenzsoldat schwenkte den Schlagbaum beiseite. Drei weitere Stunden Kontrolle der Dokumente und Durchsuchung des voll bepackten Fahrzeugs folgten. Dann ließ mich das Arbeiter- und Bauernparadies herein. Ich fuhr in das Dunkel Richtung Moskau. Das Kapitel Bug hatte sich für mich erledigt, dachte ich.

Ich hingegen hatte versprochen wiederzukommen. Zwei Jahre zuvor, an einem neblig-dunstigen Sommermorgen, stand ich das erste Mal vor diesem Bug, der Ostgrenze Polens, und sah auf ein schmales, stilles Band sumpfigen Wassers, umgeben von dichten Büschen, während hinter mir das Team tobte und eine Live-Schalte für das ARD-»Morgenmagazin« vorbereitete.

Es war das Ende einer einwöchigen Reise für eben jene Sendung quer durch Polen von West nach Ost. Hier stand ich nun und sah auf diesen schmalen Fluss, den auch ich mir irgendwie größer und bedeutender vorgestellt hatte.

Immerhin war das hier die Ostgrenze Polens, das Ende des jetzigen Europas, dahinter begann die Ukraine, dahinter lag das alte Galizien, das ehemalige Ostpolen, Russland.

Die Geschichte von Sofia und Alina wollten wir erzählen an diesem Morgen. Die Geschichte einer Freundschaft, die durch den Bug entstand und durch ihn, als Grenze, später so erschwert wurde.

Mit fünfzehn, kurz nach dem Krieg, spielte Sofia in Ermangelung anderer Mädchen im Dorf meistens alleine am Fluss, bis sie eines Tages auf die Idee kam, doch einfach eine Flaschenpost abzuschicken. Ein Hilfeschrei nach Freundschaft. Der auch prompt beantwortet wurde. Alina, eine junge Polin, die durch die Ostverschiebung Polens nun Ukrainerin geworden war und Sofias Flaschenpost gefunden hatte, erschien eines Abends am anderen Ufer und von dem Tag an waren die beiden unzertrennlich. Regelmäßig besuchten sie sich, bis Alina vor ein paar Jahren ihren Pass verlor, ohne den sie nicht mehr nach Polen hineindurfte. In das Land, das doch eigentlich auch mal ihre Heimat gewesen war und in dem Sofia lange Zeit vergeblich auf sie wartete.

An jenem Morgen nun stand diese Sofia vor mir, vor ihrem Haus, dem letzten vor der Grenze, aus dessen Hinterhof wir direkt auf den Bug sahen, und war nervös. Einfach nur nervös, weil sie nicht verstand, was denn diese vielen Deutschen in ihrem Garten wollten, weil sie mich nicht verstand, die ich noch kaum Polnisch konnte, und weil sie nicht wusste, was wir vorhatten, aber irgendwie ahnte, dass wir eine Überraschung für sie hatten. Und die kam dann auch, als wir auf Sendung waren: ein Einspielband, auf dem ihre Alina ihr zeigte, wie sie heute lebte (ich erinnere mich vor allem an ein besonders fettes Schwein, das sie großzog), ihr alles Gute wünschte und dann ein Lied für sie sang.

Sofia stand vor mir an diesem Fluss, sah mich an, lächelte in mildem Einverständnis und sang einfach mit. Einfach so. Nach der Live-Übertragung hatte ich Tränen in den Augen, nicht sie. Ich hatte verstanden, wie nah sich die Menschen diesseits und jenseits des Bugs waren, und ich war neugierig geworden auf das, was hinter dem Bug sein würde. Sofia packte den Wodka aus, den wir mitgebracht hatten, und ich versprach wiederzukommen.

Es war eines dieser Projekte, die einen nicht loslassen und die sich dann irgendwann ihren eigenen Weg bahnen. In diesem Fall auf äußerst kuriose Weise. In diesem Fall sitze ich ein Jahr später mit Fritz Pleitgen auf einer Terrasse, irgendwo in Warschau, und erzähle ihm von diesem Morgen und der Idee, diesen Fluss, diese Grenzregion, den Osten Polens einmal abzufahren. Vor allem das zu erforschen, was jenseits des Bugs liegt, das alte Ostpolen, Galizien, die heutige Westukraine.

Und irgendwann – der Abend ist schon etwas fortgeschritten – höre ich diese sonore Stimme sagen: »Ja, dann machen wir das doch einfach zusammen, dann finden wir schon einen Sendeplatz.« Ich weiß noch, dass ich das für einen guten Witz hielt. Und dass wir darüber herzlich gelacht haben.

Was ich nicht wusste, war, dass Fritz Pleitgen es ernst meinte und dass wir in der Tat ein Jahr später zusammen an der Quelle des Bugs stehen würden.

Und zwar in Werchobusch, einem kleinen Dorf irgendwo in der Ukraine. Vor einem unauffälligen Brunnen, geschmückt von drei gipsernen Heiligen, und umgeben von Dorfbewohnern, die über uns genauso erstaunt waren, wie sie es über Wesen vom Mars gewesen wären.

Und die uns dann als Erste erklärten, wo wir eigentlich sind und worum es eigentlich geht und immer gegangen war in ihrem Land, das mal polnisch, mal sowjetrussisch war, und das heute die Ukraine ist.

Um Krieg, um Religion, um Geschichte und Gewalt, die hier von der Geschichte kaum je zu trennen war. Und wie wir überhaupt darauf kämen, zu fragen, ob das hier wirklich die Quelle des Bug sei, das hätten sie amtlich – und überhaupt, so etwas hätte ja wohl noch nie jemand gefragt.

Da stehen wir also nun, Fritz Pleitgen und ich, an der – amtlich bestätigten – Quelle des Bugs. Es regnet leicht und an den Gesichtern der Alten, die uns gegenüberstehen und die jünger, so viel jünger sind, als sie aussehen, kann man ablesen, wo wir sind; am Beginn einer Reise durch ein zerrissenes Land.

Die Quelle

Fritz Pleitgen

Galiziens Eigenwilligkeit lernen wir gleich am ersten Tag kennen. Ganz Europa stöhnt unter einer Hitzewelle, nur in Lemberg regnet es mit entnervender Penetranz, was sich sehr auf meine Stimmung legt. »Genau das richtige Wetter für eine Filmreise!«, brumme ich beim Frühstück. Annette Dittert gibt sich gelassen. »Wir nehmen es, wie es kommt.« Gute Schule, denke ich, Korrespondenten sollten keine Schönwetter-Autoren sein.

Wir sitzen im Empfang des Grand Hotel und bereiten uns auf den ersten Drehtermin vor. Die Quelle des Bugs ist unser Ziel, 130 km östlich von Lemberg. Werchobusch heißt das Dörfchen. Die Abfahrt verzögert sich ein wenig. Ich nutze die Zeit zu einem Spaziergang im Regen.

Gegenüber unserem Hotel steht ein mächtiges Denkmal. Eine sechs Meter hohe Figur, die den Dichter und Maler Taras Schewtschenko darstellt, schaut streng auf mich herunter. Daneben richtet sich doppelt so hoch eine stilisierte Welle auf, die wohl, so denke ich mir, das Aufleben der ukrainischen Nation symbolisieren soll. Als ich mir Notizen machen will, bietet mir ein älterer Herr den Schutz seines Schirmes an. Ich bedanke mich auf Russisch, worauf wir ins Gespräch kommen.

Taras Schewtschenko genieße hier fast den Status eines Nationalheiligen, erfahre ich. Er habe entscheidend zur ukrainischen Literatursprache beigetragen. Zu seinen Lebzeiten in der ersten Hälfte des 19. Jahrhunderts sei von der Ukraine noch nicht die Rede gewesen. Der heutige Osten und der Kern des Landes mit der Metropole Kiew habe den Namen Klein-Russland (Malorossija) getragen. Die Westukraine mit Lemberg als Hauptstadt habe zur habsburgischen Kronkolonie Galizien-Lodomerien gehört.

»Schewtschenko hat mit seinen Gedichten und Balladen das

ukrainische Nationalgefühl geweckt«, lässt mich mein neuer Bekannter wissen. Habe ich seinen Namen mit Jurko Jefremow richtig verstanden? Während ich darüber nachdenke, zitiert er aus Schewtschenkos Gedichtband »Kobsar«, in der mit Hingabe und Wehmut das Leben, Denken und Fühlen im ukrainischen Dorf geschildert wird. »Kobsa« sei ein dickbauchiges Saiteninstrument, auf dem die Kosaken mit Wonne gespielt hätten. »Kobsar« habe man den Spieler des Instrumentes genannt.

Die zaristische Obrigkeit witterte aufwiegelndes Gedankengut in den Werken Schewtschenkos und reagierte auf landesübliche Weise. Der Dichter erhielt Schreibverbot und wurde nach Zentralasien verbannt. Später, in der Sowjetzeit, fand Schewtschenko zwar breite Anerkennung, aber nicht jede seiner Zeilen schaffte die Hürden der Zensur. Das Denkmal in Lemberg wurde erst 1995 errichtet, nachdem die Ukraine ihre Unabhängigkeit errungen hatte. Auf der Welle entdecke ich Figuren aus der ukrainischen Geschichte und Lebenswelt – Fürsten der Kiewer Rus, Bandura-Spieler und Kosaken. »Und was ist mit den Polen, die hier 600 Jahre das Leben geprägt haben?«, frage ich. »Die Polen haben ihr Denkmal am Süden des Platzes.« Wir wandern langsam dorthin, wo Polens größter Dichter Adam Mickiewicz seit 100 Jahren auf einer hohen Säule ausharrt.

Der Pole Mickiewicz und der Ukrainer Schewtschenko haben für ihre Völker gleich hohe Bedeutung. Sie lebten beide in der ersten Hälfte des 19. Jahrhunderts, die geprägt war von Romantik und aufbrechendem Nationalgefühl. Hier auf diesem Platz nehmen sie den gleichen Rang ein. »Aber das war einmal anders«, erinnert mich mein »Schirmherr«. Vor einem Jahrhundert trugen die Straßen und Plätze im Zentrum Lembergs nur polnische und österreichische Namen. Ukrainische Namen, wie der von Schewtschenko, waren lediglich in den heruntergekommenen Vierteln zu finden. Die Ruthenen, wie die Ukrainer damals genannt wurden, waren ja auch in der Minderheit, sie hatten zudem keinen Zutritt zu höheren Ämtern. Besonders apart war, dass eine Bordellstraße, wie Lemberg selbst, nach dem Sohn des Stadtbegründers benannt wurde.

Mein Blick fällt auf ein stattliches Gebäude im Stil der Neo-Renaissance. »Das ist das Hotel George«, erklärt mein aufmerksa-

mer Gesprächspartner. »Die Wiener Architekten Fellner & Helmer
haben es 1900 gebaut. Die beiden hatten einen guten Namen in
Mitteleuropa. Das George-Hotel war die erste Adresse in Lem-
berg. Ravel, Liszt, Balzac, Camus, und zuletzt auch der Schah von
Persien, stiegen hier ab. Zur Sowjetzeit verblasste allerdings der
Glanz. Als Intourist-Absteige war es total mit Mikrophonen des
Geheimdienstes verwanzt. Bis heute hat sich das Hotel vom Mief
der sowjetischen Reiseorganisation nicht erholt.«

Von außen sieht das »George« allerdings einladend und weltläu-
fig wie zu alten Zeiten aus. An der Fassade entdecke ich anmutige
Frauenfiguren, die die Kontinente Europa, Amerika, Afrika und
Asien darstellen. Mein Begleiter verabschiedet sich. Zufrieden mit
meinem kurzen Abstecher in die Geschichte Lembergs kehre ich
zum Grand Hotel zurück. Der Regen kann meinen guten ersten
Eindruck von der Stadt nicht trüben. Auch wenn die Bauwerke
zum Teil heruntergekommen wirken, ist der Charakter und der
Charme der Habsburger geblieben, die hier von 1772 an 150 Jahre
regiert hatten. Wie ich feststelle, kann Besatzungszeit gelegentlich
ihr Gutes haben, selbst auf lange Sicht.

Als Moskau-Korrespondent hatte ich es in den 70er-Jahren nicht
nach Lemberg geschafft. Die Stadt war zwar nicht generell für Ausländer gesperrt, aber einen West-Journalisten mit Kamerateam
wollte man nicht hierhin lassen. Die Westukraine galt als nationa-
listisch, aufsässig und ideologisch unzuverlässig. Die Sowjetpropa-
ganda sprach weiter voller Abscheu von den Bandera-Banditen, die
im Zweiten Weltkrieg mit den Nazis kollaboriert hätten.

Nachdem die Region 1939 nach dem Hitler-Stalin-Pakt von den
Sowjets besetzt wurde, war die deutsche Wehrmacht tatsächlich
von vielen Menschen in der Westukraine 1941 als Befreierin
begrüßt worden. Aber die Stimmung schlug schnell um. Die Deutschen wollten von einer unabhängigen Ukraine nichts wissen. Sie
verschleppten den Nationalistenführer Stepan Bandera in ein Konzentrationslager. Seitdem kämpften seine Anhänger gegen die
Deutschen und später auch noch gegen die Sowjets. Nach dem
Krieg zogen sie sich als Partisanen in die Wälder zurück. Erst in
den 50er-Jahren wurde ihr Widerstand endgültig zerschlagen. Stepan Bandera wurde in seinem Münchner Exil von einem KGB-

Agenten ermordet. Aber die Idee von einer unabhängigen Ukraine blieb in Galizien lebendig.

Am Hotel steht das Team inzwischen abfahrbereit. Ich stelle vor: der freie Kameramann Janek Budzowski sowie, aus unserem Warschauer Studio, Toningenieur Michal Pastwa, Producerin Magda Wachowska und Fahrer Wlodek Czubak. Allesamt Polen.

Wir besprechen die Strategie. Anekdotenhaft soll der Film sein. Die Menschen, die wir treffen und die uns interessieren, sollen ihre Geschichten erzählen. Nicht in langweiligen Interviews, sondern aus ihrer Situation heraus. Magda Wachowska wird sie agitieren. Sie wird nicht locker lassen, bis sie die Auskunft bekommt, die einen Zustand, ein Ereignis oder gar ein ganzes Schicksal möglichst plastisch beschreibt. Das kann lange dauern, denn nicht jeder Mensch findet gleich die richtigen Worte oder versteht auf Anhieb, was das Publikum interessieren könnte. Solche Aufnahmen erfordern Einfühlungsvermögen, Geduld und auch Hartnäckigkeit. »Magda kann das«, sagt Annette Dittert. Die beiden Frauen sind ein bestens eingespieltes Team. Außerdem weiß Magda Wachowska aus den Gesprächen mit uns, an was uns gelegen ist.

Entscheidend bei solch einem Vorgehen ist das Zusammenspiel mit dem Kamerateam. »Janek ist ideal, in Reportagesituationen unschlagbar«, lässt mich Annette Dittert wissen. Und sie hat Recht: Janek fühlt sich in Verhältnisse instinktsicher ein. Wenn sich etwas ändert, reagiert er sofort und erfasst mit seiner Kamera immer den richtigen Augenblick, das richtige Motiv. Vor allem: Er versteht sich unsichtbar zu machen. Die Gesprächspartner nehmen ihn nicht wahr.

Bei einer solchen Drehweise wird der Tonmann hart gefordert. »Michal beherrscht sein Handwerk perfekt«, erklärt mir Annette Dittert mit dem ganzen Stolz einer Studiochefin. Michal nimmt das Lob gelassen entgegen.

Ein wichtiger Mann ist noch vorzustellen. Es ist Juri Durkot aus Lemberg. Mit ihm haben wir für den ukrainischen Teil unserer Reise einen Fachmann par excellence angeworben. Er ist ein wandelndes Auskunftsbüro. Als Journalist weiß er überdies, worauf es uns ankommt. Dass er neben seiner Heimatsprache auch noch perfekt Russisch, Polnisch und Deutsch spricht, ist uns eine große

Hilfe, zumal es ständig von einer Sprache in die andere geht. Das Team komplettiert Peer Schlottke, unser Fahrer aus Köln, der nun den zweiten Wagen mit Annette Dittert, Juri Durkot und mir an Bord aus der Stadt steuert.

Auf den ersten 100 Metern erhalten wir eine Kurzlektion über die wechselvolle Geschichte von Lemberg. Die beiden Straßen hüben und drüben am Platz vor unserem Hotel änderten ständig ihre Namen, je nach Machtlage. Mit Walenische (niedriger Wall) ging es los. Dann wurde daraus die Karl-Ludwig-Straße, benannt nach dem österreichischen Erzherzog. Danach folgten im schnellen Wechsel die Hetmanstraße, 1.-Mai-Straße, Opernstraße, Museumsstraße, Adolf-Hitler-Ring, Legionowstraße, wieder 1.-Mai-Straße, dann Lenin- und schließlich Freiheitsprospekt.

Wir fahren um den großen Platz herum und kommen am Opernhaus vorbei, auch für mitteleuropäische Maßstäbe ein prachtvolles Gebäude mit opulenter Stilvielfalt. Sein begnadeter Baumeister Zygmunt Gorgolewski soll sich angeblich das Leben genommen haben, als es Probleme mit der Statik gab. Nur eine Legende, wie unser ukrainischer Geschichtsexperte entschieden erklärt.

Enrico Caruso soll hier gesungen haben. »Vermutlich eine weitere Legende!«, meint Juri Durkot herzlos, um uns anschließend wieder aufzurichten. »Aber Niccolo Paganini und Artur Rubinstein waren in Lemberg. Und Mattia Battistini hat definitiv hier gesungen, in der Saison 1908/1909.« Mattia Battistini? Ich muss passen und bekennen: »Oper ist nicht mein stärkstes Fach.« Aber jetzt, wo ich an diesem großartigen Haus vorbeifahre, glaube ich gerne, dass es hier große Opernabende gegeben hat – zur k.-u.-k.-Zeit, in der Sowjetära und auch heute wieder. Nicht überlebt hat das Lenin-Denkmal, das vor dem Opernhaus stand. Es wurde nach dem Zusammenbruch der Sowjetunion sofort beseitigt. Nirgendwo sonst wurde so schnell und radikal mit dem vorher allgegenwärtigen Führer der Oktoberrevolution Schluss gemacht wie in der Westukraine.

Richtung Norden durchqueren wir den Stadtteil Samarstyniw, ursprünglich eine deutsche Siedlung, benannt nach dem Gutsbesitzer Sommerstein. Die Deutschen waren sehr früh nach Lemberg gekommen. Fürst Danylo, der die Stadt um 1270 gründete, baute auf ihre Fähigkeiten als Kaufleute und Handwerker und lud sie ein, sich in Lemberg niederzulassen. Als 1349 der polnische König Kasimir III., genannt der Große, Lemberg eroberte, setzte er die Politik des galizisch-wolhynischen Fürsten fort. Das Magdeburger Stadtrecht wurde eingeführt. Die Deutschen erhielten dabei außerordentliche Privilegien. Lange Zeit hatten sie im Stadtparlament das Sagen. Doch im Laufe der Jahrzehnte assimilierten sie sich mehr und mehr. »Wenn ein Deutscher eine Polin heiratet, dann ist die neue Familie schnell polonisiert«, so ein zeitgenössischer Chronist.

Hinter einer Eisenbahnbrücke macht uns Juri auf ein dramatisch wirkendes Denkmal aufmerksam. Es zeigt einen alten Mann, der verzweifelt seine Arme gen Himmel reckt. Hier befand sich, wie wir erfahren, das Ghetto. Vor dem Zweiten Weltkrieg lebten in Lemberg 310.000 Menschen. Ein Drittel der Bevölkerung waren Juden. Ihre Zahl wuchs nach Kriegsbeginn zunächst sogar noch stark an, da viele Juden vor den Deutschen aus Polen flüchteten. Sie wurden von den Nazis brutal ermordet, entweder an Ort und Stelle, oder in Vernichtungslagern. 160.000 Kinder, Frauen und Männer. Die einst blühende jüdische Kultur von Lemberg wurde nahezu ausgelöscht.

Wir lassen den bedrückenden Ort hinter uns und biegen Richtung Kiew ab. Es ist Sonntag und der Verkehr fließt spärlich. Tankstellen gibt es hingegen reichlich. Der Sprit ist billig, 38 Cent der Liter. Die Landschaft wirkt eintönig und das trübe Wetter einschläfernd. Wenig Wald. Mir fallen die Augen zu, als Juri mich antippt. »Da sehen Sie das Schloss Olesko.« Linker Hand erkenne ich auf einem Hügel ein helles Gebäude. »Jan III. Sobieski wurde dort geboren.«

Leider haben wir keine Zeit, dem großen Feldherrn und König Polens, der 1683 die kaiserlichen Truppen bei Wien zum Sieg über die Türken geführt hatte, die Reverenz zu erweisen. Aber an Informationen sind wir interessiert. Wir erhalten sie prompt. Restauratoren versuchen aufopfernd, das Renaissance-Schloss in Schuss zu bringen, erzählt Juri. 200 Hrywnja, umgerechnet 30 Euro, erhalten sie für ihre schwierige Arbeit im Monat. Es fehlt an allem. Sogar Skalpelle und Salmiakgeist sind Mangelware. Olesko gehört zur

Gemäldegalerie Lemberg. In den Schlossdepots befinden sich große Kunstschätze. 3000 Skulpturen vom 15. bis zum 20. Jahrhundert. Dazu Hunderte ukrainische Portraits sowie wertvolle Teppiche und Möbel.

Auf unserem Weg zur Bug-Quelle kommen wir an weiteren Renaissance-Schlössern vorbei. Sie sind in weit schlechterem Zustand als Olesko. In Pidhirzi wurde zur Sowjetzeit ein Schloss zu einem Tbc-Krankenhaus umfunktioniert. Nach dem Ende der Sowjetunion wurde es geschlossen, weil nicht einmal mehr das Geld für Strom aufgebracht werden konnte. Nun gammelt es vor sich hin. Wir machen noch einen Abstecher nach Solotschiw und kommen an einem Schloss vorbei, das äußerlich einen gut erhaltenen Eindruck macht. Seine jüngere Geschichte ist allerdings gruselig.

Als die Sowjets nach dem Hitler-Stalin-Pakt 1939 die Westukraine besetzten, verwandelten sie das schöne Schloss in ein fürchterliches Gefängnis. Zu Hunderten wurden hier vom NKWD, dem »Volkskommissariat für Innere Angelegenheiten«, Menschen gefoltert und ermordet, die willkürlich zu Sowjetfeinden erklärt wurden. Als 1941 die deutsche Wehrmacht vorrückte, machte der sowjetische Geheimdienst in oft praktizierter Weise Tabula rasa. Die letzten 650 Häftlinge wurden erschossen und in eine Grube mit ungelöschtem Kalk geworfen. Einige sollen noch am Leben gewesen sein.

Das Massaker blieb der Bevölkerung nicht verborgen. Die Deutschen ließen die Toten exhumieren. Dabei entstanden Fotos, die später in der Wehrmachts-Ausstellung als Beleg für deutsche Gräueltaten verwendet wurden. Ein polnischer Historiker sorgte für die Richtigstellung, dass die Verbrechen von Solotschiw von den Sowjets begangen worden waren, was von denen immer bestritten wurde. Es half ihnen nicht in der Westukraine. Das kommunistische Regime in Moskau hatte es sich hier auf ewig verdorben.

Die letzten 20 Kilometer fahren wir über unbefestigte Nebenwege zum Ziel. Juri bereitet uns auf das vor, was uns in Werchobusch erwartet. Früher gab es hier Kolchosen. Die Erträge waren ausreichend, die Menschen hatten ihr Auskommen. Nach dem

Zusammenbruch des Sowjetsystems wurden die Kolchosen aufgelöst und die Maschinen verkauft, zum großen Teil unter der Hand. Den einfachen Bauern blieb nichts. Sie konnten sich zwar Land aussuchen, aber ohne Maschinen war mehr als ein Hektar nicht zu bearbeiten. So sitzen sie in der Falle. Was sie erwirtschaften, reicht gerade zur Selbstversorgung. Auch wenn sie etwas von ihren Produkten verkaufen wollten, wären die Wege zu den Märkten zu weit. Von den Zwischenhändlern bekämen sie so gut wie nichts. Die Jungen sind schlecht dran, die Alten sowieso. Sie erhalten eine Hungerrente, umgerechnet 15 Euro. Die neue Zeit hatten sie sich alle anders vorgestellt.

Kühe trotten uns entgegen, Ziegen schlagen sich in die Büsche, Hühner flattern davon, Gänse machen zeternd Platz. Wir sind in Werchobusch. Zu Deutsch: Hoher oder Oberer Bug. »WDR. Mehr hören. Mehr sehen« steht auf unseren Teamwagen. Ich fürchte, der schmissige Spruch verfehlt hier seine Wirkung. Wir parken unsere Autos vor einem primitiven und dürftig ausgestatteten Kiosk. Etwas unterhalb davon sehe ich ein Bassin aus Beton. Sieben mal fünf Meter, schätze ich. Hier entspringt der Bug. Ich bin erneut enttäuscht. Die Quelle hatte ich mir romantischer vorgestellt.

Gottlob lässt der Regen nach. Ein kräftiges Aroma von Kuhfladen und Pferdeäpfeln durchzieht den Ort. Leute gesellen sich zu uns. Ein Mann, gut 70 Jahre alt, schaut sich sorgfältig unser Nummernschild an und fragt zu meiner Überraschung in perfektem Deutsch: »Wie lange haben Sie von Köln gebraucht?« Ich kläre ihn auf, dass wir nicht auf direktem Weg von Köln hierher gekommen sind, und möchte meinerseits wissen, woher sein gutes Deutsch stammt. Ihn haben die Kriegswirren als 16-Jährigen nach Mannheim verschlagen. Anschließend ist er nach Kanada ausgewandert. Nun besucht er seine armen Verwandten in Werchobusch.

Annette Dittert und Magda Wachowska inspizieren derweil das Gelände, um die Dreharbeiten zu organisieren. Über zwei Klötze wird ein Brett gelegt. Wasyl Lewtschyn und seine Frau Anna nehmen darauf Platz, beide in Werchobusch geboren; er 87, sie 82 Jahre alt. Die etwas jüngeren Männer werden am Bassin in Stellung gebracht. Alles muss locker aussehen: Palaver am Dorfbach mit zwei Reisenden. Die beiden Kolleginnen leisten ganze Arbeit. Den

Aufnahmen ist später nicht anzumerken, dass die Situation für die Kamera nachkomponiert wurde. Ich selbst erlebe eine Überraschung. Meine Fragen auf Russisch werden zwar verstanden, aber ich verstehe die Antworten nicht. Dafür bekommt Annette Dittert alles mit. Das galizische Ukrainisch ist offensichtlich näher am Polnischen als am Russischen.

Wasyl Lewtschyn legt gleich los, als wolle er uns zeigen, wer hier etwas zu melden hat. »Ich bin der älteste Mann im Dorf. An den Zweiten Weltkrieg kann ich mich noch gut erinnern. Es war ziemlich schlimm. Erst kamen die Russen. Das war 1939. Dann ging 1941 hier der Krieg los und die Deutschen verjagten die Russen.«

»Wie waren die Deutschen?«

»Die Deutschen wurden hier gut empfangen. Kämpfe gab es fast gar nicht. Deutsche Zivilisten sorgten für Ordnung im Dorf. Partisanen waren auch nicht hier. Erst zum Schluss.«

»Wie war das Leben für Sie?«

»Es war Krieg und es war schwer. Wir mussten hart arbeiten, um Futter für das Vieh und für uns etwas zu essen zu haben. Als die Deutschen hier waren, mussten wir uns ihnen unterordnen. Und als dann die Russen wiederkamen, mussten wir uns denen unterordnen. Wir konnten uns nicht wehren.«

»Waren Sie auch Soldat?«

»Ja, ich wurde in die Rote Armee eingezogen. Ich war im Krieg. Ich habe den Bug gesehen, wo er ganz breit wird. Ich glaube, er fließt in die Weichsel.«

Nun mischt sich seine Frau ein. »Wir haben uns hier am Bug kennen gelernt. Es ist schön hier. Die jungen Paare gehen am Bug spazieren. Es ist unser Fluss, unser Wasser, unsere Gesundheit. Das Wasser ist so gut und so kalt, ich trinke es jeden Morgen. Es kommen auch Leute von weit her. Sie alle wollen unser Wasser trinken.«

»Was sind das dort für Figuren?«, wollen wir von Wasyl Lewtschyn wissen.

»Die Mutter Gottes, Jesus und Johannes der Täufer. In der Zeit der Kommunisten sollten sie verschwinden. Aber unsere Frauen haben auf die Figuren aufgepasst. Doch eines Nachts sind sie gekommen und haben die Figuren gestohlen. Die Religion war ja unter den Kommunisten verboten. Sie wollten, dass ihre Ideologie die ganze Welt beherrscht. Es ist Ihnen nicht gelungen. Es gibt noch Gott auf der Welt.«

Die anderen Männer wissen Genaueres. »Wir kannten den Täter, der die Figuren hatte. Er musste sie wieder herausgeben. Die Befestigung ist noch von den Österreichern gebaut worden. 1892 war das. Steht auch da geschrieben.«

Wir schauen in das Bassin. In der Mitte quillt kaum wahrnehmbar Wasser aus dem Boden. Spektakulär sieht das nicht aus. Das Bassin ist umfriedet. Ein Holzkreuz steht zwischen den Figuren, dahinter ein kleiner Schrein mit Heiligenbildern. »Kommen Sie am 28. August. Das ist unser Feiertag. Er heißt bei uns Jordanstag und ist der Tag, an dem Christus getauft wurde. Das Wasser unseres Bugs ist gut. Nirgends gibt es besseres Wasser. Es sollte nach Lemberg umgeleitet werden. Aber wir haben unseren Fluss verteidigt. Ohne das Wasser würde die Gegend hier vertrocknen. Hier darf niemand Wasser vom Bug abzweigen. Auch nicht im Dorf. Alle holen sich das Wasser von der Quelle oder aus dem Bach.«

Eine Frau nähert sich. »Ich jäte das Unkraut. An der Quelle soll es schön aussehen. Ich habe Gedichte auf den Bug geschrieben, schon in der Schule. Auch religiöse Lieder habe ich auf unseren Fluss verfasst. Alle, die hierhin kommen, staunen, wie gut das Wasser schmeckt und wie gesund es ist.«

Als wir gehen wollen, eröffnet sie uns, dass ihr Großvater ein deutscher Offizier gewesen sei, den es im Ersten Weltkrieg hierher verschlagen habe. Franz Leicht, so sein Name, habe mit ihrer Großmutter ein Kind gezeugt. Bei der Taufe des Babys, das später ihre Mutter wurde, sei er noch zugegen gewesen. Aber dann sei er gegangen. Auf Nimmerwiedersehen.

Das Leben im Dorf nimmt einen gemächlichen Gang. Ab und zu fährt ein Pferdewagen vorbei, Traktoren sind weder zu sehen noch zu hören. Am Kiosk hat sich eine kleine Gruppe eingefunden. Junge und Alte. Interessiert beobachten sie unser Treiben.

»Wie ist es im Vergleich zu früher?«

»Eigentlich ist es besser in der freien Ukraine. Aber im Kommunismus gab es Arbeit. Jetzt ist die Jugend arbeitslos. Viele Fabriken und Betriebe wurden geschlossen. Unsere Jungen haben Diplome, aber keine Arbeit. Um einen Posten zu finden, muss man sogar Geld mitbringen.«

Eine ältere Frau ergänzt: »Früher, als unsere Jungen von der Armee zurück nach Hause kamen, hatten sie am Tag danach sofort eine Arbeit. Und jetzt? Sie müssen zu Hause bleiben, obwohl sie gut und teuer ausgebildet wurden. Wie sollen sie sich weiterbilden, woher sollen sie das Geld nehmen? Wir Alten können ihnen das von unseren Renten nicht geben.«

Lebhaft mischt sich eine junge Frau ein. »Wir sind noch jung, aber wir finden überhaupt keine Arbeit. Versuchen Sie mal so zu leben! Wir brauchen Maschinen, wir brauchen moderne Technik, um unser Land bestellen zu können. So geht das nicht weiter.«

Ein junger Mann nickt zu ihren Worten. »Für Benzin haben wir kein Geld. Erst recht nicht für Maschinen. Sie sind für uns viel zu teuer und deshalb unerschwinglich. Alles, was die Kolchosen hatten, wurde verkauft. Das Geld haben sich die da oben genommen, die Leiter der Kolchosen. Sie leben jetzt gut, und uns ist nichts geblieben.«

»Und haben Sie keine Hoffnung?«

»Wir haben eine freie Ukraine, aber wir Ukrainer sind bettelarm. Uns fehlt sogar das Geld, um die Kinder auszubilden. Nichts haben wir von der Freiheit. Schon seit mehr als 10 Jahren geht das so, und es wird nicht besser. In der Sowjetunion konnten wir uns alles leisten. Jetzt sind wir arme Mäuse. Bald werden wir barfuß laufen. Ich habe noch zehn Jahre bis zur Rente. Ob ich die bekomme? Wer weiß es? Wovon sollen wir leben?«

Der Regen ist wieder stärker geworden, die Wege sind total verschlammt. Wir wollen noch zur Kirche. Sie liegt auf einem Hügel. Es wird schwierig, durch den Schlamm dahin zu kommen. Aber Peer Schlottke ist ein Meister am Steuer. Die Frauen in unserem Team wissen das mit lobenden Worten zu würdigen, er lässt es sich gerne gefallen.

An der Kirche erwartet uns, wie kann es in der Ukraine anders sein, eine komplizierte Geschichte. Es geht um die alles entscheidende Frage: Wem gehört das Gotteshaus – der orthodoxen oder der griechisch-katholischen Gemeinde?

Ehe wir uns in diesen spezifischen Konflikt stürzen, sind einige grundsätzliche Erklärungen zur ukrainischen Kirchengeschichte vonnöten. Unter Großfürst Wolodymyr, den die Russen Wladimir nennen, hatte sich die Kiewer Rus im 10. Jahrhundert für das byzantinische Kirchenmodell der Orthodoxie entschieden. Als der polnische König Kasimir der Große Lemberg Mitte des 14. Jahrhunderts eroberte, geriet die orthodoxe Kirche in Galizien ins Abseits. Nur wer Katholik war, konnte Karriere machen. Ein weiterer Schlag gegen die Orthodoxie war die Eroberung Konstantinopels durch die Türken 1453.

Um aus der Unterordnung herauszukommen, sah ein Teil des orthodoxen Klerus nur den Ausweg, eine Union mit der katholischen Kirche einzugehen. Dazu kam es nach langen Verhandlungen und wütenden Widerständen auf beiden Seiten 1596. Die neue unierte Kirche erkannte den Papst als ihr Oberhaupt an und ebenso die wichtigsten Elemente des katholischen Dogmas. Dafür durfte sie ihren byzantinischen Ritus, die Priesterehe und ihre Kirchenorganisation beibehalten. Seitdem gibt es eine griechisch-katholische Kirche in der Westukraine.

Die Gleichstellung mit der römisch-katholischen Kirche wurde ihr dennoch weiter vorenthalten. Erst als Galizien 1772 nach der ersten polnischen Teilung an die Habsburger Monarchie fiel, kam mit den josephinischen Reformen die ersehnte Gleichstellung, öffneten sich den griechisch-katholischen Gläubigen Beamtenlaufbahnen und die Zugänge zu den Universitäten. Ohne es zu ahnen, leiteten die Habsburger mit ihrer Reformpolitik eine Entwicklung von historisch großer Tragweite ein. Die griechisch-katholische Kirche wurde später zum Motor der nationalen Bewegung in der Westukraine, die schließlich Ende des 20. Jahrhunderts zur Unabhängigkeit führte.

Stalin war die griechisch-katholische Kirche von Anfang an suspekt. Der Diktator verbot sie gleich nach dem Zweiten Weltkrieg. Die Priester mussten zur Orthodoxie übertreten. Viele wurden nach Sibirien deportiert. Das Kircheneigentum wurde enteignet oder der orthodoxen Kirche übergeben. Dennoch: Die unierte Kirche lebte weiter, im Untergrund und im Exil. 1989, unter Gorbatschow, wurde sie nach gewaltigen Demonstrationen in Lemberg wieder zugelassen.

Auch in Werchobusch wollten die Unierten wieder offen ihre Messe zelebrieren, aber die Orthodoxen ließen sie nicht in das Gotteshaus. »Dies war immer unsere Kirche«, sagten sie. Erbitterter Streit brach aus. Geprügelt haben sie sich, so dass die Polizei eingreifen musste. Erst nach Jahren kam es auf Druck von oben zu einer Einigung. Die Kirche steht seitdem beiden Glaubensgemeinschaften offen. Nacheinander feiern sie ihre Gottesdienste. Doch wahre Nächstenliebe ist noch nicht eingezogen, wie wir bei unserem Besuch feststellen.

Während drinnen der griechisch-katholische Gottesdienst zelebriert wird, warten draußen unter dem Vordach die Orthodoxen auf ihre Runde. Es gießt weiter in Strömen, und auch sonst ist die Stimmung nicht christlich-friedlich. Eine simple Frage facht das Feuer sofort an. »Wem gehört die Kirche?« »Uns, den Orthodoxen, natürlich! Die da haben nichts in unserer Kirche verloren.« Wir warten auf das Ende des Gottesdienstes. Gleiche Frage, ebenfalls entschiedene Antwort: »Die Kirche gehört uns. Sie war immer katholisch.« Nun sind wir so schlau wie vorher, ahnen aber, wie die Stimmung im Dorf ist.

Die Priester sollen uns weiterhelfen. Wir fragen sie nacheinander, zunächst Ihor Leskiw. Seit zwei Jahren betreut er die griechisch-katholische Gemeinde von Werchobusch. 120 Haushalte gibt es hier. 50 gehören seiner Gemeinde an, die anderen 70 sind orthodox.

Ihor Leskiw ist 28 Jahre alt, verheiratet und hat zwei Kinder. Magda Wachowska knöpft ihn sich vor. Er solle seine Umgebung vergessen und nur für unser Publikum erzählen, dabei aber nicht in die Kamera schauen, sondern nur sie anblicken. Es kann losgehen. Magda setzt die Szene mit einer Eröffnungsfrage in Gang. Ihr Kopf ist ganz dicht neben dem Objektiv. Das fällt ihr nicht schwer. Mit 1,56 m ist sie keine Riesin. Wenn Janek sich bewegt, um den Blickwinkel zu verändern, geht Magda mit. Der Priester soll die richtige Blickrichtung behalten. Das Ganze soll ja subjektiv wirken. Mit Argusaugen wacht Annette Dittert im Hintergrund über die Szenerie. Juri Durkot klemmt sich wie ein Schattenmann hinter Magda. Falls der Priester die polnisch gestellten Fragen nicht versteht, springt er mit Ukrainisch ein. So bewegt sich der Pulk quer durch die Kirche. Vor und zurück, wie auf einer Springprozession. Ich genieße den Anblick.

Magda dreht sich wie eine Schlange um das Kameraobjektiv herum, Juri immer hinterher. Um mit Magda auf Augenhöhe zu bleiben, muss er sich arg verbiegen. Auf die Dauer wird das anstrengend, denn Magda hat noch nicht die richtige Antwort. Annette Dittert hängt sich an den Geleitzug, stellt selber auch noch Fragen. Der Priester nimmt die Befragung als harte Prüfung Gottes klaglos hin. Allmählich hat er die Tonart drauf, die wir brauchen. Das Vorsichtige, das politisch Korrekte hat er abgelegt, er redet jetzt Klartext.

»Wenn Ihnen Ihr Haus, das Sie mit Ihren Mitteln und Ihren eigenen Händen gebaut haben, weggenommen wird, dann sind Sie doch auch nicht damit einverstanden. So war und ist das mit uns. Als unsere Kirche rehabilitiert wurde, wollten wir auch unser Haus wiederhaben.«

»Wie hat denn Ihre Kirche überlebt?«

»Im Kommunismus war der Katholizismus illegal. Unsere Priester hielten Messen in Privathäusern. Sie schlossen Ehen, tauften Kinder und sprachen die letzten Worte bei Begräbnissen, alles heimlich. Sie waren in dieser Zeit die Bewahrer der ukrainischen Kultur und des nationalen Bewusstseins.«

»Und die orthodoxe Kirche?«

»Sie funktionierte wie eine staatliche Kirche. Es gab sogar Fälle, bei denen Priester die Beichte auf Band aufnahmen und an das KGB weitergaben. Moskau wollte in der Sowjetunion nur eine Kirche haben, die sich dem Staat unterordnete und sich von ihr kontrollieren ließ. Und das waren die Orthodoxen.«

»Gibt es heute keine Annäherung?«

»Doch, doch! Am Schulanfang und am Schulende segnen der orthodoxe Priester und ich gemeinsam die Kinder.«

Das alte Holzkirchlein mit seinem neuen Blechdach wirkt innen sehr gemütlich und macht einen farbenfrohen Eindruck. Sein Boden ist mit Teppichen ausgelegt. Die Wände sind mit Ikonen reich geschmückt. Vor 400 Jahren soll die Kirche auf einem anderen Hügel gebaut worden sein. 1730 wurde sie dann an diesen Platz, umgeben von Eichen, Eschen und Fichten, umgesetzt. Zwei Holzkreuze – eins orthodox, eins griechisch-katholisch – geben darüber Auskunft, dass sie zwei Gemeinden dient.

Die griechisch-katholischen Gläubigen haben das Gotteshaus geräumt. Ein altes Mütterchen schließt die Tür ab. Soll doch der orthodoxe Priester zusehen, wie er in den heiligen Ort kommt! So steht denn wenig später Oleh Pusyr vor verschlossener Tür und muss noch einmal zurück nach Hause, um sich den Schlüssel zu holen. Mit seinen 25 Jahren ist er noch jünger als sein griechisch-katholischer Kollege. Er ist ebenfalls verheiratet, hat eine Tochter und gibt sich versöhnlicher als jener. Von Streit will er nichts mehr wissen. Die Menschen lebten nun friedlich miteinander, betont er. Sicher, hier und da gebe es noch Konflikte, aber die Menschen hätten gelernt, den Glauben der anderen zu akzeptieren.

»Was sind die Unterschiede?«

»Hier auf dem Altar stehen zwei Evangelienbücher, zwei Kerzen und zwei Kreuze. Auf der einen Seite des Alters wird die orthodoxe, auf der anderen Seite die griechisch-katholische Eucharistie gefeiert.«

»Wie unterscheiden sich die Evangelienbücher?«

»Die Texte sind gleich, sie sehen nur von außen anders aus. Man könnte sogar mit einem Evangelienbuch auskommen, aber die Katholiken haben ein neues Exemplar gekauft.«

»Auch die Ikonen sehen gleich aus.«

»Nicht ganz! Die Schrift auf den orthodoxen Ikonen ist altslawisch und auf den katholischen ukrainisch.«

»Und wer ist nun der ursprüngliche Besitzer?«

»Historisch gesehen war die Kirche immer orthodox. Jetzt dient sie beiden Gemeinden. So steht es in einem Vertrag, der von beiden Seiten unterschrieben wurde.«

Im Dorf ist der Frieden allerdings noch nicht vollends eingekehrt. Die 80-jährige Josepha und ihre zwei Jahre jüngere Nachbarin Veronika setzen ihren Kirchenstreit unnachgiebig auf der Dorfbank fort. Dass sie mit uns ein dankbares Publikum haben, bringt sie richtig in Fahrt. Veronika macht den Eröffnungszug. »Unsere Kirche war immer orthodox.«

JOSEPHA »Sie war griechisch-katholisch von Anfang an.«

VERONIKA »Es gibt Dokumente. Sie war und ist orthodox.«

JOSEPHA »Ich bin als Kind in diese Kirche gegangen, noch zur Polenzeit. Unser Priester war griechisch-katholisch.«

VERONIKA »Mein Großvater hat in der Kirche aus den Aposteln gelesen. Er hat immer gesagt, dass unsere Kirche orthodox ist.«

JOSEPHA »Hat dich etwa ein orthodoxer Priester getauft? Es war Telemko. Er war Katholik.«

VERONIKA »Du spinnst.«

JOSEPHA »Ich will nichts mehr sagen.«

VERONIKA höhnt »Sie will nichts mehr sagen. Ich werde es sagen. Ihre Tochter ist orthodox. Ihr Schwiegersohn ist orthodox. Ihre Enkel sind orthodox.«

JOSEPHA »Ich werde bei unserem Glauben bleiben. Es gibt nur einen Gott auf der Welt.«

Auch VERONIKA lenkt ein »Es gibt keinen Unterschied. Ich gehe zum Priester. Du gehst zum Priester.«

JOSEPHA »Wir freuen uns, dass die Kirche wieder geöffnet ist.«

VERONIKA »Wir streiten nicht mehr.«

JOSEPHA »Wieso sollen wir auch streiten?«

Frieden scheint eingekehrt zu sein. Doch Annette Dittert kann es nicht lassen.

»Was ist die Kirche denn nun, orthodox oder katholisch?«

VERONIKA »Die da? Orthodox!«

JOSEPHA »Nein, katholisch!«

Sagt es und stimmt laut ein katholisches Kirchenlied an, das Veronika nicht mitsingen mag. Und so wird der Streit um die Kirche in Werchobusch in Gottes Namen weitergehen!

Die Hochzeit

Annette Dittert

Wenn es nicht leicht regnen würde, wäre es wahnsinnig kitschig. So aber ist es vor allem eine skurrile Szene: Maria und ihre Freundinnen, sechs Mädchen, die am Ufer des Bugs stehen – er ist ganz flach und sandig hier – und selbst geflochtene Blumenkränze in der Hand halten, die sie gleich in den Fluss werfen werden.

Jedes Jahr am siebten Juli, am Tag des Heiligen Iwan, übergeben nämlich, nach einer alten Tradition, alle unverheirateten Mädchen entlang des Flusses ihren Brautkranz dem Bug. Und dort, wo der Kranz angeschwemmt wird, werden sie ihren zukünftigen Mann finden. So jedenfalls geht die Geschichte.

Von der Quelle des Bugs sind wir weitergefahren bis zum ersten Übergang über den Fluss, einer Hängebrücke Marke Eigenbau. Direkt über den Köpfen der Mädchen baumelt sie. Es ist eigentlich keine Hängebrücke. Eher eine absurde Sammlung von Holzbrettern in verschiedensten Größen, über- und untereinander gestapelt. Zusammengebunden sind diese Bretter mit Stahlseilen und an zwei weiteren, von Ufer zu Ufer gespannten, besonders dicken Stahlseilen hängt das ganze Durcheinander und wackelt entsetzlich, sobald es jemand betritt. Gestern hat sich mal wieder eins der Bretter gelöst und ist in den Bug gefallen. Das macht das Überqueren der Brücke nicht einfacher, da man an dieser Stelle, zusätzlich zu dem eigentlichen Balanceakt, jetzt auch noch das Loch überspringen muss.

Seit einer Stunde versucht Iwan, das zu ändern. Ein kleiner, von der Sonne ziemlich verbrannter Mann, der sich offensichtlich verantwortlich fühlt, kniet vor diesem Loch, ausgestattet mit einem Hammer und riesigen Stahlnägeln. Iwan ist der Mann, der diese Brücke gebaut hat, vor vielen Jahren. Und er ist die Geduld selbst, denn etwas anderes, als sie zu reparieren, gibt es im Dorf sowieso nicht für ihn zu tun.«Damals haben sie mich alle ausgelacht, als ich mit der Idee kam, aber heute? Sehen Sie selbst: Alle benutzen sie, auch wenn sie fluchen und immer wieder welche runterfallen. Vor allem die Jungen abends, wenn sie schon ein bisschen was getrunken haben.«

Und Iwan lacht, ein breites zufriedenes Lachen, das so plötzlich verstummt, wie es ausgebrochen ist. Dann deutet er verstohlen mit dem Kopf auf Maria und ihre Freundinnen unter ihm, unter der Brücke am Ufer des Flusses, die sich noch immer nicht entschließen konnten, ihre Brautkränze wirklich in den Bug zu werfen.

»Ob wir daran wirklich noch glauben?« Maria grinst, aber ein bisschen verlegen ist sie auch. »Nein, eigentlich nicht, aber es ist eben eine alte Tradition, wir haben das jedes Jahr so gemacht.«

Dann erfahre ich, dass sie bereits morgen heiraten wird, ihren Kranz allerdings trotzdem werfen will. Ich bin leicht irritiert. »Ach, das ist doch egal, man weiß ja nie, wofür das gut ist. Und außerdem mag ich solche Rituale.«

Maria ist 22, blond und zart, mit einer leichten Stupsnase im Gesicht, eine Bilderbuchbraut. Heiraten will sie, damit sie ihren schlecht bezahlten Lehrerinnenjob an den Nagel hängen kann und hier wegkommt. Ukrainerinnen sind pragmatisch.

Was sie denn sonst machen sollen, fragen die Mädchen. »Hier gibt es doch nichts mehr, seit sie die Kolchosen dichtgemacht haben. Keine Arbeit, keine Perspektive, kein Vergnügen. Da bleibt uns nur, einen Mann mit etwas Geld zu finden oder in den Westen zu gehen.« »Aber sympathisch soll er sein«, wirft Tetjana, die Jüngste in der Runde, ein. »Und gut aussehend.« Aber da lachen die anderen nur. Sie ist schließlich erst 14. Und werfen die Kränze in den Fluss.

Denn sie haben wirklich kaum eine andere Chance hier. Ihr Dorf, das an der Stelle, an der wir stehen, durch den Bug geteilt wird, ist schon lange kein reiches Dorf mehr. Obwohl es das einmal war.

Damals, als die Ukraine noch zur Sowjetunion gehörte. Damals, als es noch den Kommunismus und mit ihm, wie in Werchobusch, die dorfeigene Kolchose gab.

Im Hof des Priesters an der Hauptstraße liegt ein Haufen alter Ziegel. Die traurigen Reste der alten Kuhställe. »Als die Kolchose aufgelöst wurde, Anfang der 90er-Jahre, als die Ukraine unabhängig wurde, da hat der Gemeinderat beschlossen, dass jeder im Dorf vier Kubikmeter Ziegelsteine bekommt. Und da hat jeder sich genommen, was er nur tragen konnte.« Ein großer Fehler war das, meint der Dorfpriester Wolodymyr Kotiw, ein kleiner gemütlicher Mann, der Maria morgen trauen wird, »denn jetzt sind sie für immer hin, die Gebäude, man kann gar nichts mehr damit machen und die Leute haben zwar ein paar Ziegel irgendwo, na prima, aber eine Arbeit werden sie nie wieder finden«.

Das Dorf sehe heute wieder aus wie vor 70 Jahren. Und er hat Recht. Kleine Holzhäuser links und rechts der Sandwege, die Felder, die mangels Maschinen nicht mehr bearbeitet werden, sind überwuchert von wilden bunten Blumen. Trinkwasser wird aus den Brunnen mit Eimern geschöpft, Kanalisation gibt es nicht, Toiletten also auch nicht, dafür kleine Holzbuden vor jedem Haus. Und auch die Gasleitung, die seit Jahren versprochen ist, wird wohl nicht mehr kommen. Wer ins nächste Dorf will, nimmt den Pferdewagen, denn der Bus kommt selten vorbei. Man könnte es auch eine Idylle nennen. Auf den ersten Blick.

Iwan, der für heute genug hat von seiner Brücke und die Dorfstraße hochkommt, lacht wieder so kurz und abgerissen wie schon zuvor. »Idylle? Ich zeig Ihnen mal, was eine Idylle ist.« Er hat nämlich auch in der Kolchose gearbeitet und will sie uns unbedingt zeigen. Oder besser: das, was von ihr übrig ist, am Dorfeingang.

Ein paar Mauern, ein paar Stahlteile, die nicht abzumontieren waren, stehen skelettartig in der Landschaft. »Ich könnte heulen, wenn ich das sehe. Wenn ich hierher komme, wird mir immer ganz seltsam zumute. Nicht, dass wir diesen Kommunismus gemocht hätten. Aber damals hatte zumindest jeder seine Arbeit, und es gab klare Regeln. Wenn jemand sich weigerte zu arbeiten, wurde er ins Gefängnis geschickt. Also haben alle gearbeitet und wussten, was zu tun war. Heute haben wir Demokratie, und was heißt das? Dass jeder sagt, was er will, und keiner mehr Arbeit hat.«

Iwan schleicht durch die Reste seiner Kolchose. Er ist verzweifelt über das, was aus seinem Dorf geworden ist. Und man sieht es ihm an.

»Sehen Sie, wir Ukrainer wollten unbedingt unabhängig werden und wir wollten etwas Eigenes aufbauen, damals 1990. Aber es hat einfach überhaupt nicht geklappt.«

Wieso es denn so überhaupt nicht geklappt habe, frage ich ihn, aber da sieht er mich nur ratlos an. Und erklärt mir das ganze Elend dieses Landes, so gut er kann, an seinem Beispiel. Dass er die Kolchose kaufen oder pachten wollte, als klar war, dass sie geschlossen werden würde. Dass aber dann stattdessen die ehemaligen Direktoren die Maschinen einfach unter sich aufgeteilt hätten. Alles, was wertvoll war, verschwand innerhalb weniger Wochen, und die Dorfbewohner haben sich dann am Ende einfach das genommen, was noch übrig war. Die Ziegel eben.

»Die da oben haben jetzt genau dasselbe schöne Leben wie vorher. Und wir, wir haben einfach überhaupt keine Ideen, was wir tun könnten. Wir wissen nicht, warum wir überhaupt arbeiten sollen, wenn es uns keiner diktiert. Hier hat einfach keiner eine Vorstellung von Zukunft. Dass man die selbst in die Hand nehmen muss. Das haben sie uns gründlich ausgetrieben, die Russen, die Kommunisten überhaupt.«

Deshalb hätten ja auch alle über ihn gelacht, als er mit seiner Brücke angefangen habe. »Die haben im Wasser am Ufer des Bugs gestanden und mich verspottet. ›Iwan, du bist ein Idiot! Was sollen wir denn am anderen Ufer?‹ Und: ›Iwan, du weißt, dass solche Privatinitiativen nicht erlaubt sind!‹« Aber er habe eben immer an seine Brücke geglaubt und sie sei ja nun auch seit fast 20 Jahren das einzig Sinnvolle, was dieses Dorf hervorgebracht habe. Eben ein Erfolg. Und deshalb habe er sich auch zugetraut, die Kolchose zu pachten. Das wäre auch ein Erfolg geworden. Wenn sie ihn gelassen hätten. Und wenn er nicht ganz alleine dagestanden wäre, mit seiner Idee. »Eine Brücke, die kann man alleine bauen – ein Land eben nicht.«

Mit der Unabhängigkeit begann nicht nur in Derewlany und in Werchobusch der wirtschaftliche Verfall der Ukraine. Das ganze Land ist heute komplett heruntergewirtschaftet und tatsächlich um vieles verzweifelter als zu Sowjetzeiten. Es ist das bittere Ende einer großen Hoffnung. Und Besserung ist nicht in Sicht.

Und das, obwohl man – nimmt man die offiziellen Statistiken zur Hand – den Eindruck gewinnen kann, es herrsche fast so etwas wie Vollbeschäftigung. Die Arbeitslosigkeit liegt offiziell unter vier Prozent. Eine sehr irritierende Zahl, denn bis jetzt haben wir auf unserer ganzen Reise nur pure Armut gesehen. Wie kann das sein?, frage ich Juri, unseren Fachmann. Seine Antwort ist einfach. Die ukrainischen Behörden erfassen nur die offiziell gemeldeten Arbeitslosen, und da das Arbeitslosengeld so lächerlich niedrig ist, circa 15 Euro pro Monat, hat kaum einer Lust, stundenlang in irgendeinem verkommenen Arbeitsamt anzustehen.

Von der Regierung unabhängige ukrainische Institute sehen die Situation denn auch wesentlich düsterer. Sie schätzen die Arbeitslosigkeit auf mindestens 20 bis 25 Prozent. Und auf dem Land ist die Situation, wie immer, wesentlich dramatischer. In Derewlany arbeitet nicht einmal jeder Zehnte. Und die, die Arbeit haben, in den wenigen Betrieben, die in den Städten noch funktionieren, müssen oft stundenlang mit dem Bus dorthin fahren. Wenn er kommt.

Von den ehemals 180 kleinen Höfen sind noch 100 übrig geblieben. Keiner der Bauern hat mehr als ein bis zwei Hektar und nutzt also sein bisschen Land als Selbstversorger. Fast niemand in Derewlany hat überhaupt noch Geld, erzählt uns der Dorfpfarrer, und es braucht auch keiner mehr Geld.

Denn jeder hat eine Kuh und auf diese Weise Milch, Butter und Sahne. Einmal im Jahr wird ein Schwein geschlachtet, das Brot wird selbst gebacken, das Gemüse im Garten gezogen. Wie gesagt: Man könnte es für eine Idylle halten. Auf den ersten Blick.

Dumm ist nur das mit den Zuckerrüben und dem Wodka. Die Rüben haben sie nämlich seit Jahrzehnten an die benachbarte Zuckerfabrik verkauft. Und für das Geld vernünftigen Wodka im Laden in der Stadt gekauft. Da die Zuckerfabrik aber auch kein Geld mehr hat, bekommen sie seit neuestem Zucker statt Bargeld für ihre Rüben. Eine Menge Zucker, meint der Dorfpfarrer. »Was man mit so viel Zucker macht? Wir trinken den Tee mit Zucker, die Kinder streichen sich Zucker aufs Brot, und weil sie ja nun keinen Wodka mehr kaufen können, brennen sich die Alten ihren Fusel damit. Das ist nicht gut an dem neuen System, denn der ist schlimm, dieser selbst gebrannte. Der richtige ukrainische Wodka, der Horilka, der war besser, aber was solls, jetzt muss es auch so gehen. Sind eben alles Selbstversorger hier.«

Eine dieser Selbstversorgerinnen ist Theodora. Theodora schätze ich auf Ende 60, obwohl sie aussieht wie 90. Aber so ist das hier, denke ich. Später stellt sich heraus, dass sie tatsächlich 90 ist und dass man sich seiner Sache in einem fremden Land nicht zu schnell sicher sein sollte.

Ihr kleines Feld liegt an einem steil ansteigenden Hügel direkt über dem Bug, und wir dachten uns, dass es ein schönes Bild sein könnte.

Außerdem scheint die Sonne, und Marias Hochzeit, bei der wir mit der Kamera dabei sein werden, hat noch nicht begonnen. Wir haben also noch etwas Zeit. Nachdem Magda und Juri Theodora erst einmal alleine »gecastet« hatten und diese nichts dagegen hatte, uns ein Interview zu geben, tauchen wir nun alle bei ihr auf.

Der ganze Zirkus vor der Oma im Feld: Janek, der Kameramann, Michal, der Tonmann, Juri, Magda und ich. Da Theodora ein für mich unverständliches Ukrainisch spricht, muss Juri die Fragen stellen. Der Rest klebt hinter der Kamera, und ich frage mich – wie so oft in solchen Situationen –, für wie verrückt uns unsere »Opfer« eigentlich halten. Theodora allerdings gibt sich gänzlich unbeeindruckt. Vielleicht auch deshalb, weil sie schwerhörig ist. Sie steht jedenfalls da, stoisch auf ihren Stock gebeugt, und erzählt uns ihre Geschichte. Die Geschichte aus der Zeit, als das Dorf Derewlany polnisch war, vor dem Zweiten Weltkrieg, als die ganze Westukraine zwischen 1919 und 1939 wieder zu Polen gehörte.

Es seien viel bessere Zeiten gewesen, besser als im Kommunismus, und besser als heute sowieso. Damals habe das ganze Dorf bei Pan Bogusz gearbeitet. Pan, also Herr Bogusz, war ein Major, der für seine Verdienste in der polnischen Armee sein Gut in Derewlany bekommen hatte und das ukrainische Dorf bei sich arbeiten ließ.

Eine übrigens typische Situation. Die Polen waren in ihren ehemaligen Ostgebieten, und auch schon zur Zeit der k.-und-k.-Monarchie, die vornehme Oberschicht, die die Ukrainer für sich arbeiten ließ, auf ihren Gütern oder auf ihren Feldern. Besonders beliebt waren sie deshalb bei den Ukrainern natürlich nicht. Anders Pan Bogusz, glaubt man Theodoras Erzählungen. Er liebte nämlich Blumen, schreit sie uns an, schwerhörig wie sie ist. »Und er hatte überall rund um sein Gut Treibhäuser gebaut, in denen er Nelken, Rosen und Tulpen züchtete. Im großen Stil. Es waren wunderbare Blumen. Ganz besondere Sorten. Und einmal in der Woche kam ein Flugzeug aus Warschau, stellen Sie sich das mal vor, und hat die Blumen mitgenommen, die wir in Kisten verpackt hatten, für die feinen Leute in der Hauptstadt.«

»Sein Gutshaus, das stand da drüben«, Theodora zeigt zum Dorfeingang, »daraus haben die Russen später die Kolchose gebaut, jedenfalls aus dem, was sie nicht kaputtgeschlagen haben.«

Das war 1939, nach dem Hitler-Stalin-Pakt. Die Sowjetarmee brach in Ostpolen ein, besetzte auch unser kleines Dorf und verjagte zunächst vor allem die polnische Oberschicht.

Frau Theodora war damals 26 Jahre alt und für die Tulpenzwiebeln zuständig. »Erst haben sie sein schönes Gutshaus und die Treibhäuser zerstört, dann die Allee abgeholzt, die zum Tor führte, und ihn selbst haben sie verschleppt, zur Zwangsarbeit. Damals wollten sie in der Gegend eine Eisenbahnlinie bauen. Was aus ihm geworden ist, weiß ich nicht. Wir haben nie wieder etwas von ihm gehört.«

Das war der Anfang vom Ende, erzählt sie uns, als die Polen hier verjagt wurden. »So gut ist es uns nie wieder gegangen. Heute ist doch keiner mehr da im Dorf, die jungen Leute verschwinden alle Richtung Westen, meine Tochter ist auch weg. Wie alle hier, die noch laufen können. Alle Richtung Westen.«

Ihre Tochter arbeite in Warschau, erzählt sie uns am Schluss, stolz mit dem Stock zum Fluss deutend, »da wo der Bug endet und in den Narew mündet, kurz vor Warschau.« Groß, ungeheuer breit und mächtig sei er da, ruft sie noch, bevor sie sich in erstaunlicher Geschwindigkeit an ihrem Stock den steilen Hügel hochwindet, sich noch einmal umdreht und – als ob sie es selbst nicht glauben könne – zu uns hinunterschreit: Ja, ihre Tochter arbeite da, in Warschau, in einer richtigen Stadt, bei den Polen, und da gehe es ihr gut.

Ein Blick hinunter zum Bug und wir sehen Iwan, der wieder an seiner Brücke herumhämmert. »Als ich ein kleiner Junge war, da standen hier am Ufer noch überall die Rosensträuche von Pan Bogusz und später, als wir älter waren, haben wir die Rosen, die noch daran wuchsen, für die Mädchen gepflückt.« Die Polen seien da aber alle schon verschwunden gewesen, geflohen oder vertrieben worden, nicht nur der Gutsherr Pan Bogusz.

Denn als die Westukraine nach dem Krieg auf Drängen Stalins der Sowjetunion zugeschlagen wurde, begann die Westverschiebung Polens und damit die massenhafte Vertreibung auch weniger begüterter Polen. Hunderttausende wurden nach Breslau, Oppeln oder Danzig vertrieben oder flohen noch gerade rechtzeitig. Flüchteten in Regionen und Städte, aus denen kurz zuvor die Deutschen fliehen mussten, und in denen sich die Ostpolen lange so fremd und hilflos fühlten wie die von dort vertriebenen Deutschen in ihrer neuen Heimat. »Am schlimmsten war es für die Polen, die mit einer Ukrainerin verheiratet waren, solche Ehen gab es auch, die konnten ihre Frauen zwar mitnehmen, aber sie bekamen dann in Polen Ärger«, erzählt Iwan, während er mit dem Hammer um ein Haar seine Hand statt den Nagel getroffen hätte.

Denn die Polen begannen ab Juli 1947, in der so genannten »Weichsel-Aktion«, ihrerseits die Ukrainer aus ihrem Staatsgebiet zu vertreiben. Am schlimmsten traf es die Lemken und die Boiken, Bergvölker in den Bieszczady, einem der Ausläufer der Karpaten, dem heutigen Südostzipfel Polens. Wer nicht in Richtung Osten fliehen konnte, wurde umgesiedelt. Nach Danzig oder Stettin, so weit wie irgend möglich entfernt von der alten Heimat.

Und mir fiel wieder Wlodzimierz ein, ein kleiner, verwitterter Waldarbeiter mit den dunkelsten, schwärzesten Augen, die ich je gesehen hatte. Es war eine lange Nacht damals in den Bieszczady, im Übrigen eine der wildesten und schönsten Gegenden Polens. Irgendwann nach einer Menge Bier und Wodka hatte Wlodzimierz mir erzählt, dass er der Einzige seines Dorfs sei, der damals einfach dageblieben sei, obwohl er erst 14 Jahre alt war. Erst habe er sich versteckt, in einem Waldloch, und später, als die Warschauer Beamten in ihre Hauptstadt zurückgekehrt seien, habe er sich getraut, in einem anderen Dorf wieder aufzutauchen. Und weil sein Polnisch so gut war, dass er als Pole durchging, hat man ihn dann in Ruhe gelassen. Seine Familie hat er nie wieder gesehen, und die Angst, entdeckt zu werden, hat ihn bis heute nicht verlassen.

Die Brücke schwankt entsetzlich. »Hey, Iwan, was machst du denn immer noch hier? Du reparierst und reparierst und nie wird die Brücke fertig!«

Der Mann, der gerade mit seinem Fahrrad die Brücke zu überqueren versucht und dabei laut schreiend auf Iwan zusteuert, ist zu viel für das labile Gleichgewicht, in dem sich Iwans Konstrukt noch eben befand. Um ein Haar wären wir alle hinuntergefallen. Es trifft aber nur Iwans Hammer, der zwei Meter unter uns im dichten Ufergras verschwunden ist. »Was soll denn das, siehst du nicht, dass das Loch schon fast wieder zugenagelt ist?«

Iwan ist leicht ungehalten, zumal ein Blick nach unten genügt, um zu sehen, dass die Suche nach dem Hammer keine einfache Operation werden wird, so hoch wie das Ufer bewachsen ist. Umso beflissener beginnt der Mann mit dem Fahrrad, ihm von oben sinnlose Tipps hinunterzurufen. »Versuchs ein bisschen weiter links, da, ich glaube, ich sehe ihn schon, nein rechts! Mann, du musst dich beeilen, du hast nur noch drei Stunden Zeit, um die Brücke fertig zu machen!«

Der Mann mit dem Fahrrad heißt Piotr und erzählt uns, dass die Brücke schon längst repariert sein müsse, da ja gleich die Hochzeit beginne, Marias Hochzeit. Denn nach der Messe, erklärt er uns, muss das Brautpaar auf der Brücke Sekt trinken und sich dreimal küssen. Das sei die Tradition. Und heute sei diese Tradition umso wichtiger, da sich Maria und ihr Bräutigam ja ohne die Brücke nie kennen gelernt hätten. Igor sei schließlich aus dem einen Teil, Maria aus dem anderen Teil des Dorfes. Und verbunden werden diese beiden durch den Bug geteilten Dorfhälften eben nur durch Iwans Brücke.

Außen herum fahren, das dauere eine Ewigkeit, die nächste Brücke über den Bug sei meilenweit entfernt. Und der Bus, der komme fast nie, auch wenn es eine Tafel gebe, auf der die Ankunftszeiten penibel vermerkt seien. Der Bus, der habe Derewlany schon lange vergessen.

Ein ohrenbetäubender Lärm schallt von der Dorfstraße. Von weitem sieht es aus wie eine Massenschlägerei, an der so ziemlich alle Männer des Dorfes beteiligt zu sein scheinen. Es ist aber nur ein Ritual, eines der vielen Rituale einer ukrainischen Hochzeit. Und dieses Ritual ist der, bei den Männern höchst beliebte, feuchtfröhliche Auftakt zu jeder ukrainischen Hochzeit: Man verhandelt um die Braut.

Mit Naturalien natürlich. Und das heißt an einem solchen Tag: mit Wodka. Die Familie des Bräutigams muss sich den Einlass ins Haus der Braut mit Wodkaflaschen erkaufen. Dabei wird gehandelt und der Wodka erst einmal auf seine Qualität getestet. Von allen gleichzeitig. Der Einzige, der nicht mitmachen darf, ist der Bräutigam, der, von den beiden Trauzeuginnen beschützt, im Hintergrund stehen und zuschauen muss.

Das ganze Gerangel findet unter dem Eingangstor zu Marias Haus statt. Ein Tisch mit Brot und Kuchen ist die Barriere. Dahinter steht Orest, der 16-jährige Bruder der Braut, mit seinen Freunden, zufrieden, heute endlich über seine ältere Schwester, zumindest über deren Preis, bestimmen zu dürfen. Laut und breit lachend lehnt er jedes Angebot ab.

»Drei Flaschen Wodka, das ist ja wohl ein Witz! Dafür kommt ihr hier nicht durch, nie im Leben. Und überhaupt, die Qualität eures Fusels ist miserabel.« Und zur Bekräftigung, wie ekelhaft das Zeug ist, das ihnen da angeboten wird, wird die erste Flasche schon einmal rumgereicht und ausgetrunken. Klar, dass diese Zeremonie ruhig noch ein bisschen dauern darf.

Der Vater des Bräutigams, der das Ganze ebenfalls sichtlich genießt, erklärt uns, dass das hier eigentlich das Beste an jeder Hochzeit sei, bevor er sich wieder laut schreiend mit dem nächsten Angebot an den Bruder seiner zukünftigen Schwiegertochter wendet. »Eigentlich müsstet ihr uns auszahlen, nicht wir euch, seht doch, was für einen prallen Mann wir euch hier angeschleppt haben!« Und zu uns grinsend auf Deutsch: »Das ist so ernst natürlich alles nicht, wir werden uns schon einigen.« Denn auch er hat, wie viele hier, lange in Deutschland gearbeitet und kann noch ein paar Brocken. Als Pleitgen sich ihm mit »Ich bin der Fritz« vorstellt, gelingt die Pointe mit all ihrer Selbstironie wie geplant. »Der Fritz«, für jeden Russen, Ukrainer oder Polen das Klischee des großen Preußen, des Deutschen schlechthin. Den ganzen Abend über werden sie mich immer wieder fragen, wo denn »der Fritz« sei.

Denn dem wurde es zwischendurch ein bisschen zu viel, immer wieder mit anzusehen, wie wir die Hochzeitsfeier durcheinander brachten. Stattdessen zog er sich immer wieder unauffällig ins Teamauto zurück, um hier im Radio derweil die Tour de France zu verfolgen, es handelte sich nach seiner Auskunft um lebenswichtige Schicksalsmomente eines gewissen Jan Ullrich.

Maria, die Braut, die im Haus darauf wartet, dass der Vater des Bräutigams bei ihrem Bruder endlich genügend Wodka-Flaschen für sie abliefert, ist schon angekleidet. Ganz in Weiß und aufgeregt steht sie da, wie sich das für ihre Rolle gehört, am Hochzeitstag. Und wahrscheinlich noch ein bisschen nervöser, als sie es sowieso schon ist, denn es gibt ja auch noch uns. Ein ganzes Team, Tonmann, Kameramann, Producer und ich, tänzeln in dem engen Wohnzimmer um sie herum und tragen nicht gerade zur Entspannung bei. Zumal ihre Eltern überhaupt nichts davon wussten, dass sie an diesem ohnehin schon angespannten Tag auch noch ein deutsches Fernsehteam am Hals haben würden.

Als ich mich bei ihrem Vater dafür entschuldigen will, winkt Maria ab: Kein Problem, sie habe das alleine entschieden, die Eltern hätten ihr sowieso nichts zu sagen. Ukrainerinnen sind pragmatisch. Und Maria ist eben der Boss in der Familie. So wie überall zwischen Warschau und Moskau die jungen Frauen das Heft in der Hand halten, den Männern bestenfalls nach außen hin die Macho-rolle überlassen. Dass sie dabei auf den ersten Blick mal wie schüchterne Püppchen, mal wie männerfixierte Sexbomben wirken, sollte einen nicht verwirren. Es ist nicht so. Ich habe es immer wieder erlebt. Die Frauen sind die Chefs bei den Slawen und zumindest die Männer hier wissen das auch. Als ich Juri bitte, Maria zu fragen, was sie sich eigentlich von ihrem Mann verspreche und wie denn nun eigentlich ihr Bräutigam sei, antwortet sie für mich unerwartet schüchtern. Dass er ein guter Mann sei, freundlich, friedlich und eigentlich viel zu gut für sie. Und für einen kurzen Moment ist sie denn auch nur die aufgeregte junge Braut, ein Mädchen, das sich bei seinem Mann anlehnen will. Es muss an dem weißen Brautkleid liegen, dass sie plötzlich so sanft geworden ist. Denn schon im nächsten Moment schreit sie ihren Vater an, aus dem Zimmer zu verschwinden, und man bekommt eine Ahnung, was sie damit meint, wenn sie sagt, ihr Bräutigam sei zu gut für sie.

Plötzlich Schreie und lautes Gejohle vom Hoftor. Igor, der Bräutigam, hat mit seiner Familie den Durchbruch geschafft. Und Maria hat wohl Recht. Dieser Mann wird in dieser Ehe garantiert nicht viel zu sagen haben. Ein blasser, schüchterner Junge, der, von seinen beiden Cousinen links und rechts gestützt, ungelenk und verkrampft den Hof betritt, während hinter ihm die restlichen Teilnehmer der Torschlacht schon ziemlich angetrunken dazu applaudieren.

Vor dem Haus angekommen, erklärt er uns stolz, seine Braut sei das schönste Mädchen im ganzen Dorf, und nestelt dabei ungeduldig an seiner weißen Blume am Revers.

Denn er hat jetzt keine Lust mehr, ist uns und seine Nervosität schon lange leid, will jetzt endlich auch etwas erleben, schließlich musste er bei der Wodkaschlacht der Männer am Tor die ganze Zeit im Hintergrund ausharren.

Doch so schnell und einfach geht das nicht. Denn eine ukrainische Hochzeit ist ein kompliziertes und langwieriges Unternehmen.

Nachdem der Bräutigam die Braut gewissermaßen symbolisch ersteigert hat – es waren am Ende 26 Wodkaflaschen, die sein Vater bezahlt hat –, wird er ihr erst nach längerem Warten im Hof ihres Hauses gegenübergestellt.

Marias Mutter öffnet die Tür, Braut und Bräutigam verbeugen sich voreinander, und dann geht es ins Haus hinein, wo sich das Brautpaar bei lautem traurigem Gesang der versammelten Nachbarinnen von seinen Eltern verabschiedet.

Es ist eng im Wohnzimmer, und das halbe Dorf schaut bei einem für uns seltsam fremden Ritual zu. Maria und Igor knien auf dem Boden und verneigen sich vor jedem Elternteil jeweils drei Mal. Die alten Frauen im Hintergrund des Zimmers haben aufgehört, zu singen. Es ist totenstill plötzlich, die beiden sind ganz ernst und ganz für sich bei jeder Verbeugung. Dann umarmen sie ihre Mütter und Väter, von denen sie sich damit offenbar symbolisch verabschieden. Als Marias Vater sich zu mir umdreht, sehe ich, dass ihm dicke Tränen die Wangen herunterlaufen, und ich schäme mich ein bisschen, hier einfach so eingedrungen zu sein.

Auf dem Hof sind zwei junge Männer dabei, eine überdimensional große Verstärkeranlage in einer kleinen Bretterbude aufzubauen. Disco-Polo, für das Fest nachher. Disco-Polo kenne ich aus Polen, eine grässliche Mischung aus Schlagern und Volksliedern, meist zu laut und mit einem 80er-Jahre-Synthesizer-Hämmer-Wummer-Sound à la YMCA unterlegt. Disco-Polo ist etwas Schreckliches, und ich begrabe in diesem Moment alle Hoffnungen, die ich mir auf ursprüngliche, echte Volksmusik gemacht hatte, auf eine richtige Musikgruppe, die selbst singt. Sie hätten ja noch nicht einmal unbedingt Trachten tragen müssen. Aber Disco-Polo – schlimmer hätte es nicht kommen können.

Fritz Pleitgen, der dezenterweise nicht mit ins Haus der Braut gekommen ist, steht vor den beiden Musikern und erklärt ihnen, dass wir einen Film über sie und das Fest machen. Er versucht das mal wieder auf Russisch. Das heißt, dass er fröhlich und unverdrossen in dieser hier eigentlich nicht sonderlich beliebten Sprache auf seine Gesprächspartner einredet, die ihm das aber nicht übel nehmen, da wir so ganz offensichtlich nicht aus Moskau sind. Und er ist glücklich, sich irgendwie verständigen zu können. Später in Polen werde ich ihm das ausreden müssen, denn da würde er sich mit Russisch wirklich unbeliebt machen.

Maria und Igor sind griechisch-katholisch. Und auch ihre Kirche ist wie die in Werchobusch seit der Unabhängigkeit der Ukraine wieder geöffnet – allerdings müssen sie sich die Kirche nicht mit den Orthodoxen teilen. Der kleine, rundliche Dorfpfarrer erwartet sie hinter dem Altar und das Kirchenschiff ist derart voller

Menschen, dass wir draußen vor dem Portal warten müssen. Nur
Janek, unser Kameramann, hat das Vergnügen, dabei sein zu müssen, und dreht nun schon seit einer Stunde. Eine griechisch-katholische Trauung dauert offenbar lange.

Mit uns wartet der Teil des Dorfes, der, wie wir, ein bisschen zu
spät gekommen ist und keinen Platz mehr in der Kirche gefunden
hat. Auffällig schöne Frauen und Mädchen und unscheinbare,
graumäusige Männer. Seltsam ist das, ich kenne das schon aus
Polen und werde es nie verstehen. Denn es ist nicht logisch und
gegen alle Mendel'schen Gesetze. Wie kann es sein, dass diese
Frauen und Männer sich seit Generationen zusammentun, Kinder
zur Welt bringen und dabei immer wieder aufs Neue schöne
Frauen und unattraktive Männer herauskommen?

Auf der anderen Seite der Dorfstraße taucht ein alter Mann auf.
Eines dieser Greisengesichter, die ich nicht mehr versuche zu schätzen. Als er uns vor der Kirche rumlungern sieht – es ist heiß, und
wir warten jetzt schon fast anderthalb Stunden –, kommt er aufgeregt gestikulierend auf uns zu. Wir seien doch Deutsche, meint
er, denn das hat sich natürlich längst im ganzen Dorf herumgespro-
chen. Er habe da eine tolle Geschichte für uns, die könnten wir
dann auch mit ihm aufnehmen.

Ein Blick zur Kirche, aber es sieht nicht so aus, als sei die Messe
in absehbarer Zeit zu Ende. Also legt er los. Damals, im Krieg, als
er noch ein kleiner Junge gewesen sei, da seien nämlich auch die
Deutschen hier gewesen. Und er sei immer neugierig hinter ihnen
hergelaufen. Eines Tages hätten sie ihm tatsächlich eine Arbeit
gegeben. Er sollte Knochen aus dem Bug fischen. Ich verstehe
nicht richtig. »Wie? Knochen aus dem Bug fischen?« Ja, Knochen,
wiederholt er, die Knochen von den deutschen Soldaten, die im
Ersten Weltkrieg von den Russen erschossen wurden. Die Deutschen meinten, die müssten doch irgendwie begraben werden,
diese Knochen, die in diesem Sommer da unten angespült wurden.
Ich verstehe nicht, woher die deutschen Soldaten denn wissen
konnten, dass das Knochen von Deutschen waren, schließlich
sehen alle Knochen gleich aus, ob von Ukrainern, Russen, Deutschen oder Gott-weiß-wem, der noch hier durchgekommen ist,
durch dieses seltsame Dorf, und ich frage noch einmal nach.

Nach einigem Hin und Her stellt sich heraus, dass direkt an der Kirche ein deutscher Soldatenfriedhof aus dem Ersten Weltkrieg lag, der bei einem Hochwasser überflutet wurde, und dass die Knochen wohl daher stammten.

Süßigkeiten hätte er als Entlohnung bekommen, für jeden Knochen ein Bonbon. Es sei ein toller Sommer gewesen, für ihn jedenfalls. Und wir müssten jetzt mit ihm kommen, dann würde er uns die Fundstelle zeigen, und wir könnten das dann drehen mit unserer Kamera. Wir seien doch Deutsche oder nicht? Seine Begeisterung ist verblüffend.

Aber da kommen die ersten Menschen aus der Kirche, die Trauung ist offenbar vorbei, und wir müssen ihn stehen lassen mit seiner seltsamen Knochengeschichte aus dem tollen Sommer im Zweiten Weltkrieg, als die Deutschen hier waren. Ich habe später noch einmal nach ihm gesucht, ihn aber nicht mehr gefunden. Es tat mir Leid, dass wir ihn so zurücklassen mussten.

So ist das oft auf solchen Reisen. Hunderte verschiedene Menschen und Geschichten und selten die Zeit, den Zufällen am Rand eine Chance zu geben. Es bleibt nur die schnelle und instinktive Entscheidung, was wichtiger ist. Und das nagende Gefühl, immer wieder Interessantes verpasst zu haben. Es gab also ein Grab für deutsche Soldaten aus dem Ersten Weltkrieg in Derewlany, unserem kleinen Dorf. Warum und wie das zustande kam, habe ich nicht mehr erfahren.

Denn wir müssen jetzt im Laufschritt vor dem Brautpaar herauf auf die Brücke. Es sieht immer grässlich und grotesk aus, wenn ein ganzes Team, rückwärts rennend, versucht, eine solche Szene einzufangen, aber anders kann man das nun einmal nicht drehen. Also rauf auf Iwans Brücke. Zum eigentlichen Höhepunkt des Tages. Für uns. Denn ein Brautpaar auf einer Brücke über dem Bug, sie ganz in Weiß, er im hellen Anzug, sektschlürfend und sich küssend, ist natürlich ein Bild, das man haben muss für einen solchen Film.

Und das hatten wir auch Maria und Igor erklärt. Die zugestimmt hatten, dass wir sie dabei drehen dürften. Was wir ihnen nicht gesagt hatten, war, was für ein umständliches Unternehmen diese Dreherei ist und dass es sie mindestens eine Stunde kosten werde. Eine kostbare Stunde an diesem, ihrem wichtigsten Tag. Aber so ist Fernsehen. Drehen kann manchmal grausam sein.

Grausam ist auch, dass Iwan seine Brücke zwar noch rechtzeitig fertig repariert hat, dass sie aber unter den ungewohnten Belastungen des balancierenden Brautpaars und unserer Truppe, die, rückwärts tastend, vor ihnen her wankt, völlig aus dem Gleichgewicht gerät. So muss die ganze Veranstaltung erst einmal abwarten, bis sich das schwankende Teil beruhigt und Juri beginnen kann, die Fragen zu stellen.

Als es so weit ist, fängt es an zu regnen. Fritz Pleitgen und ich stehen am Ufer und ihn plagen Gewissensbisse. »Kann man die denn jetzt nicht doch mal in ihr frühes Eheglück entlassen? Das ist doch irgendwie nicht nett«, brummt er leicht verdrossen. Aber so ist Fernsehen doch, sage ich ihm. Und dass wir doch noch nicht einmal angefangen hätten, die entscheidenden Fragen zu stellen.

Maria wird mittlerweile leicht nervös, um nicht zu sagen, pampig. Was aus ihrer Sicht völlig verständlich ist. Hat sie sich doch – wegen der Wackelei – gerade den roten Sekt über ihr weißes Kleid gegossen. Die Diskussion darüber, wer eigentlich dafür verantwortlich sei, sie oder wir, und wer später die Reinigung bezahle, wird von Magda abgewürgt, die ihr mit soldatenhafter Autorität erklärt, das bespreche man noch, jetzt müsse erst einmal gedreht werden. Dazu hat Maria nun aber überhaupt keine Lust mehr. Und bringt das auch lautstark zum Ausdruck. Aber gegen Magda hat sie keine Chance.

Irgendwann war dann doch alles vorbei. Das Lächeln der Braut wird später im Film ein bisschen gequält wirken, aber natürlich nur für die, die dabei gewesen sind.

Das Fest, das laut Tradition zwei Tage und zwei Nächte dauert, kann beginnen. Die Disco-Polo-Musik ist so schrecklich, wie ich es befürchtet hatte.

Marias Vater, der sich mittlerweile damit abgefunden hat, dass wir ständig und überall dabei sein müssen, steht erschöpft, aber glücklich am Hofrand. Und spricht jetzt sogar mit uns. Dass doch alles so gewesen sei, wie es zu sein hat. Dass jetzt nichts mehr schief gehen könne.

»Schade ist nur, dass sie wahrscheinlich weggehen werden, wie alle hier.« Igor, der Bräutigam, sei zwar ein netter Kerl, viel verdiene er allerdings auch nicht, und Maria, seine Tochter, die könne doch von den paar Hrywnia hier nicht leben, die sie als Lehrerin verdiene.

»Schade ist das alles, denn schließlich ist die Ukraine doch unsere Heimat. Und schön ist es, unser Land hier.« Nur, eine andere Perspektive gebe es eben nicht, er habe die ganze Hochzeit ja auch nur finanzieren können, weil er monatelang in Holland gearbeitet habe. In einer Tulpenzucht. Das sagt er erst nach längerem Zögern. Es ist ihm unangenehm, weil er es ja so nicht gewollt hat und weil es seinen Stolz verletzt.

Dann braust er plötzlich auf. »All die, die irgendwas haben, die arbeiten alle im Westen, in Polen, in Italien oder bei euch in Deutschland.« Dann sagt er nichts mehr, dreht sich stattdessen erschöpft zum Hoftor, durch das immer neue Gäste strömen.

Lädt uns nur noch mit einer knappen Geste ein, uns doch dazuzusetzen. An einen der langen Holztische im Hof, die mit Bergen von Nahrungsmitteln und Wodkaflaschen beladen sind.

Irgendwo im Hintergrund sitzt Brücken-Iwan und prostet uns zu. So glücklich und zufrieden, wie ich ihn bis jetzt noch nicht gesehen hatte. Aber es ist ja auch alles ein bisschen wie früher, heute Abend. Es ist Hochzeit, Zukunft liegt in der Luft, und das Brautpaar hat sich nur dank seiner Brücke kennen gelernt.

Igors Sektglas ist mit einer Schleife an das von Maria gebunden, er selbst wirkt ein bisschen abgekämpft. Nicht so Maria. So, wie sie da sitzt, vor einer langen Schlange von Gratulanten, ist sie jetzt wieder die Zufriedenheit selbst. Die Rechnung für das bekleckerte Kleid haben natürlich wir übernommen. Ihr Vater steht immer noch da, wo er eben gestanden hat, ein bisschen verloren am Hofrand im Hintergrund.

Janek dreht und dreht und dreht. Iwan prostet mir wieder zu und ich grüße zurück. Mir ist übel von den vielen fetten ukrainischen Würsten, die ich wider besseres Wissen gegessen habe, weil sie einfach zu gut schmecken.

Unten, am Rande des Dorfs, geht über dem Bug der Mond auf. Jetzt ist es wahnsinnig kitschig, denn diesmal regnet es nicht. Man könnte es für eine Idylle halten. Auf den ersten Blick.

Über Iwans Brücke torkeln die ersten betrunkenen Heimkehrer zurück in ihren Teil des Dorfs jenseits des Flusses.

Maria ist verheiratet und wird hier nicht mehr lange sein. Aus den Lautsprechern dröhnt irgendein ukrainischer Schlager. Als ob das Heimweh schon begonnen hätte. Die Brücke schwankt gefährlich. Es werden im Laufe dieser Nacht ganz sicher noch einige hineinfallen in den Fluss.

Lemberg
Fritz Pleitgen

Zurück in Lemberg trennen wir uns. Annette Dittert will eine junge jüdische Sängerin treffen. Ich möchte mir einen Überblick über die Stadt verschaffen und anschließend in Ruhe durch die Straßen und Gassen wandern, um Lemberg richtig »einzuatmen«. Juri Durkot wird mich dabei begleiten. Besser kann ich die Stadt nicht kennen lernen.

Lemberg muss einen Schutzengel gehabt haben. Während Galizien in den beiden Weltkriegen fürchterlich heimgesucht wurde, blieb Lemberg wie durch ein Wunder unzerstört. Oder hat eine höhere Macht hier bereits das Prinzip der Neutronenbombe praktiziert, die Menschen zu vernichten, die Bauwerke aber stehen zu lassen?

Es ist nicht leicht, einen Überblick über die Geschichte von Lemberg zu gewinnen. Dies gilt besonders für das letzte Jahrhundert. Die Besatzer gaben sich die Klinke in die Hand. Juri erzählt mir dazu das Familienschicksal seines Freundes Taras. Dessen Großmutter wurde in Österreich-Ungarn geboren, seine Großtante in der Westukrainischen Volksrepublik, sein Vater in Polen, sein Onkel im Generalgouvernement von Nazi-Deutschland, er selbst in der Sowjetunion und seine Tochter in der unabhängigen Ukraine. Alle sind in Lemberg zur Welt gekommen. Die Geschichte der Familie von Taras ist die Geschichte von Lemberg im 20. Jahrhundert.

Als wir uns zur Stadttour im Hotel treffen, fällt mein Blick auf ein buntes Fensterbild. Es zeigt eine Frau in ihrer Jugendblüte. »Galizia« heißt die makellos Schöne. Woher kommt der Name?

Mit dem spanischen Galicien hat er jedenfalls nichts zu tun. Er ist eine Beamten-Erfindung. Als 1772 mit der ersten polnischen Teilung, an der sich neben Österreich auch Preußen und Russland bereicherten, ein großer Teil der heutigen Westukraine an die Habsburger fiel, tat man sich am Hofe der österreichischen Kaiserin Maria Theresia schwer mit den komplizierten slawischen Namen. Die pfiffigen Beamten forschten in der Geschichte nach und fanden heraus, dass die Ungarn, ihre Partner im Kaiserreich, auch einmal in dieser Region geherrscht hatten, wenn auch nur kurz im 13. Jahrhundert. Da sich der ungarische König Andreas »Galiciae Lodomeriaeque rex« nannte, hatten die Beamten, was sie brauchten, einen attraktiven Namen für ihre Neuerwerbung: Galizien-Lodomerien.

»Ist Galizien anders als die Ostukraine?«, frage ich Juri Durkot.

»Sicher! Das hat allein schon mit der Geschichte zu tun. Galizien mit Lemberg stand 600 Jahre lang unter polnischer und später unter österreichischer Herrschaft. Die Ostukraine mit Kiew wurde hingegen von Moskau regiert. Sie hieß ja auch Klein-Russland. Die Habsburger waren viel toleranter als die zaristischen Herrscher. Die letzteren verboten sogar Bücher und Theateraufführungen in ukrainischer Sprache. Der entsprechende Zaren-Ukas von 1876 wurde übrigens in Bad Ems unterzeichnet. In Galizien war das ganz anders. Da die Habsburger Monarchie in ihrer Nationalitätenpolitik wesentlich toleranter war als das russische Zarenreich, konnten sich hier die Minderheitensprachen und die nationale Bewegung viel besser entwickeln als in der Ostukraine. Die nationale Bewegung kam in der zweiten Hälfte des 19. Jahrhunderts und Anfang des 20. Jahrhunderts immer stärker in Gang.«

»Wie äußerte sich das?«

»Die ersten ukrainischen Parteien und Zeitungen entstanden. Kulturvereine wurden gegründet. Der bekannteste nannte sich ›Proswita‹, zu deutsch ›Aufklärung‹. Das war bereits 1868. Die ›Narodowzi‹ standen dahinter, die ›Volksaufklärer‹. 1899 wurde die Nationaldemokratische Partei gegründet. Mit Iwan Franko hatte sie gleich ein prominentes Mitglied. Er war aus Lemberg und genoss als Schriftsteller großes Ansehen. Er trat gewissermaßen die Nachfolge des legendären Taras Schewtschenko an.«

»Bekam die Ostukraine mit, was hier in Galizien vor sich ging?«

»Mit Verzögerung! Anfang des 20. Jahrhunderts abonnierten viele Intellektuelle aus der Ostukraine die galizischen Zeitungen. Studenten aus dem russischen Teil der Ukraine belegten Sommerkurse in Lemberg. Politische Emigranten suchten hier Zuflucht, insbesondere nach der Revolution von 1905 in Russland.«

»Wurde deshalb Galizien das ukrainische Piemont genannt?«

»Richtig! Mit Piemont wurde Galizien deshalb verglichen, weil von hier, genauso wie aus dem norditalienischen Piemont, Impulse für die nationale Wiedergeburt und Wiedervereinigung ausgingen. Italien wurde ja 1859 unter Viktor Emmanuel von Sardinien-Piemont geeint.«

»Von wo ging schließlich die Initiative zur Unabhängigkeit der Ukraine aus?«

»Von Galizien vor allem! Die ersten großen Kundgebungen fanden 1988 hier in Lemberg statt. Es waren Proteste gegen die Vorherrschaft der Kommunistischen Partei, gegen den Geheimdienst KGB. Die Freilassung der Dissidenten wurde gefordert, zur Wiedergeburt von Sprache und Kultur aufgerufen. Ohne Kiew wäre es am Ende sicher nicht gegangen. Aber Galizien hat ganz wesentlich die Ukraine geschaffen.«

»Gibt es in der Ukraine einen Graben zwischen Ossis und Wessis?«

»Es gibt zum Teil große Unterschiede – diese haben sich im Laufe der Geschichte entwickelt. Die politischen Vorlieben sind unterschiedlich – in Galizien wählt man eher nationaldemokratische und liberale Parteien. Es gibt immer noch großes Misstrauen zwischen den Bevölkerungen in der West- und in der Ostukraine. Die Zurückhaltung wird auch dadurch verstärkt, dass die Sowjetzeit in Galizien als eine Fremdherrschaft empfunden wurde. Deshalb waren die Russen, die diese Herrschaft mit sich gebracht haben, nie beliebt. Zudem wird in Galizien ukrainisch gesprochen, in der Ostukraine dagegen überwiegend russisch, vielfach auch so gedacht. In manchen Gebieten leben ja auch noch überwiegend Russen.«

»Wie ist Ihre persönliche Haltung?«

»Ich bin kein Anhänger der Großukraine um jeden Preis. Aber Galizien steht zur Ukraine. Wir opfern uns für unser vereintes

Land auf, sagen wir. Leider! Manchmal wäre es vernünftiger, die regionale Identität stärker zu betonen.«

»Wir hören gelegentlich von starken Spannungen.«

»Solche Spannungen werden gerne von Politikern in die Welt gesetzt. Mit Vorliebe in Wahlkämpfen! Dann warnt die eine Seite vor den Nationalisten im Westen und die andere Seite vor den ›Moskaly‹, also den Russen im Osten. So wird Stimmung gemacht, als ob ein Krieg aller gegen alle bevorstünde. Aber so ist es nicht, auch wenn die Galizier und die Ostukrainer alles andere als ein Herz und eine Seele sind.«

Während unserer Unterhaltung fahren wir auf den Schlossberg zu, die höchste Erhebung von Lemberg. Die Straße windet sich in engen Kehren nach oben, eine Herausforderung für unseren Fahrkünstler Schlottke. Wenn sich zwei Autos begegnen, stellt sich die Charakterfrage: Wer gibt nach? Als höfliche Gäste lassen wir den anderen den Vortritt. So üben wir uns wiederholt im Rückwärtsfahren. Schließlich gelangen wir zu der Burgmauer, neben der ein steinerner Löwe seit vielen Jahrzehnten ohne Ablösung Wache hält.

Wir steigen aus. Ich werde mit der Geschichte des Schlossberges vertraut gemacht. Der Hügel mit seiner heutigen Höhe von etwa 420 Metern ist, wenn man es manieriert ausdrücken will, ein Werk des polnischen romantischen Patriotismus und des geschichtlichen Nihilismus zugleich. Die Idee wurde 1869 geboren. Es sollte das 300-jährige Jubiläum der Lubliner Union von 1569 begangen werden, aus der das große Königreich Polen-Litauen hervorgegangen war. Zur Feier des Ereignisses sollte der Schlossberg zu einem höheren Hügel aufgeschüttet werden.

Praktisch, wie die Polen waren und sind, wurde vorhandenes Material verwendet. Seit 1704 stand auf dem Berg eine Burgruine. Die Schweden hatten sie unter Karl XII. bei der Belagerung von Lemberg zerschossen. Nun wurde sie gänzlich abgetragen, um mit den Mauerresten dem Hügel zu mehr Höhe zu verhelfen. Vergeblich versuchten geschichtsbewusste Bürger, die Burg zu retten. Stadt und Land wurden von einem patriotischen Rausch erfasst. Ausflüge wurden organisiert, um zahllose Karren voll Sand und Steinen nach oben zu wuchten.

Nach ein paar Monaten war der Enthusiasmus verflogen. Voller Schmerz stellte die Bevölkerung reuevoll fest, dass von der einst stolzen »Wyssokyj Samok«, der hohen Burg, kaum noch etwas übrig geblieben war. Um der eigenen Geschichte wenigstens etwas Respekt zu erweisen, schleppte man aus der Stadt den erwähnten steinernen Löwen nach oben und stellte ihn neben den kümmerlichen Mauerrest.

Löwen gibt es in Lemberg jede Menge. Das hat seine Bewandtnis. Der Stadtgründer Fürst Danylo nannte sie nach seinem Sohn Leo, was in Lemberg bis zum heutigen Tag zu einer ununterbrochenen Produktion von Löwen jeder Art geführt hat.

Zurück ins Jahr 1869! Die Begeisterung, den Schlossberg aufzuschütten, war also schnell verflogen. Es dauerte noch mehr als 30 Jahre, bis der Kunsthügel endlich fertig gestellt war. Heute haben die Polen aber ihre Freude daran, wie ich beobachten kann. Sie kommen in Scharen angereist, um von hier einen Blick auf die Stadt zu werfen, die in der Geschichte ihres Landes Jahrhunderte lang eine große Rolle gespielt hat. Lemberg wird als Schwesterstadt Krakaus betrachtet, die ja ebenfalls unter Habsburger Herrschaft gestanden hatte und deshalb ähnlich geprägt ist. Und es gibt noch eine Ähnlichkeit: Auch Krakau wurde während des Krieges nicht zerstört. Doch damit enden die Ähnlichkeiten. Während Krakau aufwändig und ansehnlich restauriert wurde, setzt Lemberg viel zu wenig dem Verfall entgegen.

Etwas aus der Puste geraten, die letzten steilen Meter mussten zu Fuß zurückgelegt werden, schaue ich mich oben auf der Plattform um. Wir haben Glück. Die Sicht ist brillant. Unter mir liegt die Altstadt. Sie bietet mit den Kuppeln und Türmen ihrer Kirchen und Paläste einen prächtigen Anblick. Das harmonische Gemisch aus Gotik, Renaissance, Rokoko, Barock und Klassizismus gefällt mir außerordentlich.

Juri zeigt auf den Hügel nebenan. Dort soll die Geschichte der Stadt begonnen haben, als der galizische Fürst und spätere König Danylo auf diesem Territorium die Burg anlegte. Gott sei Dank ist die Sache urkundlich belegt, denn von der Burg ist nichts mehr zu sehen.

Zu sehen ist dafür, was der Sozialismus architektonisch angerichtet hat. Wenn man den Blick ein bisschen hebt, dann drängen sich weit ausladende Plattenbau-Siedlungen ins Bild. Ob Ost oder West, Süd oder Nord – der Horizont ist ringsum mit Satellitenstädten dieser Bauart dekoriert.

Die Polen um mich herum sind völlig aus dem Häuschen. Sie sind begeistert von der schönen Altstadt da unten. Ihr König Kasimir der Große hatte sie 1349 erobert. Damals hieß sie Leopolis. Die Polen sprechen sie Lwuw, die Ukrainer Lwiw und die Russen Lwow aus. In unseren Breiten hat sich der Name Lemberg eingebürgert. Aus gutem Grund! Wir können uns dabei auf den ukrainischen Historiker Mychajlo Hruschewskyj berufen. Er stellt fest: »Seit Ende des 14. Jahrhunderts ist Lemberg eine rein deutsche Stadt (was den Kern angeht), und so blieb es das ganze 15. Jahrhundert und sogar einen Teil des 16. Jahrhunderts. Gleichzeitig ist es auch das kulturelle Zentrum der Ukrainer.«

Aus einem Anflug an Patriotismus besuchen wir kurz die Kirche Maria im Schnee, die auf einem kleinen Hügel in der Altstadt liegt. Ihr neo-romanischer Stil täuscht über ihr wahres Alter hinweg. Sie ist die älteste katholische Kirche in Lemberg. Deutsche Siedler hatten sie bereits im 13. Jahrhundert gebaut, also noch zur Zeit der ruthenischen Fürsten, bevor die katholischen Polen kamen. Im 14. und 15. Jahrhundert war der Einfluss der deutschen Kolonisten dann so stark, dass Deutsch sogar offizielle Amtsprache wurde. Dementsprechend wurde meist der deutsche Stadtname verwendet. Es gibt ein paar Varianten. In der Urkunde eines gewissen Fürsten Jurij II. aus dem Jahr 1334 wird die Stadt Lemburg genannt. Die gleiche Bezeichnung ist in einer Urkunde von Wladyslaw Jagello aus dem Jahr 1389 zu finden, in der das Magdeburger Selbstverwaltungsrecht für die Stadt bestätigt wird.

Für gehobene Ansprüche hatte Lemberg natürlich auch eine lateinische Bezeichnung. Sie lautete anfangs »civitas nostra leona«. Später war auch von »civitas nostra Lamburgensis alias Leopoliensis« zu lesen. Wer mehr darüber erfahren will, mag im Buch von Tetjana Hoschko »Skizzen zur Geschichte des Magdeburger Rechts in der Ukraine vom 14. bis Anfang des 17. Jahrhunderts« nachlesen.

Kasimir der Große machte seinem Beinamen alle Ehre. Nach dem Motto »think big« begann er, gleich nach der Eroberung, in großem Stil eine Stadt nach seiner Fasson zu erbauen. Vom Kopfsteinpflaster gut durchgeschüttelt gelangen wir in die Altstadt. Hier hat Lemberg im Mittelalter begonnen. Sehr solide, wie ich mit Blick auf das meterdicke Mauerwerk des Zeughauses feststelle. Es war früher Teil der Stadtbefestigung.

Quietschend fährt die Straßenbahn um die Ecke, um scharf in die Innenstadt einzubiegen. Badeni-Kurve wird diese Stelle genannt. Sie musste so halsbrecherisch gebaut werden, weil es der damalige Gouverneur Galiziens, Graf Kasimir Badeni, angeordnet hatte. Eine Straßenbahn direkt unter den Fenstern seines Gouverneurs-Palais wollte der polnische Graf nicht haben. Einen guten Namen hat er sich damit bei der Straßenbahn fahrenden Bevölkerung bis heute nicht gemacht, denn die scharfe Kurve wirft immer noch ahnungslose Passagiere schmerzhaft aus der Balance.

Das Zeughaus wird durch mächtige, allerdings nicht besonders hohe Türme flankiert. Es beherbergt ein Waffenmuseum. Laut Juri soll es sich um eine durchaus sehenswürdige Sammlung handeln. Auch wenn sie für die Ukraine einzigartig sein sollte, habe ich heute keine Zeit für sie. Waffen interessieren mich ohnehin nicht sonderlich.

Die Geschichte des Zeughauses ist nicht so harmlos, wie das Gebäude jetzt aussieht. In einem der Türme wohnte früher der Stadthenker mit seiner Familie. Sein Arbeitsfeld war gut organisiert. Die Verhöre wurden an Ort und Stelle durchgeführt. Die Folterkammer befand sich praktischerweise gleich nebenan. Im 17. Jahrhundert musste er schließlich die Wohnung verlassen. Die Nachbarn wollten nichts mehr mit ihm zu tun haben. Auf Druck der jüdischen Gemeinde musste der Henker das Feld räumen.

Das jüdische Viertel begann damals direkt hinter dem Zeughaus. Die verschiedenen Bevölkerungsgruppen – Lemberg hatte davon reichlich – wohnten unter sich, wie das im Mittelalter so üblich war. Die Juden, die Lemberg bereits seit der Gründung besiedelten, hatten sich im Südosten der Stadt eingerichtet. Von ihrem damaligen

Quartier ist nichts mehr geblieben. Im Mittelalter wurden die Häuser aus Holz gebaut. Brände waren gang und gäbe. So wurde auch das jüdische Viertel Opfer der Flammen, bis es in Stein wieder aufgebaut wurde.

Nun wandern wir durch die engen Gassen und gelangen an einen freien Platz. Grundmauern sind zu sehen. Jungen und Mädchen stehen flirtend zusammen. Einige sind in ein Würfelspiel vertieft. »Narde« heißt es wohl. Ein bisschen verwildert wirkt der Platz. Hier stand die berühmte Synagoge »Goldene Rose«. Sie war ein Meisterwerk italienischer Architektur, geschaffen im Renaissance-Stil von Paolo Romano im Jahre 1582. Im November 1941 wurde die Synagoge von den deutschen Besatzern gesprengt. Noch heute packt den Betrachter ob dieses barbarischen Aktes der Zorn, wenn er das Bild der ehrwürdigen Synagoge vor Augen hat. Sie teilte das Schicksal mit über einem Dutzend anderer Synagogen in der Stadt, die von den Nazis hemmungslos zerstört wurden.

Nur eine Mauer ist von der »Goldenen Rose« geblieben. Woher stammt nun der schöne Name? Der Stifter der Synagoge Isaac Nachmanowicz hatte eine Tochter namens Rosa. Sie soll die Genehmigung für den Bau vom damaligen Erzbischof durch ständige Intervention persönlich erwirkt haben. So wurde es von den Juden bis zu ihrer Vertreibung aus der Stadt im Zweiten Weltkrieg erzählt.

Von der jüdischen Kultur in diesem Stadtviertel ist fast nichts mehr zu sehen, bis auf den Eingang eines Hauses, an dem eine Mesusa angebracht ist, das kleine Kästchen, in dem das jüdische Gebet »Schma, Israel« auf Pergament verwahrt wird. Auch die Pforte gibt es nicht mehr, die hier im Mittelalter das jüdische Viertel von der Stadt trennte.

Wir verlassen das Viertel und überqueren die Wulyzja Russka. »Gibt es hier eine russische Straße?«, frage ich Juri verwundert. »Nein, so beliebt sind die Russen hier nicht. Wulyzia Russka bedeutet Ruthenenstraße. Sie ist eine der wenigen Straßen im alten Lemberg, die immer so geheißen hat. Hier waren die Ukrainer zu Hause, die ja früher Ruthenen genannt wurden.«

Etwas weiter steht ein Kirchenensemble, dessen Fassade sich harmonisch in den Charakter der Straße einpasst. Es ist die Mariä-Himmelfahrts-Kirche, wie ich erfahre. Fast hätte ich sie übersehen, wenn nicht der alles überragende Glockenturm wäre. Er trägt den Namen seines Stifters, des griechischen Kaufmanns Korniakt. Sechs Jahre wurde gearbeitet, bis das Bauwerk 1578 vollendet war.

Dem Glockenturm ist im Laufe der Geschichte übel mitgespielt worden. Der erste stürzte ein, der zweite – wieder im Renaissance-Stil – wurde von den Türken während der Stadtbelagerung im Jahre 1772 durch Beschuss quasi geköpft. Aber die Gemeinde ließ sich nicht entmutigen. Sie setzte nur wenige Jahre später ein weiteres Stockwerk auf den Turm und darauf als Krönung eine prächtige Spitze. 65 Meter ragt sie in den Himmel. Damit nicht genug. Der Turmspitze wurden vier minarettähnliche Säulen an die Seiten gestellt.

Die Mischung aus den Stilen verschiedener Epochen wirkt etwas wild, aber sehr attraktiv. Die Kirche fällt auch sonst aus dem Rahmen. Sie ist orthodox, was heute in Lemberg eher selten der Fall ist. Sie untersteht allerdings dem Kiewer Patriarchat. Die Moskauer orthodoxe Kirche hat in Lemberg nicht mehr viel zu melden. Ihr ist nur noch ein Gotteshaus geblieben.

Ein Denkmal macht auf sich aufmerksam, eine dunkle Figur auf breitem Podest. Buchhändler stehen davor. Alte Bücher werden hier verkauft, aber auch Münzen und Abzeichen. Nichts für mich dabei, stelle ich fest. »Aber gelegentlich kann man hier ein schönes antiquarisches Schnäppchen machen«, lässt mich Juri wissen.

Wen stellt nun die Figur auf dem Podest dar? Es ist Iwan Fedorow. Zu meiner Schande muss ich gestehen, dass mir der Mann bislang unbekannt geblieben ist. Diese Wissenslücke wird nun geschlossen. Iwan Fedorow ist der »Gutenberg« der Ukraine. So verehrt zu werden ist in Lemberg für einen Menschen seiner Herkunft höchst ungewöhnlich. Fedorow ist nämlich Russe. Während der Schreckensherrschaft von Iwan dem Schrecklichen musste er flüchten. So etwas verbindet. In Lemberg durfte er sich niederlassen. Dort druckte er sein Hauptwerk »Der Apostel«. Dies geschah im Jahr 1574.

Nun steht er auf dem Podest, streckt eine Hand nach vorne und hält in der anderen Hand ein dickes Buch, das vermutlich sein »Apostel« ist. Verglichen mit dem Original-Gutenberg kam Fedorow um 100 Jahre zu spät. Außerdem wurden schon vor ihm Bücher in kyrillischer Schrift gedruckt; in Krakau beispielsweise Ende des 15. Jahrhunderts. Doch Federow hat die Kunst des Buchdrucks in der Ukraine nach vorne gebracht. Das wird ihm hoch angerechnet. Nach heutigen Maßstäben wäre man allerdings im globalen Wettbewerb nicht ganz mitgekommen, denn in der zweiten Hälfe des 16. Jahrhunderts erschienen in der Ukraine und in Weißrussland nicht mehr als 16 Bücher in kyrillischer Schrift. Die Hälfte stammt aus der Werkstatt von Iwan Fedorow.

Wir schlendern an der Dominikanerkirche vorbei, die uns mit »Soli Deo Honor Et Gloria« grüßt, und gelangen mitten in das alte ruthenische Viertel. Hier hatte die Lemberger Bruderschaft die Traditionen der Orthodoxie gegen die katholische Konkurrenz aus Polen verteidigt. Ihr geistiges Zentrum war die Mariä-Himmelfahrts-Kirche, deren Korniakt-Turm von hier noch gut zu sehen ist. Die Bruderschaft musste einen schweren Rückschlag hinnehmen. Denn ein Teil des orthodoxen Klerus gab auf. Um die Gleichstellung mit den Katholiken zu erreichen, erkannte er den Papst als Oberhaupt ihrer Kirche an, die sich von nun an griechisch-katholisch nannte.

Die Bruderschaft blieb hingegen orthodox und ihrem Patriarchen in Konstantinopel treu. Das Recht dazu gab ihr die Selbstverwaltung oder Autonomie, die die Kircheneinheiten in der Orthodoxie von Rechts wegen beanspruchen konnten. »Stawropihija« nannte sich das. Die Bezeichnung finde ich hier nun im Adjektiv wieder, als Name einer engen Gasse. Früher hieß sie »Dominikanska«, weil sie direkt zur Dominikanerkirche führte.

Namensänderungen gehören zum Schicksal von Lemberg. Das hatten wir ja schon am Beispiel der Straße vor unserem Hotel erfahren. Jede neue Macht brachte neue Straßenbezeichnungen mit sich. Den Rekord stellten, wie sollte es anders sein, die Deutschen nach ihrem Einmarsch 1941 auf, die innerhalb von nur drei Jahren selbst für die winzigsten Gassen neue Namen einführten. Die Sowjets standen den Deutschen in diesem Eifer nicht nach, hatten dafür aber mehr Zeit zur Verfügung. 1991 war es aber auch mit ihrer Herrlichkeit vorbei.

Nun kamen mit der Unabhängigkeit die ukrainischen Nationalhelden zum Zuge. Die Taxifahrer tun sich heute noch mit den Umbenennungen schwer, zumal auch unverdächtige Namen im Mülleimer der Geschichte verschwanden. Von den Polen, die hier auf Nostalgie-Trip kommen, ganz zu schweigen! Jahrhundertelang hatten ihre Heroen die Wege durch die Straßen und Gassen Lembergs gewiesen. Nun stehen da neue Namen, und die auch noch auf Kyrillisch.

Die »Stawropihijska« führt uns zum Marktplatz, den die Sonne in seiner ganzen Renaissance-Pracht erstrahlen lässt. Der Zustand der meisten Häuser lässt zwar zu wünschen übrig, aber die Eleganz der Bauwerke ist unübersehbar. Im späten Mittelalter waren hier die Deutschen zu Hause. Ihre Häuser sind nicht mehr erhalten. Zwei Brände im 16. Jahrhundert haben alles zerstört. Der Markt wurde erst um 1590 wieder aufgebaut, also in der Blütezeit der Renaissance, die hier die Gotik souverän verdrängte.

Ganz lupenrein ist die Renaissance auf diesem Platz allerdings nicht. In der Mitte steht sehr dominant und sehr klassizistisch das Rathaus mit einem schornsteinähnlichen Turm. Auch hier ist es gelungen, die Epochen harmonisch zusammenzuführen. Die Häuser auf der einen Seite des Platzes, nach dem Sonnenstand scheint es der Osten zu sein, wirken sehr schmal, nur drei Fenster breit. Zusammen bieten sie dem Betrachter aber eine abwechslungsreiche Frontseite. Der Grund für diese Bauweise ist einfach. Die Grundstücke am Markt waren teuer. Die Steuern mussten nach der Anzahl der Fenster zum Markt entrichtet werden. Also baute man nach vorne schmal und nach hinten tief, wobei an der Tiefe nicht gespart wurde, denn Patrizierfamilien brauchten ihren gebührenden Platz.

An einer Ecke des Platzes steht das Bandinelli-Haus. Bis zum Ende des 19. Jahrhunderts gab es am Marktplatz keine Hausnummern. Die Gebäude wurden nach dem jeweiligen Eigentümer benannt. Inzwischen gibt es zwar Nummern, aber man hält sich an die alten Namen.

Am Bandinelli-Haus wird kräftig gearbeitet. Auf einer Tafel lese ich, dass hier bald das Postmuseum eröffnet wird. Der Italiener Roberto Bandinelli, der sich Anfang des 17. Jahrhunderts in Lemberg niedergelassen hatte, eröffnete 1629 den ersten regulären Postbetrieb. Das königliche Privileg sprach ihm das Monopolrecht zu. Es half ihm nicht, denn der Stadtrat war mit Bandinellis Sonderstellung nicht einverstanden und gründete einen eigenen Postbetrieb, was dem Italiener schlecht bekam. Er ging Pleite. Sein Name hielt sich über die Jahrhunderte.

Das frische Gelb des renovierten Hauses hebt sich deutlich von den grauen Tönen der Nachbargebäude ab, die noch auf ihre Wiederherstellung warten. Das kann ein bisschen dauern. Ohne einflussreichen Fürsprecher geht es nicht. Für das Bandinelli-Haus hatte sich die Unesco stark gemacht. Als sie 1998 die historische Altstadt von Lemberg zum Weltkulturerbe erklärte, hatte die Kulturorganisation der Vereinten Nationen die Renovierung des Bandinelli-Hauses zur Auflage gemacht. Die Bedingung wurde offensichtlich erfüllt, was Juri Durkot heute noch wundert.

Noch ein weiteres Haus sticht sofort ins Auge. Es ist ein Wahrzeichen Lembergs. Die Nummer vier auf dem Markt, das berühmte »Schwarze Haus«. Woher kommt nun diese Farbe? Wenn man genau hinschaut, sieht man unter einem abgebröckelten Stück Wand ein helles Gemäuer. Es ist Sandstein, der sich im Laufe der Jahrhunderte durch Ruß und Schmutz schwarz färbte und jetzt dem Haus seinen prägnanten Charakter gibt.

In Lemberg muss es um 1600 eine an Geld und Einfluss sehr reiche italienische Gemeinde gegeben haben. Sie hat hier dankenswerterweise schönste Architektur hinterlassen. Den Auftrag zum Bau des jetzt »Schwarzen Hauses« hatte Tommaso di Alberti gegeben. Entworfen wurde es von den Architekten Paolo Romano und Pietro di Barbona.

Wenige Schritte weiter stehen wir vor einem Palais. Auch dieses Bauwerk ist den beiden Architekten Paolo Romano und Pietro die Barbona zu verdanken. Sie konnten hier ihr Talent besonders zur Geltung bringen, denn ihr Auftraggeber war Konstantin Korniakt. Der Grieche, der den Glockenturm der Mariä-Himmelfahrts-Kirche gestiftet hatte, war für seine Verdienste um die Stadt in den

Adelsstand erhoben worden. Was anderen nicht gestattet wurde, konnte er sich leisten: Er erhielt als Einziger die königliche Erlaubnis, ein Prachthaus mit sechs Fenstern an der Vorderfront zu bauen. Konstantin Korniakt, der als Weinhändler angefangen hatte, starb 1603. Es dauerte 37 Jahre, bis sich ein polnischer Magnat für das Haus interessierte und es auch kaufte. Es war Jakub Sobieski, der Vater des späteren Königs von Polen Jan III., der sich bekanntlich 1683 bei Wien als Bezwinger der Türken einen Namen für alle Ewigkeit machte. Seine Karriere ist dem Haus seines Vaters in Lemberg ebenfalls gut bekommen, denn es trägt nun den Namen »Königlicher Palast«.

Ich mache Juri darauf aufmerksam, dass es hier am Marktplatz noch andere Fassaden mit vier oder fünf Fenstern gibt. Er nickt: »Diese Häuser sind wesentlich später gebaut oder umgebaut worden.« Wir betreten das Palais. Masken und Girlanden dekorieren den Eingang. Der Innenhof wirkt sehr italienisch, mit Kolonnaden und Skulpturen. Hier kann man gepflegt sitzen, in Ruhe Kaffee trinken und Gespräche führen. Abends lädt der »italienische Hof«, so wird er in Lemberg genannt, zur Kammermusik ein.

Schließlich komme ich auch den noch verbliebenen Deutschen auf die Spur. Im Haus Nummer 17 am Marktplatz haben sie ihr Zuhause, »Deutsches Heim« genannt. Der Kulturverein ist ein Kind der ukrainischen Unabhängigkeit, er wurde 1991 gegründet. Seine Vorsitzende ist Maria Weselowska. Viel bewegen kann der kleine Verein nicht. Dazu fehlen die Finanzmittel. Aber immerhin: Es reicht für eine Sonntagsschule, einen Frauenclub und einen Sprachkurs, der vom Goethe-Institut bezahlt wird. Der Ordnung halber sei erwähnt, dass es noch ein Konkurrenz-Unternehmen gibt. »Deutsches Kulturzentrum« heißt es und existiert seit 2001, sein Vorsitzender ist Wladimir Schwarz. Möglicherweise hat es Streit gegeben, was zur Gründung des zweiten Vereins führte. Doch so etwas ist bei Minderheiten ganz normal.

Viele Deutsche leben nicht mehr hier. Im ganzen Gebiet Lemberg mögen es um die 600 sein, in Lemberg sind es an die 350. Die meisten stammen aus Mischehen, wie an den Namen Maria Weselowska und Wladimir Schwarz abzulesen ist. Vor 10 Jahren war die deutsche Gemeinde noch dreimal so stark. Die schwierigen wirtschaftlichen und sozialen Verhältnisse führten zur Auswanderung. Deutschland scheint dagegen wie ein Paradies.

Das Haus Nummer 17 am Markplatz ist zu einer Herberge von Minderheiten geworden. So haben neben den Deutschen und Tschechen auch die Polen hier ihren Kulturverein. Ihre einst große und stolze Gemeinschaft ist gewaltig geschrumpft. Heute leben noch 10.000 Polen in Lemberg. Ihr »Verein der polnischen Kultur im Lemberger Land« wurde 1988 gegründet, als sich unter Gorbatschow Moskaus Unterdrückungsregime lockerte. Der Klub ist sehr aktiv. Die Nähe zum Heimatland und die vielen Touristen aus Polen wirken belebend. Eine eigene Zeitung haben sie auch, die »Gazeta Lwowska«. Gegründet wurde sie 1811. Mit Fug und Recht kann sie als die älteste polnische Zeitung überhaupt bezeichnet werden. Eine Zwangspause hatte sie von 1944 bis 1990 einlegen müssen. In dieser Zeit war ihr Erscheinen von den Sowjets untersagt worden. Auch wenn die »Diktatur des Proletariats« à la Moskau in jenen Jahren unerschütterlich zu sein schien, hatten die Polen nie die Hoffnung aufgegeben, eines Tages ihre »Gazeta Lwowska« wieder herauszubringen.

Wir setzen unsere Wanderung fort, denn ich möchte noch das armenische Viertel kennen lernen. Nach wenigen Schritten sind wir in der Wulyzja Wirmenska, zu Deutsch Armenische Straße. Hier wird es ein wenig orientalisch. Die Armenier brachten ihre transkaukasische Heimat mit in das fremde Land. Schon vor der Eroberung durch die Polen hatten sich Armenier in Lemberg niedergelassen. Vertrieben aus ihrem Land gelangten sie über die Krim nach Galizien. Tüchtig wie sie waren, kontrollierten sie bald den gesamten Osthandel.

Die meisten der eingewanderten Armenier stammten aus ihrer alten Hauptstadt Ani in der heutigen Türkei. Sie müssen es auch im Exil zu Reichtum gebracht haben, wie ihrer Kirche in der Wulyzja Wirmenska anzusehen ist. Sie wurde 1363 fertig gestellt. Heute droht der Verfall. Das alte Bischofspalais wurde umfunktioniert, Wohnungen wurden eingerichtet. Der Glockenturm ist brüchig. Wir dürfen ihn nicht besteigen, was ich sehr bedaure, denn von oben hätte man sicher einen guten Ausblick auf die Altstadt.

Eine hölzerne Skulptur, die Golgatha darstellt, sieht arg ramponiert aus und bedarf dringend der Restauration. Doch dafür gibt es kein Geld. Es ist ohnehin ein Rätsel, wie die Skulptur fast 300 Jahre unter freiem Himmel Wind, Schnee und Regen widerstanden hat. Wir stehen – das stelle ich jetzt erst fest – auf Grabsteinen, mit denen der Innenhof gepflastert ist. Einige davon sind 600 Jahre alt, wie wir mühsam entziffern.

Der Haupteingang zur Kirche liegt in der Wulyzja Krakiwska, der Krakauer Straße. Der Innenraum empfängt uns mit fröhlichen Farben. Hier hat Jan Henryk Rosen gewirkt, ein bekannter polnischer Kunstmaler. Mit der Restauration vor 80 Jahren hat er ein Kunstwerk geschaffen, dessen Besichtigung heute zum Pflichtprogramm für polnische Touristen gehört.

Wo ist die armenische Gemeinde geblieben? Die Armenier haben sich fast so schnell wie die Deutschen assimiliert. Der Prozess setzte bereits im 16. Jahrhundert ein. Damals schon begannen die Armenier, ihre dominierende Rolle im Handel an die Juden zu verlieren.

Aber es gibt heute noch, wie uns ein Priester stolz mitteilt, eine armenische Gemeinde in Lemberg. Sie zählt 2000 Mitglieder. Vielleicht schwindelt er ein bisschen, mutmaßt Juri. »Kirchengemeinden machen sich gerne größer als sie sind, um ihr Ansehen zu steigern.«

Dem Priester ist sehr daran gelegen, die allgemeine Bedeutung der armenischen Kirche gebührend herauszustellen. Sie sei die älteste des Christentums, bereits Anfang des vierten Jahrhunderts im Kaukasus entstanden. Sie habe alle Spaltungen des Christentums im Kern unberührt überstanden und halte bis heute die armenische Nation zusammen, die in aller Welt verstreut ist.

In Lemberg erlebt die armenische Kirche eine Art Wiedergeburt. Bis vor wenigen Jahren war sie noch geschlossen, hatte aber im Vergleich zu anderen Kirchen eine recht angenehme säkulare Bestimmung. Hier war das Depot eines Lemberger Museums untergebracht.

Papst Johannes Paul II. persönlich sorgte dafür, dass die Kirche wieder ihrer Gemeinde übergeben und für die Öffentlichkeit zugänglich gemacht wurde. Diesen Wunsch hatte er ausdrücklich geäußert, als er im Juni 2001 Lemberg besuchte. Ich frage mich, was aus dieser Kirche geworden wäre, wenn es den Wunsch des Papstes nicht gegeben hätte. Ich frage mich außerdem während meines Rundgangs, was aus dieser Stadt zu machen wäre, wenn genügend Geld zur Verfügung stünde. Lemberg würde sicher alle Städte der umliegenden Regionen überstrahlen und zu einer Attraktion für Besucher aus aller Welt werden.

Ein Gebäude interessiert mich vom ersten Tag an. Es liegt unserem Hotel gegenüber, auf der anderen Seite des Freiheitsplatzes, nicht weit vom Schewtschenko-Denkmal. Es handelt sich um die römisch-katholische Kirche St. Peter und Paul des Ordens der Jesuiten. Von der Wulyzja Wirmenska sind es nur wenige Minuten bis zu dem mächtigen Bauwerk, das den Freiheitsplatz beherrscht. 20 Jahre dauerten die Bauarbeiten, bis die Kirche 1630 fertig war. Architekt war natürlich wieder ein Italiener, Giacomo Briano. Er brachte aus Italien die ersten Anzeichen des Barock nach Lemberg.

Das Jesuitenkollegium, das zum Kirchenkomplex gehörte, war bereits in jener Zeit eine renommierte Schule. Ein Schüler, der auf einer Tafel auf der Außenmauer verewigt ist, machte sich später weniger durch christliche Nächstenliebe als durch Waffengewalt einen weithin gefürchteten Namen: Bohdan Chmelnyzkyj. Ein Verbrechen war der Auslöser seiner Entwicklung. Chmelnyzkyj gehörte dem ruthenischen Landadel an. In seiner Abwesenheit wurde sein Anwesen von Polen überfallen und seine Frau vergewaltigt. Für diese Tat mussten die Polen in der Zentral- und Westukraine fürchterlich büßen.

Bohdan Chmelnyzkyj sammelte Kosaken-Truppen um sich. Er wurde ihr Hetman, ihr Heerführer. 1648 schlug er gegen die Polen los, wobei die Kosaken alles andere als zimperlich mit ihren Feinden umgingen; Zivilbevölkerung mit eingeschlossen. Am schlimmsten wüteten die Aufständischen gegen Juden und Polen der Zentralukraine. Das heutige Galizien kam glimpflicher davon. Bohdan Chmelnyzkyj übernahm die Kontrolle über die Zentralukraine, aber den letzten Schritt zur Gründung eines unabhängigen Staates wagte er nicht, denn es gab noch andere Mächte in diesem Raum, so die Russen und die Krim-Tataren, hinter denen die Türken standen.

Chmelnyzkyj konnte sie nicht alle in Schach halten. Deshalb vereinbarte er 1654, im Vertrag von Perejaslawl, den Anschluss der Ukraine östlich des Dnipro (russisch Dnjepr) an Russland. Wenn er gewusst hätte, worauf er sich und sein Land eingelassen hatte, wäre er aus heutiger Sicht möglicherweise nicht so weit gegangen. Die Ukraine brauchte 337 Jahre, um sich aus der brüderlichen Umklammerung der Russen zu befreien. Dennoch wird Bohdan Chmelnyzkyj als Nationalheld verehrt.

Allmählich schwindet meine Aufnahmebereitschaft. Vor mir sehe ich traumhafte Beispiele kirchlicher wie auch säkularer Architektur und Kultur – die Verklärungskirche mit ihren grünen Hauben, die Lateinische Kathedrale von Sankt Maria, in der alle Baustile von der Gotik bis zum Barock friedlich vereint sind, die Dominikaner-kirche des Körpers Christi, die Kirche der Barfüßigen Karmeliter und das Kloster- und Kirchen-Ensemble der Bernhardiner. Große Baumeister aus Italien, Deutschland, Holland, Polen hat Lemberg angezogen. Aber jetzt reicht meine Kraft nicht mehr, mich mit ihrer reichen Kunst auseinander zu setzen.

Juri erkennt meine Formkrise, aber er appelliert an mein Kultur-bewusstsein. »Eine Kirche müssen Sie noch sehen. Es ist die Sankt-Georgs-Kirche, die griechisch-katholische Hauptkirche von Lem-berg.« Das hohe Haus zu Ehren des heiligen Georg befindet sich auf einem Hügel, etwas von der Altstadt entfernt. Zu Fuß dauert mir der Weg zu lang. Der Teamwagen ist uns diskret gefolgt. Zehn Minuten später sind wir an Ort und Stelle.

Die Sankt-Georgs-Kirche nimmt eine überragende Position ein. Genau gegenüber vom Schlossberg, 320 Meter hoch. Von hier ist die Altstadt gut zu überschauen. Auf dem Platz vor der Kirche fan-den früher Jahrmärkte statt. 1655 war hier das Lager von Bohdan Chmelnyzkyj, als er die Stadt belagerte. Heute sehe ich nur Tou-risten und einige armselige Gestalten, die um Geld bitten.

Zunächst war Sankt Georg eine Holzkirche. Später, im 18. Jahr-hundert, wurde daraus eine Rokoko-Kirche aus Stein. Von Anfang an war sie Sitz der Metropoliten, die gegenüber im Palais residier-ten. Bei griechisch-katholischen Kirchen spielen ihre Erbauer nor-malerweise in der Innenarchitektur die ganze Bandbreite der

Union aus, von orthodox bis katholisch. Die Sankt-Georgs-Kirche wirkt mit ihrem Interieur auf mich hingegen fast rein katholisch.

Bei seinem Lemberg-Besuch war der Papst auch hier. Gewohnt hat er im Metropoliten-Palais. Zum großen Ereignis sollte die Kirche eigentlich renoviert sein. Doch bei der Ankunft von Johannes Paul II. war das Haus nur zum Teil hergestellt. Seit der Abreise des Papstes hat sich nichts mehr getan, wie Juri Durkot ironisch feststellt. Die Kirche steht immer noch im Gerüst, nur die Hälfte der Außenmauern ist frisch gestrichen. Aber die Klagen über den provisorischen Zustand halten sich in Grenzen. Die Zeit davor war wesentlich schlimmer gewesen.

Die Sowjets hatten, wie überall im Land, das griechisch-katholische Gotteshaus an die russisch-orthodoxe Kirche übergeben, die Moskau besser im Griff hatte. Die Krypta wurde zugeschüttet. In den Häusern, die zum Kirchenkomplex gehören, wurden Wohnungen eingerichtet.

Am Ende der Gorbatschow-Zeit, im September 1989, fand vor der Sankt-Georgs-Kirche eine der größten Kundgebungen in der Geschichte Lembergs statt. Mehr als 150.000 Menschen setzten sich entschlossen für die Wiederzulassung der griechisch-katholischen Kirche ein. Der Termin der Demonstration war mit Bedacht gewählt worden. Es war der 17. September. An diesem Tag vor genau 50 Jahren waren die sowjetischen Truppen nach dem Hitler-Stalin-Pakt in die Westukraine einmarschiert. Die Erinnerung an dieses für die Menschen in Galizien schmerzliche Ereignis ließ die Emotionen hochkochen. Die Menschenmenge war nicht mehr einzuschüchtern. Im August 1990 wurde dann die Sankt-Georgs-Kirche an die griechisch-katholische Gemeinde zurückgegeben, die bereits im Dezember des Vorjahres wieder zugelassen wurde.

Als ich mich umdrehe, sehe ich einen Sendemast. »Was soll der hier?«, frage ich. Juri klärt mich auf. Zur Sowjetzeit gehörte er zu einer Kette von Störsendern, die an der Westgrenze der UdSSR feindliche Sender am Eindringen in das kommunistische Weltreich hindern sollten. Der hässliche Mast müsste eigentlich abgebaut werden. Doch mit der Erfüllung dieser Unesco-Auflage lässt sich Lemberg Zeit. Diesmal wundert sich Juri nicht.

Joseph Roth   Lemberg, Die Stadt

Es ist eine große Vermessenheit, Städte beschreiben zu wollen. Städte haben viele Gesichter, viele Launen, tausend Richtungen, bunte Ziele, düstere Geheimnisse, heitere Geheimnisse. Städte verbergen viel und offenbaren viel, jede ist eine Einheit, jede eine Vielheit, jede hat mehr Zeit als ein Berichterstatter, als ein Mensch, als eine Gruppe, als eine Nation. Die Städte überleben Völker, denen sie ihre Existenz verdanken, und Sprachen, in denen ihre Baumeister sich verständigt haben. Geburt, Leben und Tod einer Stadt hängen von vielen Gesetzen ab, die man in kein Schema bringen kann, die keine Regel zulassen. Es sind Ausnahmegesetze.

Ich könnte Häuser beschreiben, Straßenzüge, Plätze, Kirchen, Fassaden, Portale, Parkanlagen, Familien, Baustile, Einwohnergruppen, Behörden und Denkmäler. Das ergäbe ebensowenig das Wesen einer Stadt, wie die Angabe einer bestimmten Anzahl von Celsiusgraden die Temperatur eines Landstriches vorstellbar macht. (In Berlin friert man schon bei plus 15 Grad Celsius.) Man müßte die Fähigkeit haben, die Farbe, den Duft, die Dichtigkeit, die Freundlichkeit der Luft mit Worten auszudrücken; das, was man aus Mangel einer treffenden Bezeichnung mit dem wissenschaftlichen Begriff »Atmosphäre« ausdrücken muß. Es gibt Städte, in denen es nach Sauerkraut riecht. Dagegen hilft kein Barock. Ich kam an einem Sonntagabend in eine kleine ostgalizische Stadt. Sie hatte eine Hauptstraße mit ganz gleichgültigen Häusern. Jüdische Händler wohnen in dieser Stadt, ruthenische Handwerker und polnische Beamte. Der Bürgersteig ist holprig, der Fahrdamm wie die Nachbildung einer Gebirgskette. Die Kanalisation ist mangelhaft. In den kleinen Seitengassen trocknet Wäsche, rot gestreift und blau kariert. Hier müßte es doch nach Zwiebeln duften, verstaubter Häuslichkeit und altem Moder?

Nein! In der Hauptstraße dieser Stadt entwickelte sich der obligate Korso. Die Kleidung der Männer war von einer selbstverständlichen, sachlichen Eleganz. Die jungen Mädchen schwärmten aus wie Schwalben, mit hurtiger, zielsicherer Anmut. Ein heiterer Bettler bat mit vornehmem Bedauern um ein Almosen – und es tat ihm leid, daß er gezwungen war, mich zu belästigen. Man hörte Russisch, Polnisch, Rumänisch, Deutsch und Jiddisch. Es war wie eine kleine Filiale der großen Welt. Dennoch gibt es in dieser Stadt kein Museum, kein Theater, keine Zeitung. Aber dafür eine jener »Talmud-Thora-Schulen«, aus denen europäische Gelehrte, Schriftsteller, Religionsphilosophen hervorgehen; und Mystiker, Rabbiner, Warenhausbesitzer.

In dieser Stadt lernte ich zufällig einen Gymnasiallehrer kennen. Er sagte: »Sie sind aus Deutschland? Erklären Sie mir, was aus der Entdeckung des Professors geworden ist, der Gold aus Quecksilber gewinnt. Was bleibt dann noch? Was ist *außerdem* im Quecksilber enthalten? Ich muß fortwährend darüber nachdenken. Sie müssen wissen, daß ich sehr viel Zeit habe. Wenn ich soviel Geld hätte, ich würde nach Deutschland fahren und mich informieren. Es läßt mir keine Ruhe!« So sprach der Mann. Er wird wieder zwei Jahre warten, bis jemand aus Deutschland kommt.

Solche Menschen gedeihen in kleinen ostgalizischen Städten. In den größeren würden sie wahrscheinlich auch gedeihen. Aber es gibt keine größeren. In Ostgalizien gibt es nur eine: die Stadt *Lemberg*.

In diese Stadt bin ich zweimal gewissermaßen als ein Sieger eingezogen, und das war nicht ganz ungefährlich. Lange Zeit war sie eine »Etappe«, Sitz eines österreichischen Armeekommandos, einer deutschen Feldzeitung, vieler Militärämter, einer k. u. k. Personalsammelstelle, einer »Offiziersmenage«. Es gab eine Militärpolizei, eine »Kundschafter- und Nachrichtenstelle«, ein österreichisches und ein deutsches Bahnhofskommando, Krankenhäuser, Epidemien und Kriegsberichterstatter. Hier hauste der Krieg, hier hausten seine Begleiterscheinungen, die schlimmer, weil sie dauerhafter waren. Um diese Stadt kämpften nach dem Zusammenbruch Polen und Ruthenen, und hier ereignete sich der Novemberpogrom. Und heute noch sieht *Lemberg* wie eine Etappe aus.

Die Hauptstraße hieß einmal »Karl-Ludwig-Straße«, aus Loyalität gegenüber dem Herrscherhause. Heute heißt sie die »Straße der Legionen«. Es sind die polnischen Legionen gemeint. Hier war einmal der Korso der österreichischen Offiziere. Heute spazieren die polnischen Offiziere. Hier hörte man immer Deutsch, Polnisch, Ruthenisch. Man spricht heute Polnisch, Deutsch und Ruthenisch. In der Nähe des Theaters, das am unteren Ende die Straße abgrenzt, sprechen die Menschen Jiddisch. Immer sprachen sie so in dieser Gegend. Sie werden wahrscheinlich niemals anders reden.

Gegen diese Vielsprachigkeit wehrt sich das neugestärkte, durch die jüngste Entwicklung der Geschichte gewissermaßen bestätigte polnische Nationalbewußtsein – mit Unrecht. Junge und kleine Nationen sind empfindlich. Große sind es manchmal auch. Nationale und sprachliche Einheitlichkeit kann eine Stärke sein, nationale und sprachliche Vielfältigkeit ist es immer. In diesem Sinn ist Lemberg eine Bereicherung des polnischen Staates. Es ist ein bunter Fleck im Osten Europas, dort, wo es noch lange nicht anfängt, bunt zu werden. Die Stadt ist ein bunter Fleck: rot-weiß, blau-gelb und ein bißchen schwarz-gelb. Ich wüßte nicht, wem das schaden könnte.

Diese Buntheit schreit nicht, blendet nicht, macht kein Aufsehen, ist nicht um ihrer selbst willen da, wie die Buntheit balkanisch-orientalischer Städte, wie die Budapester zum Beispiel, das balkanischer ist als der Balkan. Die polyglotte Farbigkeit der Stadt Lemberg ist wie am frühen Morgen noch im Halbschlummer, schon in halber Wachheit. Es ist wie die erste Jugend einer Buntheit. Junge Bäuerinnen mit Körben fahren im Bauernwagen durch die Hauptstraße, Heu duftet. Ein Drehorgelmann spielt ein Volkslied. Stroh und Häcksel sind über den Fahrdamm gestreut. Die Damen, die in die Konditorei gehen, tragen die letzten Toiletten aus Paris, Kleider, die bereits den Anspruch erheben, »Schöpfungen« zu sein. In den Seitenstraßen staubt man Teppiche.

Adam *Mickiewicz*, der große polnische Dichter, steht in der Straßenmitte. Kaftanjuden patrouillieren zu seinen Füßen, die Wachtposten des Handels. Ein Mann mit einem Sack über der rechten Schulter schreit »Handele!« mit melodischer Weinerlichkeit. Das hindert keinen einzigen der schlanken, sehr kriegerischen Kavallerieoffiziere, mit seinem großen, gebogenen Säbel zu scheppern, mit den musikalischen Sporen zu klirren. Er klirrt, scheppert, schreitet mit anmutiger Männlichkeit in einer kleinen Wolke aus Kriegsmusik dahin und ist dennoch ein friedlicher Mensch – und als hätte er keinen gewaltigen Schleppsäbel, sondern nur einen Regenschirm, so zwängt er sich durch die dichtgeballten Gruppen der Händler, welche die Politik der Welt besprechen und einen Handel abschließen und beides gleichzeitig. So demokratisch ist hier das Militär. Ich sah einen Oberleutnant mit vielen Kriegsauszeichnungen und bunten Bändchen an der Brust. In der Hand trug er ein Glas »Eingemachtes«. Seiner Frau hielt er den Marktkorb. Dieser Kopfsprung ins Ewig-Menschliche, ins

Private, ins Häusliche versöhnt mit den kriegerischen Wolken aus Sporenklang und Ordensglanz. In anderen Städten trägt ein »Bursche«, drei Schritte hinter den Herrschaften Oberleutnants, das Eingemachte. Manchmal ist es gut zu sehen, daß ein Oberleutnant ein Mensch ist.

Die Stadt demokratisiert, vereinfacht, vermenschlicht, und es scheint, daß diese Eigenschaften mit ihren kosmopolitischen Neigungen zusammenhängt. Die Tendenz ins Weite ist immer gleichzeitig ein Wille zur selbstverständlichen Sachlichkeit. Man kann nicht feierlich sein, wenn man *vielfältig* ist. Sakrales selbst wird hier populär. Die großen, alten Kirchen treten aus der Reserve ihres heiligen Zwecks und mischen sich unter das Volk. Und das Volk ist gläubig. Neben der großen Synagoge blüht der jüdische Straßenhandel. An ihren Mauern lehnen die Händler. Vor den Kirchenportalen hocken die Bettler. Wenn der liebe Gott nach Lemberg käme, er ginge zu Fuß durch die »Straße der Legionen«.

Straße, Plätze, Häuser, die vornehm zu sein die Bestimmung und die Pflicht haben, Schlösser hinter Gittern, öffentliche Gebäude, zu denen man auf Stiegen emporschreitet – alle sind populär. Die strenge Form lockert sich volkstümlich. Die Milderung der strengen Form artet auch in Unordnung aus, in zerstörende Langsamkeit, selbmörderische Verwirrung. Die Gesetze sind zahlreich. Ihre Übertretung oberstes Gesetz, wenn auch ungeschriebenes. Der alte »österreichische Schlendrian« findet eine adäquate Fortsetzung in der Lässigkeit, die slawisch ist und eine Begleiterin der Melancholie.

Es gibt ein Literaten-Café, »Roma« heißt es. Gute Bürger besuchen es. Auch hier verwischen sich die Grenzen zwischen Seßhaftigkeit und Boheme. Der Sohn des bekannten Rechtsanwalts ist Stammgast, Regisseur, Literat. Am Nebentisch könnten seine Angehörigen sitzen. Alle Trennungsstriche sind mit schwacher, kaum sichtbarer Kreide gezogen. Es ist die Stadt der verwischten Grenzen. Der östlichste Ausläufer der alten kaiserlich und königlichen Welt. Hinter Lemberg beginnt Rußland, eine andere Welt.

Ich finde, die Zeit ist reif, ein Kaffeehaus aufzusuchen. Auf den Geschmack gebracht hat mich ein Artikel des Lemberger Schriftstellers und Journalisten Juri Wynnytschuk. Bei ihm ist nachzulesen, wie das Kaffeehaus zu einer Institution in seiner Stadt wurde. Als die Österreicher die Macht in Lemberg übernahmen, gingen sie gleich daran, nicht nur Ordnung, sondern auch Gemütlichkeit in die Stadt zu bringen. So entstand eine Flaniermeile, die von allerhand Lokalitäten gesäumt wurde, darunter Konditoreien, in denen auch Kaffee ausgeschenkt wurde. Die Lemberger fanden schnell Gefallen daran, das belebende Getränk in Gesellschaft zu trinken. Den Anfang machte sinnigerweise das »Café Wien«.

Später gesellten sich mehr und mehr Kaffeehäuser dazu. Sie wurden zu gern aufgesuchten Orten intimen und öffentlichen Gedankenaustauschs, was der Obrigkeit zeitweise zu viel wurde. Als 1848 überall in Europa ein revolutionärer Geist umging, erschien in der Lemberger Zeitung »Gazeta Lwowska« folgende Anordnung des Militäroberkommandierenden von Galizien, General Hammerstein: »Mir ist zu Ohren gekommen, dass sich einige Einwohner von Lemberg erlauben, in Kaffeehäusern, Schenken und an anderen öffentlichen Orten freche und empörende Gespräche über die österreichische Regierung zu führen.« Solche Personen sollten festgenommen werden.

Das »Goldene Zeitalter« der Kaffeehäuser in Lemberg war laut Juri Wynnytschuk das erste Jahrzehnt des 20. Jahrhunderts. Der Stadtführer von 1911 registriert nicht weniger als 46 Kaffeehäuser. Sie wurden mit Vorliebe von Reisenden, höheren Beamten, Journalisten und Schauspielern frequentiert. Auch Pensionäre trafen sich hier gerne zum Zeitungslesen auf einen »kleinen Schwarzen«.

»Im Kaffeehaus«, so schrieb der Dichter Petro Karmanski Anfang des 20. Jahrhunderts, »spielte sich unser eigentliches Leben ab. Wir führten Gespräche über das Wesen und die Aufgaben der Kunst, stritten uns und schrieben. Alle großen literarischen Richtungen des 19. Jahrhunderts, alle Theorien, Lösungen und Manifeste wurden im Kaffeehaus geboren.«

Die Kaffeehäuser kamen immer mehr in Mode. Auch Deutsche spielten eine wichtige Rolle, als Ober. Sie hießen entweder Bechtloff oder Bisanz. Wer nach ihnen rief, konnte mit vornehmer

Anrede rechnen: Herr Rat, Herr Professor, Herr Graf, zu Diensten!

Zwischendurch sei es zu einer »brutalen Warschauisierung« der Kaffeehäuser gekommen, weiß Juri Wynnytschuk zu berichten. Sie hätten sich mit exquisitem Interieur und Orchestern hervorgetan, aber die wahre Atmosphäre des Wiener Kaffeehauses zerstört. Es sei nicht mehr möglich gewesen, sich stundenlang in eine Zeitung zu versenken oder tiefen Gedanken nachzuhängen.

Aber die Wiener Kaffehäuser hielten sich auch noch. Wohlhabende Damen fanden sich hier ein. Alleinstehende konnten sich mit einem Herrn treffen, ohne dadurch ihren Ruf zu ruinieren. Künstler, Offiziere, Gutsherren und vor allem Geschäftsleute kamen in den Kaffeehäusern zusammen, um sich zu amüsieren oder ihre Angelegenheiten zu besprechen.

Auch der berühmte Iwan Franko verkehrte ständig in seinem Kaffeehaus. Er war ein sehr politischer Schriftsteller und Dichter. Schon seine ersten Arbeiten, die »Boryslawer Erzählungen«, beschäftigten sich mit der Ausbeutung der Arbeiter und ihrer Familien in dem Erdölgebiet um Drohobytsch. Seinen Durchbruch schaffte er mit der lyrischen Sammlung »Von Höhen und Tälern«, die ihn in den Augen seiner Landsleute zum Nachfolger des ukrainischen Nationalhelden Taras Schewtschenko werden ließ.

Iwan Franko war ein Sprachgenie. 17 Fremdsprachen soll er beherrscht haben. Als Übersetzer machte er die Menschen seiner Heimat mit wichtigen Werken der Weltliteratur bekannt. Andererseits erweiterte er seinen Leserkreis im Ausland, in dem er seine Geschichten, Gedichte und Zeitungsartikel in Russisch, Polnisch und Deutsch schrieb. Wo sich Iwan Franko aufhielt, ging es nicht nur um schöne Künste, sondern auch um Politik; nicht zuletzt bei seinen Treffen im Kaffeehaus! Dieser Geist ist bis heute in der Lemberger Intelligenzia zu spüren.

»Guten Kaffee können wir auch im ›Dzyga‹ trinken«, bringt mich Juri vom Kurs auf das nächste Kaffeehaus ab. Der Verlockung kann ich nicht widerstehen, denn »Dzyga«, zu Deutsch »Kreisel«, ist nicht nur eine Künstlervereinigung, sondern auch ein höchst aktiver Szenetreff für Maler, Musiker, Literaten und Journalisten. Er

gilt als einer der wichtigsten Zentren moderner Kunst in der
Ukraine, aber auch als Ort ständiger Aufsässigkeit gegen die Regle-
mentierungen durch die Regierung. Eine quicklebendige Subkul-
tur der oppositionellen Intellektuellen, mit Ausstellungen, literarischen Zirkeln, Jazz und Rock.

Mit Freude sieht die Regierung das Treiben nicht. Nicht von
ungefähr bekommen Unternehmen, die »Dzyga« unterstützen,
Schwierigkeiten mit den Behörden. Besonders gerne wird die
Steuerbehörde als Disziplinierungsinstrument eingesetzt. Sie sei
schlimmer als Schutzgeld-Erpresser, spotten nicht nur die Betroffenen. Wlodko Kaufmann gehört zu den Mitbegründern von
»Dzyga«. Er wuchs in Kasachstan auf. Seine Eltern waren dorthin
als politisch unzuverlässig deportiert worden. Erst sehr spät durften sie in die Ukraine zurückkehren. Wlodko Kaufmann studierte
in Lemberg an der Kunsthochschule. In der noch verbleibenden
Sowjetzeit gehörte er, wie ihm nachgesagt wird, zu den schillernd-
sten Non-Konformisten Galiziens, was ihm viel Ärger mit dem
KGB einbrachte.

Wir treffen Wlodko Kaufmann im »Kreisel«. Er sitzt mit Markian Iwastschyschyn und Solomia Tschubai zusammen. Juri Durkot hat dafür gesorgt. Markian Iwastschyschyn, ein Mann von
beachtlicher Leibesfülle, ist der Chef von »Dzyga«. Er wurde 1966
in Lemberg geboren und ist studierter Bauingenieur. Zwischen
1989 und 1992 machte er sich als Vorsitzender der politisch sehr
aktiven Studentenverbindung einen Namen. So organisierte er in
Kiew Protest-Aktionen, die den damaligen Premierminister zum
Rücktritt zwangen. Solomia Tschubai fungiert als Pressesprecherin
von »Dzyga«. Sie ist die Tochter des in der Sowjetzeit verfolgten
Dichters Hryhorij Tschubai. Als Rocksängerin machte sie sich in
der Szene einen Namen. Nun schreibt sie Songtexte und kleine
Geschichten.

»Haben Sie zur Zeit Probleme mit den Behörden?«, fallen wir
gleich mit der Tür ins Haus.

»Ja, haben wir. Wir gehen in die Öffentlichkeit und beziehen klare
Positionen, die sich nicht mit den Positionen der da oben decken.
Früher wurde das noch toleriert, als wir unter uns blieben. Aber
jetzt haben wir unsere eigene Zeitung und deshalb häufen sich die

Probleme mit der Regierung. Sie übt Druck aus – nicht nur über die Steuerbehörde, auch über die Polizei.«

»Wie sieht das konkret aus?«

»Sie bedrohen die Unternehmen, die bei uns Anzeigen schalten, oder sie drehen uns einfach den Strom ab. Aber wir lassen uns nicht einschüchtern. Wir machen dann unsere Aktionen eben ohne elektrisches Licht. Für die Unabhängigkeit, für die innere Freiheit, muss man eben kämpfen.«

»Ist das noch nötig?«

»Ja, das ist ein Kampf, den wir in den 90er-Jahren nicht zu Ende geführt haben. Was wir jetzt haben, ist das Resultat einer nicht erkämpften Freiheit. Was erkämpft wird, wird anders wahrgenommen. Die Unabhängigkeit ist uns zu leicht gefallen, die Freiheit ist uns wie ein Ziegelstein auf den Kopf gefallen.«

»Sehen das Ihre Mitbürger auch so?«

»Nein, die Mehrheit steckt nach wie vor in der Vergangenheit. Wir leben in einem Land, das noch nicht ›Ukraine‹ genannt werden kann. Es ist ein Übergangsstaat, ein sehr amorphes Land, das über ein großes Potenzial verfügt und sich erst später mit Fug und Recht Ukraine nennen wird. Davon sind wir überzeugt.«

»Weshalb ist die Ukraine noch nicht richtig unabhängig?«

»Wir spüren immer noch den Druck unseres Nachbarn. Russland betreibt weiter Expansionspolitik, nicht zuletzt im kulturellen Bereich. Für Russland ist die Ukraine wichtig. Man will sie an der Leine halten, denn die Ukraine war jahrhundertelang ein wesentlicher Teil des Imperiums.«

»Was macht Russland kulturell so einflussreich?«

»Da ist zunächst die Sprache. Hier haben wir schon verloren. Ukrainisch haben wir nicht durchsetzen können. 85 Prozent unserer Bevölkerung sprechen nicht ukrainisch.«

»Fühlen sich viele Menschen nach Russland hingezogen?«

»Ja, 70 Prozent fühlen sich Russland nahe. Uns zieht die alte Generation in die Vergangenheit zurück. Das sind die Kommunisten, die von Stalin und Lenin schwärmen.«

»Wie wollen Sie das ändern?«

»Wenn sich die Situation bei uns bessert, dann werden mehr Menschen akzeptieren, dass die Ukraine europäisch ist. Warum haben wir bis jetzt eine so starke pro-russische Politik? Weil die Eliten ihre Beziehungen nach Russland haben! Wenn eine andere Regierung von Amerika Unterstützung bekommen würde, dann wäre diese Regierung von Amerika abhängig. Wir wollen aber auch das nicht. Für uns ist Amerika genauso debil wie Russland, und von diesem Clown Bush kann man nichts Gutes erwarten.«

Mit jedem Wort ist es zu spüren, hier sitzen abgehärtete intellektuelle Widerstandskämpfer am Tisch. Sie haben sich schon in der Sowjetzeit nicht einschüchtern lassen und wollen sich auch künftig von ihren Vorstellungen einer politisch und kulturell unabhängigen Ukraine nicht abbringen lassen. Frei von Korruption und wirklich demokratisch soll sie sein. Sie sagen ihre wenig schmeichelhafte Meinung über den russischen Präsidenten Putin und den amerikanischen Präsidenten Bush frei heraus. Ebenso unverblümt nennen sie ihren Präsidenten Kutschma einen Verbrecher, dem sie den Mord an dem Journalisten Georgi Gongadse anlasten. Sie haben deswegen protestiert – in Künstleraktionen, mit Konzerten und Ausstellungen.

Wenn der Staat in der Krise sei, sagen sie, könne sich der Künstler nicht hinter die reine Kunst zurückziehen. Sie müssten mit Verantwortung tragen für das, was um sie geschehe. Wlodko Kaufmann und Markian Iwastschyschyn sind keine Träumer. Sie gehen davon aus, dass 70 Prozent der Bevölkerung sie für Quertreiber halten und sie deshalb nicht akzeptieren. Aber deshalb dürfe man nicht nachlassen, auf Missstände aufmerksam zu machen. Von Russland wollen sie sich endlich völlig lösen. Sie sehen die Gefahr einer russischen Unterwanderung durch das Moskauer Fernsehen. Dessen einseitige Berichte über den Krieg in Tschetschenien halten sie für eine Vergiftung ihres Bewusstseins.

»Unsere Kinder sehen diese Programme und halten russische Soldaten für Helden. Wir führen keinen Krieg in Tschetschenien, wir brauchen solche Helden nicht. Ein großer Teil unserer Bevölkerung träumt davon, ein russisches Leben zu leben. Aber sibirische Erdölarbeiter, russische Soldaten oder Tschuktschen in der Tundra sollten nicht unsere Helden sein, wir brauchen unsere eigenen Vorbilder.«

Der Europäischen Union wollen sie aber auch nicht hinterher-
rennen. Die habe ihre eigenen Probleme.

»Und im Übrigen, wozu braucht die EU die Ukraine? Wir sind
ein unterentwickeltes Land. Wir müssen erst mal selbst ein bisschen Ordnung schaffen. Das Potenzial ist da. Wenn hier 10 Jahre
alles geklaut wird, und der Staat existiert immer noch, dann hat ein
solcher Staat doch Potenzial!«

Solomia Tschubai hat sich in dem Gespräch zunächst zurückge-
halten. Sie ist jünger als die beiden Männer, aber sie teilt deren
Ansichten. Für sie ist im Gegensatz zu den meisten ihrer Generation der Westen keine unwiderstehliche Attraktion, Russland
schon gar nicht. Wenn sie in Kiew ist, ärgert sie sich darüber, dass
überall – ob in Lokalen, Bussen oder Taxen – russische Popmusik
gespielt wird. Das will sie nicht akzeptieren. Deswegen sei sie zu
»Dzyga« gekommen. Deswegen singe und schreibe sie Ukrainisch.

»In Kiew werde ich als Nationalistin beschimpft. Es ist wirklich
schrecklich. Du kommst wie in ein fremdes Land und wirst als
›Sapadenka‹, als Westlerin, angemacht. Auf der anderen Seite
haben viele dort Angst, in die West-Ukraine zu kommen. Sie glauben, bei uns würden sie zusammengeschlagen. Diese Gerüchte
werden von Politikern gefördert. Sie wollen von der üblen Stim-
mungsmache profitieren. Ich meine, wenn Kiew die Hauptstadt
der Ukraine sein will, dann muss dort auch Ukrainisch und nicht
wie früher Russisch gesprochen werden. Und wir sollten dort als
Mitbürger und nicht als Fremde empfangen werden.«

»Was erhoffen Sie für die Ukraine in den nächsten Jahren?«

»In den nächsten 10 Jahren wird es wahrscheinlich so bleiben wie
jetzt«, meint Dzyga-Chef Iwastschyschyn. »Aber dann wird es
sich ändern. Das ist ein physiologischer Prozess. Heute wachsen
Menschen einer neuen Generation heran, die sich als Ukrainer fühlen. Wenn diese Generation an die Macht kommt, wird es hier eine
wirklich unabhängige Ukraine geben.«

Wir schauen uns in der Galerie um. Bilder von Myroslaw Jahoda
hängen hier. Er ist einer der bekanntesten Untergrundkünstler
Lembergs. Seine Bilder wurden nach der Unabhängigkeit von
»Dzyga« gezeigt, nachdem sie vorher nicht ausgestellt werden

durften. Nun kehrt er zum 10-jährigen Bestehen der Galerie zurück. Seine Kunst lässt sich nicht mit einer bestimmten Stilrichtung beschreiben. Surrealismus, Expressionismus und Fauvismus haben ihn beeinflusst. Seine Bilder wirken, als sei der Künstler von düsteren Visionen geplagt. In der »Dzyga«-Galerie wird Myroslaw Jahoda als Klassiker der Moderne betrachtet. Im Vergleich zu seinen Jahren im sowjetischen Untergrund sei er sentimentaler geworden. In Lemberg wird er allerdings weniger wahrgenommen als im Westen.

»Die Leute haben weder Geld noch Zeit für Kunst. Sie haben hier andere Probleme«, meint Wlodko Kaufmann, »aber wir dürfen nicht aufgeben. Wir wollen unsere Menschen davon überzeugen, dass es hier eine eigene Kunst gibt und auch geben muss, sonst sterben wir aus wie die Mammuts.«

»Einige Künstler würden in Versuchung geraten, wenn ihre Werke im Westen gut ankämen,« ergänzt er. »Sie würden dann auswandern. Sie glauben, sie hätten dort bessere Chancen. In der Geschichte gibt es aber andere Beispiele. Ich denke an Komponisten, die keine Note mehr schreiben konnten, als ihnen der heimatliche Boden entzogen wurde.«

»Wie kommen Sie selbst über die Runden?«

»Wir sind flexibel. Wir beschäftigen uns mit verschiedenen Sachen – ein bisschen Wirtschaft, ein bisschen Politik und vor allem Kultur. Wir drehen uns so stabil, wie sich ein Brummkreisel dreht. Den Politikern sind wir jedenfalls nicht geheuer. Sie haben Angst vor unserem Milieu, das ihnen fremd ist, und sie befürchten, dass wir eines Tages an die Macht kommen. Aber wir sagen ihnen: Wir sind gute Christen, wir werden euch alles verzeihen.«

Der Kaffee ist ein Genuss. Zur Sowjetzeit war es mit dieser Kultur bergab gegangen. Nun kehren die Kaffeehäuser wieder zurück, sie werden von den Lembergern gerne angenommen.

Wir haben noch eine Verabredung mit Olha Mychajliwna Zehelyk. Sie ist Straßenbahnschaffnerin. Annette Dittert hat mir das Treffen vermittelt. Die Straßenbahn bietet die beste Gelegenheit, eine Stadt und ihre Menschen kennen zu lernen. Olga Zehelyk erweist uns im schwarzen Kostüm, mit Schlitz im Beinkleid und tadelloser

Frisur die Ehre. Für eine Straßenbahnschaffnerin wirkt sie sehr elegant. Die Fremden sollen schließlich mit einem guten Eindruck von Lemberg und ihr nach Hause fahren.

Wir treffen uns im Straßenbahndepot. Olha Mychajliwna Zehelyk fährt die Linien eins und neun. Heute ist die Neun dran. Der Bahn sieht man an, dass sie schon viele Runden gedreht hat, aber die Fenster sind frisch geputzt und die Gardinen am Führerhäuschen sitzen auch akkurat. Wir fahren los, sehen links den Hauptbahnhof aus glorreichen Habsburger Zeiten und quietschen rechter Hand an einem Markt vorbei, auf dem neben Obst und Gemüse allerhand Krimskrams angeboten wird. Auch aus der Entfernung ist zu erkennen, dass sich die Menschen hier sehr plagen müssen.

Die Straßen sind teilweise in einem beklagenswerten Zustand. Den Häusern, an denen wir vorbeifahren, geht es auch nicht besser. Die Schienen scheinen seit 100 Jahren zu liegen. Die Kurven sind scharf, gelegentlich muss Olha hinausspringen, um die Weichen zu stellen. Manchmal gibt es nur ein Gleis. Das Timing muss stimmen, damit sich entgegenkommende Züge nicht gegenseitig blockieren.

Die Straßenbahn ist schnell proppenvoll. Meist sind es ältere Menschen, die sich gerne auf ein Gespräch einlassen. Dass ich sie auf Russisch anspreche, nehmen sie mir nicht übel. Ja, das Leben sei schwer. Zur Sowjetzeit sei es einfacher gewesen. Es habe Arbeit und Sicherheit gegeben. Die Unabhängigkeit sei schön, aber seitdem ginge es nicht mehr voran. Lemberg leide unter Bevölkerungsschwund, erfahre ich. Früher hätte hier nahezu eine Million Menschen gelebt. Jetzt seien es nur noch 730.000. Die Zukunft würde im westlichen Ausland gesucht. Die meisten Ukrainer schlügen sich dort illegal durch.

Ein bärtiger Bettler steht am Straßenrand. Er schaut in seinen leeren Hut. Die Passanten hasten achtlos an ihm vorbei. Wir drehen eine große Schleife durch die Stadt, fahren an schönen, aber stark mitgenommenen Jugendstil-Häusern mit eleganten Figuren an den Fassaden vorbei, nähern uns der Altstadt mit der gefürchteten Badeni-Kurve und überqueren den breiten Freiheitsprospekt. Viele Banken fallen mir auf. Offensichtlich wird hier an eine Tradition angeknüpft. In seinen besseren Tagen war Lemberg ein mitteleuropäisches Finanzzentrum.

Im Verkehr dominieren westliche Autos. Fast alle wurden gebraucht gekauft, wie mir meine Mitpassagiere erläutern. Ansonsten ist der alte sowjetische Schiguli immer noch stark präsent. Die Straßenbahnen, die uns entgegenkommen oder unseren Weg kreuzen, sind wie unsere mit Reklame bepflastert. Für reinen ceylonesischen Tee wird geworben, für Malvi-Möbel und »Unsere Apotheke«.

Olha Zehelyk steuert ihre Bahn mit stoischer Ruhe durch den meist hektischen Verkehr. Sie kennt jeden Meter der Strecke. Seit 26 Jahren macht sie den Job. Im Winter werde es gelegentlich sehr ungemütlich, weil die Wagen nicht geheizt würden, aber im Sommer sei es eine Freude, durch das schöne Lemberg zu fahren.

»Meine Bahn benutzen häufig Touristen aus Deutschland, Italien und vor allem aus Polen. Dies war ja mal eine polnische Stadt. Aber jetzt ist sie ukrainisch.«

Vor dem Zweiten Weltkrieg waren die Ukrainer in Lemberg in der Minderheit. Die Hälfte der Bevölkerung war polnischer, ein Drittel jüdischer Herkunft. Die einen wurden vertrieben, die anderen ermordet. Nach ihnen kamen die Russen. Sie schlossen zahlenmäßig zu den Ukrainern auf. Dies änderte sich, als Nikita Chruschtschow die rigiden Auflagen für die Bauern aufhob, die unter Stalin ihre Dörfer nicht verlassen durften. Nun strömten die Ukrainer in die Metropolen. So wurde Lemberg schließlich eine ukrainische Stadt. Das alte multikulturelle Flair war schon vorher durch den Krieg ausgelöscht worden. Es wird auf lange Zeit nicht wiederkommen.

Wirtschaftlich könnte Lemberg für westliche Unternehmen interessant werden. Hier gibt es ein großes Potenzial an fähigen Arbeitskräften. Die Universität und die Technische Hochschule genießen einen guten Ruf. Westliche Firmen haben schon Niederlassungen gegründet oder vergeben Aufträge nach Lemberg. Dennoch: Die wirtschaftliche Lage ist nach wie vor bedrückend.

»Viele Fabriken aus der Sowjetzeit wurden geschlossen«, sagt Olha. »Die meisten Jungen sind arbeitslos.« Ihr Mann ist Mechanikermeister. Sie haben drei Kinder. Zwei sind noch in der Schule.

Ein Mädchen arbeitet in einem Café als Kellnerin. Olha ist froh, dass sie einen Arbeitsplatz gefunden hat. 300 Hrywnja erhält sie als Straßenbahnfahrerin. Keine 50 Euro! Nur Frauen machen diesen Job, Männer arbeiten nicht für einen solchen Hungerlohn. Rentabel operiert auch das Straßenbahn-Unternehmen nicht. Eine Fahrt kostet 50 Kopeken. Umgerechnet acht Cent. Pensionäre, die die meisten Fahrgäste sind, zahlen nichts.

»Es ist bitter. In den Geschäften gibt es alles zu kaufen, aber die Menschen bei uns haben kein Geld«, erklärt Olha Zehelyk. »Die Männer sitzen zu Hause. Die Familien sind zerstritten, weil sie keinen Ausweg aus der Not wissen. Dennoch will ich die Sowjetunion nicht zurückhaben. Die unabhängige Ukraine ist mir lieber. Es wird auch bei uns eines Tages bergauf gehen. In einem freien Land lebt es sich einfach besser.«

Ein Pole kehrt zurück

Annette Dittert

Demonstrationen sind selten geworden, heute in der Ukraine. Und doch klingt das, was ich durch den Straßenlärm hindurch in meinem Hotelzimmer höre, sehr danach.

Sprechchöre, das dumpfe gleichförmige Murmeln einer Masse, dazwischen Menschen, die aufgeregt durcheinander schreien. Ich schiebe die schwere, mit Blumenmustern leidlich geschmackvoll bedruckte Gardine zur Seite und sehe direkt unter mir auf den Lemberger Freiheitsprospekt, den Prospekt Swobody.

600 bis 700 Menschen haben sich dort versammelt, alle dunkel gekleidet. Transparente mit ukrainischen Schriftzügen werden in die Luft gehalten. Wieder dieser Sprechchor, den ich zunächst so wenig verstehe wie die Plakate.

Denn Ukrainisch ist eine seltsame Sprache, die sich ständig verändert, je nachdem in welchem Teil des Landes man sich befindet. Je weiter man gen Osten fährt, je stärker ähnelt sie dem Russischen. Spätestens in Kiew kommt man mit Russisch ganz sicher überall durch. Hier in der Westukraine, im alten Galizien, in Lemberg, ähnelt das Ukrainische aber meist noch sehr dem Polnischen. Also höre ich weiter zu und versuche zu begreifen, worum es geht.

Das, was sich dort unten vor meinem Hotelzimmer abspielt, muss irgendetwas mit Polen zu tun haben. Denn die Worte »Polstscha« und »polski« fallen immer wieder. Mehr verstehe ich nicht. Daher bitte ich Juri, mit hinunterzugehen auf den Freiheitsplatz und mir zu erklären, worum es hier geht.

Es sind fast nur ältere Menschen, fast nur Männer, die hier stehen und mit hasserfüllten Gesichtern immer wieder dieselben Sätze anstimmen. »Polen soll Buße tun für die Ukrainer, die es unschuldig ermordet hat«, rufen sie, wie ich jetzt von Juri erfahre. Und auf den Plakaten wird zum Boykott polnischer Waren aufgerufen. Die Stimmung ist aufgeheizt.

Jetzt, wo wir mittendrin stehen, die verzerrten Gesichter ganz nah, weicht meine Neugier einem unbestimmten Gefühl der Angst. Das, worum es hier geht, ist nicht verhandelbar, ist kein Aufruf zu irgendetwas, kein politisches Bekenntnis, es ist purer Hass, der sich seine Bahnen sucht. Hass gegen Polen, gegen das Nachbarland und seine Menschen.

Es geht um Wolhynien. Es geht um die grausame Geschichte zwischen Polen und Ukrainern, in den Jahren des Zweiten Weltkriegs und danach. Um ein Massaker der Ukrainer an den Polen, das bis heute seine Schatten auf die Beziehungen zwischen den beiden Ländern wirft. Und in dessen Folge sich die Polen den Ukrainern gegenüber bald nicht weniger brutal verhielten.

Es begann im Frühjahr 1943. Seit Beginn des Kriegs, seit 1939, seit dem Hitler-Stalin-Pakt, war diese Region im ehemaligen Ostpolen wechselweise von der russischen oder der deutschen Armee besetzt.

Zwischen Ukrainern und Polen, die hier mehr oder weniger friedlich nebeneinander gelebt hatten, brach jetzt, wo sich alle alten Ordnungen auflösten, ein Hass aus, der vorher lange unter der Oberfläche verborgen geblieben war. Denn die Polen waren hier seit Jahrhunderten, auch während der Herrschaft Österreich-Ungarns, die Herren gewesen und hatten sich auch entsprechend verhalten. Ihnen gehörte das Land und ihnen gehörten die Güter, auf denen die Ukrainer bestenfalls als schlecht bezahlte Lohnarbeiter ihr Dasein fristeten. Die Polen waren die Oberschicht in den Städten, sie bestimmten das öffentliche Leben und unterdrückten die ukrainische Unabhängigkeitsbewegung, was schließlich in den 30er-Jahren zur Anwendung von Terror auf der einen und zu brutaler Polizeigewalt auf der anderen Seite geführt hatte.

Im Frühjahr 1943 begann also nun die Ukrainische Aufständische Armee in Wolhynien, einer Region im Nordosten der heutigen Ukraine, mit Terroraktionen gegen die Polen, die noch dort lebten.

Das Gebiet war zu dieser Zeit noch von den Deutschen besetzt und in deren Windschatten begannen nun die entsetzlichen Massaker, die bis heute die Angst der Ukrainer und Polen voreinander begründen.

Die Historiker beider Länder streiten noch immer darüber, wie und warum das Ganze ausbrach. Womöglich ging es am Anfang »nur« um die Vertreibung der Polen aus der Region.

Sicher ist jedenfalls, dass der ethnische Konflikt schnell zu einem Völkermord führte, dem bis zum Ende des Zweiten Weltkriegs zwischen 50.000 und 60.000 Polen zum Opfer fielen. Später schlug der Terror auch auf Galizien über, auf das gesamte damalige Ostpolen. Ganze Dörfer und Familien wurden ausgerottet, auch gemischte Ehen wurden nicht verschont. Und die Polen revanchierten sich. Die Vergeltungsaktionen der polnischen Untergrundarmee waren bald ähnlich grausam, wenn auch wohl nicht so umfassend wie die ukrainischen. Bis heute gibt es keine genauen Zahlen, wie viele Ukrainer ihrerseits den Massakern der Polen zum Opfer fielen; geschätzt wird die Zahl aber auf etwa 10.000.

Ich kannte das bis jetzt nur aus Polen. Ich kannte die Angst meines Teams, mit mir mal eben über die Grenze in die Ukraine zu fahren. Ich habe noch lebhaft vor Augen, wie unserem Tonmann Michal, dem sonst immer zu Späßen aufgelegten Teamclown, die schiere Angst ins Gesicht geschrieben stand, als ich vorschlug, dort spontan zu drehen. Am Ende weigerte er sich, auch nur für eine Stunde dorthin zu fahren.

Ich erinnerte mich jetzt an die langen Diskussionen an jenem Abend, an dem wir dann doch in Polen blieben. An grauenhafte Geschichten über polnische Frauen und Kinder, die bei lebendigem Leib gehäutet und mit Äxten enthauptet wurden. Das jedenfalls erzählte mir mein polnisches Team in jener Nacht. Wie auch immer es sich im Detail verhalten haben mag, es müssen unvorstellbar grausame Gemetzel gewesen sein.

Und die Wunden sind noch längst nicht verheilt. Wie ich jetzt sehe, auch auf ukrainischer Seite nicht.

»Wenn sie könnten, würden die Polen zurückkommen, unser Land wieder besetzen und uns alle umbringen«, ruft einer der beiden Männer, die ein ganz besonders großes Plakat in die Höhe wuchten, auf dem die Polen aufgefordert werden, sich für das zu entschuldigen, was sie den Ukrainern angetan haben.

»Fast meine ganze Familie haben die Polen umgebracht, weil meine Mutter Ukrainerin war. Erst haben sie die Scheune angezündet und dann alle erschossen, die an dem Tag zu Hause waren.« Seine Schwester und seine beiden älteren Brüder. Der Mann, der mich instinktsicher als neutrale Ausländerin erkannt hat, nimmt meine Hand und spricht mit mir – plötzlich leise geworden – auf Polnisch, als er merkt, dass ich das verstehe. Er habe das alles nur überlebt, weil sein Vater Pole war, mit dem er dann quer durch das verwüstete Grenzgebiet Wolhynien gen Westpolen flüchtete. Von dort aber wurden sie schon ein paar Wochen später zurückgesiedelt in die Ukraine, da sie ihre polnische Herkunft – mangels Papieren – nicht nachweisen konnten. Zurückgeschickt in eine Ukraine, in der sie fortan als polnisch, also als suspekt galten und weiteren Repressionen ausgesetzt waren. Denn jeder, der nach dem Zweiten Weltkrieg aus Polen hierher kam, in die ehemaligen polnischen Ostgebiete, die seit 1945 Teil der Sowjetunion waren, galt als potenzieller Revisionist, als sozialistischer Nachbar zwar, zugleich aber auch als verdächtig.

Denn Polen war von Anfang an der unordentliche kommunistische Bruderstaat. Das Land, dem man nicht trauen konnte. Und hier in der Westukraine, in den ehemaligen polnischen Ostgebieten, schon gar nicht. Die Furcht, dass die Polen zurückkommen, ihre alten Städte und Ländereien zurückfordern würden, saß so tief wie die Angst der Polen vor den Ukrainern und der Hass auf sie.

Aus polnischer Sicht hatten die Ukrainer sich mit diesem Krieg und diesen Massakern endgültig gegen Polen entschieden und sich stattdessen dem sowjetrussischen Bruderstaat ergeben. Dass sie damit vom Regen in die Traufe gekommen waren, dass der Preis für die Unabhängigkeit von Polen ungeheuer hoch ausfiel, dafür haben viele Polen bis heute nur ein Achselzucken übrig.

Die Ukrainer hätten schließlich ihre polnischen Güter gestohlen, zerstört und zu Kolchosen erniedrigt, ihren polnischen Städten den Glanz genommen und ihre katholischen Kirchen zu Schweineställen gemacht. Solche Sätze kannte ich aus Polen, hatte ich dort immer wieder gehört. Eine Mischung aus Angst vor dem unberechenbaren sowjetischen Staat, der ihre Ostgebiete annektiert hatte, gepaart mit Überheblichkeit den angeblich kulturlosen ukrainischen Bauern gegenüber. Was der polnische Staat nach dem Krieg den Ukrainern angetan hat, die noch auf dem verbliebenen polnischen Territorium diesseits des Bugs lebten, davon hört man bis heute nur selten.

Das alles aber sehe ich in den Gesichtern dieser Männer auf dem Lemberger Freiheitsprospekt, und ich will jetzt gar nicht mehr genauer wissen, was jedem Einzelnen hier widerfahren ist. Denn es ist nichts, was noch zu heilen wäre, und ich bin froh, als sich die Menge mit ihren Transparenten ganz allmählich in die verschiedensten Richtungen hin auflöst, die Männer wieder stumme Bewohner dieser Stadt werden.

Der Zug, der über die holprigen Gleise in den prachtvollen Bahnhof von Lemberg einläuft, kommt aus Lublin. Hohe stählerne Dächer schützen den Bahnsteig, goldene Treppengeländer, Jugendstilornamente, wohin man schaut.

Auf dem Perron 2a drängeln sich Bettler, alte Bäuerinnen, stoisch dreinblickende Arbeiter, die sich von ihrer Weiterfahrt nichts zu erhoffen scheinen. Der Gegensatz ist krass: bittere Armut vor den prächtigen Kulissen aus einem anderen Jahrhundert.

Mit dem Zug aus Lublin, der größten Stadt im heutigen polnischen Südosten, kommen Hunderte Ukrainer, die dort im Westen ihr Geld verdienen. Die polnischen Baustellen sind für die meisten Ukrainer heute die einzige Möglichkeit, überhaupt Geld zu verdienen, der Putzjob in Warschau für die Ukrainerinnen der einzige Weg, ein bisschen vom goldenen Westen zu profitieren. Behandelt werden die Ukrainer von den Polen dort heute etwa so, wie die Polen in Deutschland von uns. Bestenfalls wohlwollend als arme Verwandte aus dem Osten, meistens herablassend, wenn nicht geringschätzig.

Aber ob sie dort nun gut behandelt werden oder nicht, sie haben keine Wahl. Polen ist für die Ukrainer das einzige Nachbarland, in dem es schon ein bisschen nach Wohlstand und Europa riecht. Es ist alles immer nur eine Frage der Perspektive.

In Windeseile, als ob die schlecht gekleidete Menge sich unwohl fühle, sich in der prunkvollen Architektur nicht länger als unbedingt notwendig aufhalten wolle, löst sich das Durcheinander von Aussteigern und Weiterfahrenden auf. Es ist das Tempo der ökonomischen Verlierer, die ohne Zeit für Schönheit, fremd in dieser Umgebung, wie vom schlechten Gewissen getrieben, auf schnellstmöglichem Weg nach Hause eilen.

Einer braucht viel länger, hat ein anderes Tempo. Ein Mann, der – als sich das Gewimmel gelichtet hat – ganz in Ruhe seinen Koffer hinunter auf den Bahnsteig wuchtet. Ein weißhaariger alter Herr im Anzug, der sich vorsichtig umsieht, ein bisschen verloren, ein bisschen wie aus einer anderen Welt. Denn er hat Zeit, und das unterscheidet ihn von den anderen, die längst verschwunden sind.

Der Mann heißt Janusz Hanzlik und er ist seit 1944 nicht mehr hier gewesen. Seit er damals als 11-jähriger Junge mit seiner Familie von hier flüchten musste. Er ist Pole, und sein Vater stammte aus einer alten polnischen Arztfamilie, die seit vielen Generationen in Lemberg gelebt hatte.

Nie wollte Janusz Hanzlik hierhin zurückkehren, das hatte er sich im Laufe seines Lebens immer wieder geschworen. Niemals zurückschauen, niemals einer dieser vielen polnischen Heimwehtouristen werden, die sich sentimental in ihrer Vergangenheit eingraben, sich an Erinnerungen klammern, wo es doch nichts zurückzuholen gibt.

Stattdessen hatte er in Polen Karriere gemacht, als Internist und Herzspezialist, schließlich als Professor an der Lubliner Medizinakademie.

Vorsichtig tastend bewegt er sich mit seinem Koffer die Treppe hinunter in Richtung Haupthalle, ein heller Regenmantel über dem linken Arm.

Er wäre auch heute nicht hier, hätten wir ihn nicht dazu überredet. Ausgerechnet zwei Wochen vor dem Beginn seiner Pensionierung überfiel ihn Magda in Lublin mit der Bitte, mit uns nach Lemberg zu fahren, das erste Mal nach fast 50 Jahren. Zunächst hatte er sich standhaft geweigert. Er sei kein Mann der Vergangenheit, er habe das alles verdrängt und vergessen, um in Polen nach dem Krieg mit Erfolg neu anfangen zu können.

Dennoch, widerspricht ihm Magda charmant, bestimmt und bittend zugleich, beende er seinen Lebenslauf mit den Erinnerungen an damals. In seiner Vita für die Universität schreibe er doch selbst, dass er sich noch heute an den Geruch der Bäume vor seinem Elternhaus, an das Geräusch der Straßenbahn und den Geschmack der Kekse des Bäckers nebenan erinnern könne, so als sei es gestern gewesen, dass er kaum darüber sprechen könne, ohne dass ihm die Tränen kämen. Also müsse ihm das doch etwas bedeuten.

»Ja«, entgegnet er unwirsch, »aber dort schreibe ich auch, dass ich nie mehr dorthin zurückkehren werde, auch nicht für einen Tag.«

Ob es nun Magdas Hartnäckigkeit war, oder ob es einfach der richtige Zeitpunkt war, an die so lang verschlossene Erinnerung zu rühren, weiß ich nicht. Zwei Tage nach dem langen Gespräch kam jedenfalls sein Anruf. Er habe es sich doch noch einmal überlegt. Im Schutze unserer Dreharbeiten wolle er die Fahrt nun doch unternehmen. Er glaube an Zufälle, und die Begegnung mit uns, so kurz vor dem Ende seiner beruflichen Karriere, sei für ihn dann doch so etwas wie ein Zeichen gewesen. Schon im nächsten Monat wolle er in die USA auswandern, und das sei jetzt die letzte Möglichkeit für ihn. Danach werde er nie wieder nach Europa zurückkehren. Ein Mann mit Prinzipien, die aber offenbar elastisch sind.

Es muss ein seltsamer Moment für ihn gewesen sein, in der Halle des Lemberger Hauptbahnhofs zu stehen, ganz in Gedanken versunken, mit seinem kleinen Koffer am rechten und dem Regenmantel über dem linken Arm, als wir auf ihn zukommen und ihn bei laufender Kamera begrüßen.

Aus einem Lautsprecher über uns, der noch aus sowjetrussischen Zeiten stammen muss, krächzt eine Stimme auf Ukrainisch. Irgendeine Verspätung Richtung Moskau. Janusz Hanzlik setzt den Koffer ab. Er hat sich entschieden, das hier mit uns durchzumachen, und er weiß, dass er jetzt mitspielen muss.

»Damals fuhren die Züge von hier nach Paris, Berlin, London oder Wien. Es war ein vornehmer Bahnhof, man sieht das ja auch noch.«

Eine große Tafel, eingerahmt von goldenen Säulen im Neorenaissance-Stil, auf der die Verbindungen und die Abfahrtszeiten angeschlagen sind, hängt über unseren Köpfen. Gebaut wurde der Bahnhof 1903 und das pompöse Stilgemisch aus Neorenaissance und Sezession hat das zurückliegende Jahrhundert fast unbeschadet überdauert. Nur die Züge haben andere Ziele. Statt nach Paris, London oder Berlin fahren sie heute fast alle Richtung Osten. Nach Kiew, Moskau, Odessa und in kleine Städte mit endlosen Namen, von denen ich noch nie gehört hatte.

»Ich erinnere mich gut an die Erzählungen meines Großvaters, der Lokführer auf der Strecke Wien-Lemberg war. An seine Beschreibungen von vornehmen Männer mit Zylindern, ihren Damen in Pelzen und mit Personal im Schlepptau, das ihre vielen Koffer schleppte. Für meinen Großvater war es immer wieder aufs Neue aufregend, sich vorzustellen, wo sie herkamen, diese Fremden. Wie es dort wohl sein würde. Und was sie hier nun vorhaben mochten.«

Viel habe sich wirklich nicht verändert, meint er, und sieht sich noch einmal in der Eingangshalle um, schaut zu dem riesigen Kronleuchter hoch, der die Halle allerdings nur schwach beleuchtet. Seltsam, die Menschen sind doch ganz andere, denke ich. Aber die erwähnt er nicht. Vielleicht sieht er sie nicht. Noch nicht.

Ein Mann mit schwarzer Lederkappe und in einem grotesk groß karierten Anzug schiebt eine unförmige Karre vor sich her, beladen mit riesigen Plastiktaschen. Drei verwahrloste Kinder, die uns eben noch hartnäckig belagert hatten, rasen Richtung Ausgang, wahrscheinlich auf der Flucht vor jemand, den sie bestohlen haben. Vier alte Bäuerinnen sitzen erschöpft auf einer der wenigen Holzbänke am Rand der Halle, wo sie offenbar schon seit vielen Stunden, vielleicht Tagen, warten, große Pappkartons an ihrer Seite. Eine von ihnen ist im Sitzen eingeschlafen, den Kopf zwischen den Beinen, knapp über dem schmutzigen Marmorboden. In der Hand hat sie ein Seil, das um ihre Kartons gewunden ist.

»Seltsam ist es, wieder hier zu sein, nach so vielen Jahren. Ich wollte das wirklich nicht, hier noch einmal stehen, so wie damals. Es ist ein bisschen wie im Traum. Und Sie alle mit mir hier.«

Janusz Hanzlik kämpft ein bisschen mit sich, reißt sich dann aber zusammen, die Blöße will er sich nicht geben. Wir verlassen die Halle Richtung Ausgang. Es wird ein langer Tag und es wird nicht einfach werden mit ihm. Meist weiß man das schon nach der Begrüßung.

Mit der Straßenbahn, der Linie 9, fahren wir gemeinsam zu seiner alten Wohnung. Das hatte er sich so gewünscht. Denn mit dieser Linie war er damals immer von seiner Lieblingstante, die am anderen Ende Lembergs wohnte, quer durch die Stadt nach Hause gefahren. Und an diese Strecke erinnert er sich bis heute, an die Geräusche der Bahn, die kreischende Klingel an jeder Kurve, an die Gerüche, an die Häuser links und rechts der Gleise. Dabei würden wir ihn drehen, das hatten wir verabredet.

So weit, so gut. Woran wir nicht gedacht hatten, war, dass ukrainische Straßenbahnen immer voll sind, und zwar bis auf den letzten Platz, und darüber hinaus auf Gleisen fahren, die jeder Beschreibung spotten. Ein Albtraum also für Janek, den Kameramann, der sich mit Mühe und Not in den Kurven mit der einen Hand an den Sitzen festklammert und mit der anderen Hand versucht, die Schärfe zu halten. Der Lärm der ruckelnden Bahn ist unbeschreiblich, das Ganze ist also auch für Wlodek, der den Ton macht, kein Vergnügen. Hanzlik merkt das alles nicht, denn er ist jetzt wirklich in seine Erinnerung versunken und nimmt uns kaum noch wahr. Janusz Hanzlik ist wieder im Sommer 1944.

»Damals war die Straßenbahn immer voll mit verletzten deutschen Soldaten, die von der russisch-deutschen Front hierher transportiert wurden. Denn die Linie 9 fuhr damals am größten Krankenhaus Lembergs vorbei. Seit 1941 war Lemberg ja von den Deutschen besetzt. Das hier war für sie ein Fluchtpunkt, an dem es ihnen noch gut ging.« Hanzlik zeigt auf die breite Straße, die ins Zentrum von Lemberg hineinführt. »Überall fuhren deutsche Panzer, überall waren deutsche Soldaten, die in den Straßen marschierten. Aber Angst hatten wir nie vor den Deutschen.«

Erst als 1944 die Nachricht kam, dass die Deutschen zurückgeschlagen wurden und sich die Russen Lemberg näherten, überfiel seine Eltern die Furcht. »Da war klar, dass wir flüchten müssen.

Wir mussten damals noch zu den Hitler-Leuten, um von ihnen eine Ausreisegenehmigung nach Westpolen zu bekommen.«

Er zieht ein vergilbtes Papier aus der Tasche. Ein Hakenkreuz-Stempel, eine kaum mehr lesbare Unterschrift. Das war das Formular, die Bewilligung, die sie erhielten, um zu fliehen. Selbst in dem Chaos der letzten Kriegstage scheint es noch eine Restordnung gegeben zu haben. Zumindest bei den deutschen Besatzern, würde Janek jetzt spotten, wenn er nicht eingeklemmt zwischen Fenster und Sitz mit der Kamera kämpfen müsste. Janek ist einer der wenigen Polen im Warschauer ARD-Studio, die aus ihrer tief sitzenden, bis heute andauernden Antipathie gegen Deutschland kein Hehl gemacht hat. Manchmal geht mir das auf die Nerven, für seine Offenheit allerdings bin ich ihm dankbar. Im Moment hat er allerdings andere Sorgen.

Denn die Straßenbahn legt sich just in dem Moment in eine mörderische Kurve, als Hanzlik zu erzählen beginnt. »Mit zwei Koffern sind wir aus der Wohnung, es musste schnell gehen und mehr einzupacken erlaubte mein Vater nicht.«

Und nach einer kurzen Pause: »Das hier war unsere Kirche, Maria Magdalena, dort drinnen haben wir uns verabschiedet von unserem Lemberg.« Er zeigt auf eine große gelbe Barock-Kirche, von der ich durch die kleinen, dreckigen Scheiben der Straßenbahn nur die Konturen erkennen kann.

»Wir haben uns auf den Boden geworfen und gebetet, am Tag unserer Flucht. Gebetet dafür, wiederkommen zu können.« Das sei überhaupt das Schlimmste gewesen für ihn, aber vor allem für seine Eltern, dass sie ja jahrelang gehofft hätten, wieder zurückkehren zu können aus diesem fremden, seltsamen Westpolen, jenseits des Bugs, wo sie gelandet waren. Und dass es diese Hoffnung war, die es seinen Eltern bis zu ihrem Tod unmöglich gemacht habe, sich dort, jenseits des Bugs, einzuleben.

Hanzlik zeigt auf die Gebäude, die er wieder erkennt. »Dort drüben war das Krankenhaus, in das sie die verletzten deutschen Soldaten gebracht haben. Und da drüben wohnte die Familie von Wojciech Kilar, einem berühmten polnischen Komponisten, der heute in Warschau lebt. Und dort hinten«, gestikuliert er plötzlich ganz aufgeregt, »in diesem Haus lebten die Freunde meiner Eltern.

Auch Ärzte, zu denen wir sonntags immer zum Mittagessen gingen.« Er setzt sich auf, zieht sein Jacket gerade, das ebenfalls unter der Schaukelei der Bahn gelitten hat. »Lemberg war eine vornehme Stadt, damals, als es noch polnisch war.« Hanzlik dreht sich wieder von uns weg, schaut aus dem Fenster.

Damals, als Lemberg noch polnisch war. Noch in den 30er-Jahren des 20. Jahrhunderts war etwa die Hälfte der Einwohner von Lemberg polnisch. Die zweite große Bevölkerungsgruppe waren die Juden, erst dann kamen die Ukrainer.

Heute leben in Lemberg vielleicht noch 10.000 Polen, weniger als ein Prozent der Gesamtbevölkerung. Die meisten sind wie die Familie Janusz Hanzliks während der Wirren des Zweiten Weltkriegs vor den Russen geflohen. Mitte der 50er-Jahre folgte nach einem polnisch-sowjetischen Regierungsabkommen eine zweite große Auswanderungswelle.

»Seitdem sind nur noch die Polen hier, die kein Geld hatten wegzugehen, oder die, die sich nicht getraut haben, Lemberg gen Westen zu verlassen, weil sie dort drüben in Polen niemanden kannten.« Emil Legowicz, der Vorsitzende des polnischen Kulturvereins in Lemberg, fegt mit der Hand über seinen Schreibtisch und zeigt zum Fenster seines Büros hinaus auf den Altstadtmarkt. »Immerhin haben uns die Ukrainer ein Büro in zentraler Lage gegeben, sehen Sie, da drüben, ich sehe sie jeden Tag von meinem Fenster aus, da sitzt die Stadtverwaltung Lemberg, das Rathaus – und wenn sie uns auch nicht helfen, so lassen sie uns wenigstens in Ruhe.«

Der Verein, den Emil Legowicz 1988 im Windschatten der Perestroika gegründet hat, ist eine Art letzte Bastion der in Lemberg gebliebenen Polen. »Geblieben sind eigentlich nur die armen, die ungebildeten, die alten Menschen. Die Intellektuellen, die Ingenieure, die Ärzte, die sind alle weg. Geblieben sind deren Angestellte, geblieben ist die Armut. Und es ist eine Heidenarbeit, sich um all diese Menschen zu kümmern. Es fehlt ihnen nämlich an allem.«

Zu Ostern und vor Weihnachten hat er Hauptsaison. Dann werden Päckchen verteilt, die aus dem Westen kommen, aus Warschau oder Lublin.« Ansonsten ist das polnische Lemberg Vergangenheit. Wenn jetzt noch die EU kommt und die Grenzen zwischen Polen und der Ukraine dichtgemacht werden, dann wird die Fremdheit weiter wachsen. Und in Warschau haben die Polen ihr Lemberg doch längst schon abgeschrieben, die schauen doch nur nach Berlin oder Brüssel.« Wenigstens gebe es heute diese friedliche Koexistenz mit den Ukrainern, meint Legowicz und zeigt wieder mit einer weit ausholenden Geste in Richtung Rathaus. »Sie lassen uns in Ruhe, obwohl bei vielen Ukrainern die Angst vor uns noch immer lebendig ist, die Angst, wir Polen kämen zurück, eines Tages, und könnten ihnen die Stadt wieder wegnehmen.«

Unsinn sei das natürlich, schimpft er und läuft zum Fenster, »wir sind doch froh, dass sie jetzt endlich damit anfangen, die Stadt als ihre eigene zu betrachten und den Verfall zu stoppen. Uns ist das doch nur recht. Solange die Ukrainer nicht vergessen, dass es polnische Häuser sind, die sie jetzt zu retten versuchen.« Er zeigt auf die Straßen hinter dem Marktplatz und er hat Recht, fast jedes dritte Haus ist eingerüstet.

Die Bauarbeiter in einer Querstraße hinter dem Markt sind höfliche und kultivierte junge Menschen, die gerade alte polnische Aufschriften über einem Hauseingang übermalen. Ein bisschen ratlos sind sie, als wir sie fragen, ob wir sie dabei drehen dürfen. »Das soll eine Zahnklinik werden, ein Privatauftrag, wir machen nur die Fassade.« Was denn daran interessant sei? Ich frage sie, ob sie verstehen, was sie da übermalen.

Der Chef, ein fröhlicher, vielleicht 40-jähriger Mann in einem schreiendgelben T-Shirt steigt vom Gerüst und gibt mir die Hand. Er spricht fließend Polnisch. »Ja, natürlich verstehen wir das, jeder Lemberger kann irgendwie noch polnisch. Und das da« – er zeigt auf den polnischen Schriftzug, der gleich unter einem Schwall knallgelber Farbe verschwinden wird, die fast so gelb wie sein T-Shirt ist – »das da war mal Werbung für Zahnbürsten. ›Szczotki, szczoteczki‹, das heißt Bürsten, Zahnbürsten – so hat man früher die Werbung gemacht. Da gab es noch keine Video- oder Plakatwände.« Er wischt sich die Hände an seinem T-Shirt ab und stellt den Farbeimer aufs Gerüst. Jetzt wird es grundsätzlich. »Ich weiß schon, worauf Sie hinauswollen, worauf ihr Polen immer hinauswollt mit solchen Fragen.«

Da ich mich ausgesprochen geschmeichelt fühle, für eine Polin gehalten zu werden, und seinen Redefluss nicht durch unnötig komplizierte Klarstellungen stoppen will, lasse ich es dabei und höre einfach zu, was er zu sagen hat. Fragen muss ich nichts mehr, denn der Monolog, der jetzt folgt, bricht sich von ganz allein seine Bahn. Er hatte sich offenbar schon lange angestaut.

»Ihr sagt immer, dass wir Ukrainer Lemberg zerstört haben. Ich bitte Sie wirklich von ganzem Herzen: Sagen Sie so etwas nicht. Nicht wir haben Lemberg zerstört, nicht die Ukrainer, das waren die Sowjetrussen, die uns jahrzehntelang so schlecht regiert haben! Und wir Ukrainer bauen jetzt das wieder auf, was die Russen haben verkommen lassen!

Wir konnten doch nichts tun, solange wir von denen besetzt waren. Privatinitiativen waren doch nicht erlaubt. Aber wir Ukrainer lieben Lemberg genauso wie die Polen. Und ich habe auch nichts dagegen, wenn die Polen jetzt in Scharen wieder hierher kommen und sich ihre alte Heimat ansehen. Bitte sehr! Gerne! Nur eins muss klar sein: Sie müssen akzeptieren, dass Lemberg heute ukrainisch ist. Und dass es nie wieder polnisch sein wird.«

Mit ein bisschen zu viel Kraft nimmt er den Eimer wieder vom Gerüst, um weiterzuarbeiten, und schlägt die Farbe mit dem Schwung seiner Rede gegen die Wand. »Und auch wenn unsere Väter gegeneinander gekämpft haben, jetzt ist das vorbei. Wir waren doch immer zwei Brüdervölker. Wir haben eine gemeinsame Kultur. Dass die Geschichte zwischen uns einen solchen Lauf genommen hat, ist eine Tragödie für uns genauso wie für die Polen. Aber heute ist das vorbei, heute sind wir Nachbarn und das hier ist unsere Stadt und Schluss damit!« Ein letzter Strich mit dem Pinsel, die polnischen Schriftzüge sind verschwunden, unsere Audienz ist zu Ende.

Janusz Hanzlik hat noch zwei Stationen bis zu seinem Elternhaus und sieht gefasst durch die Fenster der Straßenbahn hinaus auf das, was er mit dem Lemberg seiner Erinnerung abgleicht. Es geht vorbei an eleganten Jugendstilhäusern, an denen keine Gerüste stehen und deren Verfall wohl kaum noch zu stoppen sein wird, an einem alten Park, dem der Kommunismus nichts anhaben konnte, an einer verfallenen Fabrik. »Die Gebäude sind dieselben, nur der Geist, die Menschen sind andere geworden. Aber der alte Charme ist noch da«, sagt er leise, fast ausdruckslos. Nur ab und zu sieht man ihm den Schmerz darüber an, seine Heimatstadt so heruntergekommen wiederzufinden. Sagen will er das nicht, denn er weiß, dass er unter Ukrainern sitzt, und er will kein böses Blut stiften. Zumal sich mittlerweile – durch den Zirkus, den wir notgedrungen in der Bahn aufführen müssen, um brauchbare Bilder zu bekommen – eine lebhafte Diskussion entwickelt hat. In einem Sprachmix aus Polnisch, Ukrainisch und Russisch streiten sich im Wesentlichen vier Frauen, die neben und hinter ihm sitzen. Begonnen hatte es mit einer Charmeoffensive Hanzliks, die sich auf seine direkte Nachbarin richtete, eine gut aussehende Frau, mit tiefschwarz gefärbten und auffällig toupierten Haaren. Sie hatte seine Frage, ob sie verheiratet sei, zwar nicht verstanden, ihm aber auf Ukrainisch geantwortet, dass sie überhaupt nichts gegen Polen habe, im Gegenteil, sie seien doch so kultiviert. Hanzlik, der das ebenfalls nicht verstand, lächelte innig zurück, dankbar über so viel weibliche Zuneigung, was nun aber offenbar den anderen weiblichen Passagieren nicht gefiel. Das hasserfüllte Brummen einer alten Frau, als Hanzlik schon wieder ganz für sich aus dem Fenster sah, dass die Polen doch nach Hause fahren sollten und dass sie alle Ukrainer auch heute wieder umbringen würden, wenn sie könnten, das hatte ich nicht zum ersten Mal gehört. Es war derselbe Hass wie bei den Männern auf dem Freiheitsprospekt. Der Rest ging unter im Lärm der Straßenbahn und ich war froh, dass Janusz Hanzlik es unmöglich hatte mitbekommen können.

Wir sind da. Die Haltestelle ist noch genau dort, wo sie früher gewesen ist. Die Straße, in der er früher gewohnt hat, ist ebenfalls unverändert, hohe Häuser im Jahrhundertwendestil. Nur das Straßenschild ist ein anderes. Aus der polnischen Ulica Sapiehy ist die Bandera-Straße geworden, benannt nach dem Unabhängigkeitskämpfer Stefan Bandera. Hanzlik ist jetzt mulmig zumute und auch uns ist nicht ganz klar, was passieren wird. Hatte doch der jetzige Mieter der Wohnung, in der Hanzlik und seine Familie gelebt hatten, noch vor einer Stunde erklärt, er wolle ihn lieber doch nicht empfangen. Woraufhin Juri den pensionierten Witwer noch einmal bearbeitet hatte, dass wir nichts Böses im Sinn hätten, nur einen Film drehen wollten über die Polen, die damals von hier fliehen mussten. Dass er damit nichts zu tun habe, wir ihm auch keine Schuld dafür geben wollten; dass er nur da sein und die Tür öffnen müsse. Dieses zweite Gespräch, verbunden mit einem kleinen Honorar, hatte offenbar seine Wirkung getan. Als wir mit Hanzlik vor der Wohnungstür stehen, wird nach kurzem Zögern von innen die Tür geöffnet.

Auf den ersten Blick ist nicht viel zu erkennen, der Flur ist dunkel, Hanzlik umarmt den Mann, der ihm geöffnet hat. Ein bisschen zu schnell, ein bisschen zu herzlich, aber die Spannung, die sich in ihm angesammelt hat, muss irgendwohin. Dann geht er im Laufschritt durch die Wohnung, immer auf der Flucht vor unserer Kamera und seinen Emotionen. Alles erkennt er wieder, den Kamin, die Fensterbretter. Nur als er im Wohnzimmer steht, sieht er enttäuscht, dass die Wohnung irgendwann aufgeteilt wurde, von seinem Wohnzimmer nur noch die Hälfte übrig geblieben ist. Die Möbel, sie sind Gott sei Dank andere, davor hatte er sich am meisten gefürchtet, dass da noch die alten Möbel seiner Eltern stehen würden, von Fremden benutzt. Aber der Balkon, von dem aus er als kleiner Junge immer die Straße beobachtet hat, der ist noch da, darauf hatte er gehofft, und eröffnet denselben Blick über die Nachbarhäuser wie damals.

Als er vom Balkon in die Wohnung zurückstürzt, immer noch fast im Laufschritt, steht er plötzlich vor dem fremden Mann, der ihn hereingelassen hat und ihm schüchtern gefolgt ist. Da Janusz Hanzlik jetzt wirklich aufgewühlt ist und deshalb so gar nicht mehr mit uns sprechen will, erklärt er ihm, statt uns, was ihn hierher gebracht hat. Dieses Fernsehteam sei schuld, eine kleine Geste zu uns, dann wendet er sich wieder ihm zu, dem fremden Mann, der extra eine Krawatte angelegt hat für diesen Besuch. Erzählt ihm, dass er hier über 50 Jahre nicht mehr war, dass sie vor den Russen fliehen mussten, dass es danach in Polen für seine Eltern eine schreckliche Zeit gewesen sei. Der fremde Mann, der heute hier wohnt, sieht ihn warm, aber verständnislos an. Steht da mit seiner

Krawatte, ein bisschen ungelenk in der Mitte des Raumes, versteht Hanzliks Polnisch nicht, versteht die ganze Situation nicht. Vielmehr hat er Angst, etwas falsch gemacht zu haben, eine unbestimmte Angst, sich hier in etwas verwickelt zu haben, das ihm später Ärger bereiten könnte.

Aber da fällt ihm Janusz Hanzlik erneut um den Hals, umarmt ihn, mit Tränen in den Augen versucht er Ukrainisch zu sprechen, drei Brocken erinnert er noch von früher, und dankt ihm wieder und wieder dafür, dass er ihn überhaupt empfangen habe, dass er sich nicht fürchten solle, er wolle nichts zurück, nur noch einmal das alles wieder gesehen haben.

Die Art und Weise, wie sich slawische Männer umarmen und zu Gefühlsausbrüchen fähig sind, hatte mich schon immer beeindruckt, hier ist es mir ein bisschen zu viel. Ein bisschen zu plötzlich. Etwas bricht hier auf, zwischen den beiden, was nicht im Gleichgewicht ist und worüber so einfach und so schnell auch keine Verständigung möglich ist. Und dennoch ist alles echt, was die beiden hier aufführen. Das Gefühl der Verbundenheit mit dieser Umarmung und die tiefe Fremdheit, die mit einem Mal zwischen ihnen im Raum steht. Umso greifbarer, als beide Männer gemerkt haben müssen, dass dieser abrupte Moment der Nähe keine Zukunft hat. Nichts verbindet sie miteinander, den Polen und den Ukrainer, außer die alten Ängste voreinander und diese Wohnung, die für sie beide etwas anderes bedeutet.

So plötzlich, wie er gekommen war, will Hanzlik denn auch wieder fort von hier. Er sieht sich um, steht einen kurzen Moment verloren in dem in der Mitte geteilten Wohnzimmer seiner Eltern, geht einen Schritt zurück und wieder vor und umarmt den fremden Mann mit der Krawatte ein letztes Mal. »Ich wünsche Ihnen eine glückliche Zeit, eine gute Zukunft und wirklich alles Gute in eurem Lemberg, auf dass eure Ukraine sich entwickeln und eine Zukunft haben möge.«

Ich weiß bis heute nicht, ob sein Gegenüber verstanden hat, was Janusz Hanzlik ihm zum Schluss gesagt hat. Ob er verstanden hat, dass er »euer Lemberg« gesagt hat. Ob er verstanden hat, dass das den Polen eine Menge gekostet hat. Vielleicht hat er es gespürt.

Denn als Hanzlik vom Bürgersteig aus einen letzten Blick zurückwirft auf seine Wohnung, steht er am Fenster, der fremde Mann mit der Krawatte, und winkt ihm nach. Fast so verloren wie sein Besucher, der kurz hochsieht, sich dann umdreht und dann immer schneller in Richtung Straßenbahn läuft, ohne noch einmal zurückzublicken.

eine Gasse in Lemberg

der Bug kurz vor der Mündung

Maria und Igor auf der »Hochzeitsbrücke«

Und überall klingelt die Straßenbahn – eine Lemberger Straßenszene

n Blick über die Dächer Lembergs – im Vordergrund die Dominikanerkirche
er Hinterhof von Pani Lala

Alexandra in Pani Lalas Hinterhof mit einem Geburtstagsständchen für ...

... Pani Lala, die hier mit Kamera und Kontrabassist flirtet

abbi Mordechai Bald in seiner Synagoge

nusz Hanzlik in der Straßenbahn auf dem Weg »nach Hause«

Annette Dittert und Fritz Pleitgen bei einer der zahlreichen »Sprachdebatten«

Der Bug bei Pisotschne

Kameramann Janek Budzowski in Aktion

Das Kernteam (von links): Magda Wachowska, Fritz Pleitgen, Annette Dittert und Janek Budzowski

Magda Wachowska übersetzt, Fritz Pleitgen schreibt mit

Die Mündung des Bugs kurz vor Warschau

Die Synagoge
Fritz Pleitgen

Versetzen wir uns hundert Jahre zurück! Damals zirkulierten in Mittel- und Westeuropa Geschichten über ein Krähwinkel des Habsburger Reiches namens Galizien. Absonderliches war zu hören. Ein wüstes Durcheinander von Völkern, Religionen und Kulturen schien da zu herrschen. Gesetze bewirkten offensichtlich wenig, was der Region den Ehrennamen »Skandalizien« eintrug. Wer als österreichisch-ungarischer Offizier oder Beamter dorthin versetzt wurde, fühlte sich böse bestraft oder als Missionar, um »aus den polnischen sarmatischen Bestien« aufgeklärte Bürger zu machen.

Die Habsburger hatten zwar seit 1772 die Macht übernommen, aber alle wichtigen Positionen in Staat und Gesellschaft waren weiter von Polen besetzt, die das Land seit der Eroberung durch ihren König Kasimir den Großen über 400 Jahre besiedelt und beherrscht hatten. Die Polen ließen die einheimischen Ruthenen nicht hochkommen. Einig waren sich beide Nationalitäten hingegen in ihrem Hass auf die Juden. Der Antisemitismus tobte sich in Schikanen, Diskriminierungen und Pogromen aus.

Die gegenseitige Abneigung hielt sich selbst in Zeiten, wo es eigentlich einen gemeinsamen Feind gab. So während der bolschewistischen Okkupation zwischen 1939 und 1941. Damals stellte der Pole Ryszard Gansiniec, Professor an der Universität Lemberg, kopfschüttelnd fest: »Es herrschte Hungersnot. Vor den Lebensmittelgeschäften standen kilometerlange Schlangen. Immer drei separate Schlangen: eine polnische, eine ukrainische und eine jüdische.«

Drei Jahrhunderte vorher hatte es auch schon bittere Auseinandersetzungen zwischen den Nationalitäten gegeben, aber auch Beispiele vorbildlicher Solidarität. Damals belagerte Hetman Bohdan Chmelnyzkyj mit seinen Kosakentruppen das seinerzeit reiche

Lemberg. Der Kosakenführer forderte als Preis für die Aufhebung der Belagerung die Auslieferung der Juden. Obwohl die Lage für die Stadt ziemlich aussichtslos zu sein schien, wies der Magistrat die Kosaken-Forderung entschieden zurück. Lieber wollten sie Geld zahlen. 60.000 Dukaten forderte Bohdan Chmelnyzkyj. Der Magistrat zahlte. Der Kosakenführer merkte sich das Verfahren. 1655, gut sieben Jahre später, stand er wieder vor der Stadt. Diesmal mit den Russen, seinen neuen Verbündeten. Wieder forderte er 60.000 Dukaten. Wieder zahlte der Magistrat. Er zeigte Charakter und konnte es sich leisten.

Joseph Roth, der berühmteste Schriftsteller deutscher Sprache aus der Westukraine, sprach Anfang des 20. Jahrhundert von Lemberg als der Stadt »der verwischten Grenzen«. Daraus wurde ein geflügeltes Wort, das bis heute immer wieder zitiert wird. Aber ist Lemberg tatsächlich zu einem Schmelztiegel geworden, wie es Joseph Roth suggeriert? Wenn man es genau betrachtet, dann lebten die vielen Völker eher neben- als miteinander, wie das heute noch in aller Welt der Fall ist. Die Einzigen, die sich problemlos assimiliert hatten, waren die Deutschen. Die Juden hätten es ihnen in Galizien gerne gleichgetan, aber sie wurden zurückgewiesen. Sie lebten in ihren Schtetl, in Vororten und Ghettos. Einigen wohlhabenden Juden gelang es, sich das Recht zu erkaufen, in der Innenstadt von Lemberg zu wohnen, aber das jüdische Viertel hatte ein Tor, das nachts abgeschlossen wurde.

Um 1900 hatte Lemberg 160.000 Einwohner. 45.000 davon waren Juden. Ihre Intelligenzia war zerstritten. Die einen setzten darauf, sich mit den Polen zu assimilieren, für die anderen war der Zionismus, der Weg ins Gelobte Land, die einzige Chance, das Überleben ihres Volkes zu sichern. Die »Assimilanten« kleideten und gaben sich westlich. Sie entstammten dem gehobenen Bürgertum – Anwälte, Kaufleute, Ärzte. Ihnen galt Polen als Vaterland und Polnisch als Muttersprache. Jiddisch fanden sie schrecklich und primitiv, eine Sprache der Unfreien und Armseligen in den Ghettos.

Aber so sehr sie sich um die Gunst der Polen bemühten, sie hatten keinen Erfolg. Die Polen wollten sie nicht als ihresgleichen anerkennen. Im Gegenteil, der Antisemitismus nahm weiter zu. In

Romanen von Wilhelm Feldmann und Karl Emil Franzos ist nachzulesen, wie sich junge Juden mit aller Kraft aus ihrem Milieu befreien wollten, aber von den Polen hartherzig und engstirnig abgewiesen wurden, worauf sie schließlich gebrochen in ihre Schtetl zurückkehrten. Wie armselig es darin zuging, hat Hermann Blumenthal in seinem Buch »Weg der Jugend« Anfang des 20. Jahrhunderts beschrieben:

»Die Gassen und Gässchen in der Nähe der alten Lemberger Synagoge bilden eine kleine Stadt für sich. Hier scheint die Großstadt seit einem Jahrhundert in der Entwicklung stehen geblieben zu sein. Nur selten kommt die Sonne in diese engen, winkeligen Gassen. Die Häuser sind alt und die Höfe schmutzig und düster. Man wagt es kaum, aufrecht zu gehen, aus Furcht, es könnten die alten Mauern jeden Augenblick zusammenstürzen.

Die Häuser werden vom Dachboden bis in die Kellerräume von armen jüdischen Familien bewohnt. Alle leben sie vom Handel. Die kleinen, dunklen Läden sind mit allen möglichen Gegenständen angefüllt. Was in der Stadt morsch und unbrauchbar geworden ist, wird hierher gebracht und kein Ding ist so schlecht, dass es hier nicht seinen Käufer findet.

Auf der Straße ist ein ständiger Jahrmarkt. Juden mit verstaubten, schmutzigen Gesichtern drängen sich durch die Menge. Krüppel und Bettler versuchen laut jammernd im Gewühl vorwärts zu kommen. An den Straßenecken stehen Schuhputzer, Lastträger und bettelnde Judenjungen in zerrissenen Kaftanen, mit bleichen, hungrigen Gesichtern. Tag für Tag tobt hier der Kampf um das bisschen Leben. Sie plagen sich, um nur den Hunger zu stillen.

Ausgemergelte Frauen, blasse, abgemagerte Kinder und bleiche, bekümmerte Männer schleppen schwere Eimer, Körbe und Kisten. Sie preisen ihre Waren in allen Tonarten an und suchen einander zu überbieten, zu überschreien. Wie verfolgt hasten sie durchs Leben, immer in Angst vor dem Morgen. Den ganzen Tag sind sie in voller Tätigkeit, unermüdlich ohne zu klagen. So ist das Treiben in diesen Gassen von früh bis spät – bis der Samstag kommt. Das ist der heilige Ruhetag für diese geplagten Menschen. An diesem Tag sind sie Menschen.«

Eine Heimat, in der sie sich wohl und sicher hätten fühlen können, ist Galizien vielen Juden nicht geworden. Zehntausende flohen Anfang des 20. Jahrhunderts von hier, was den jüdischen Historiker Majer Balaban veranlasste, Lemberg als »die Mutter Israels« zu bezeichnen. Allerdings hielten es auch viele Ukrainer im eigenen Land nicht aus. Sie machten sich auf den langen, und damals äußerst beschwerlichen Weg, um in den USA eine neue Heimat zu finden. Im amerikanischen Schmelztiegel trafen sie es besser an als im galizischen.

Wozu gehört nun Galizien? »Halb zu Asien!«, war die Antwort von Karl Emil Franzos. Das mochte für das 19. Jahrhundert noch zutreffen. Joseph Roth sah es 1924 in seinen galizischen Reisebildern deutlich anders. »Hat hier Europa aufgehört?«, fragte er. »Nein, es hat nicht aufgehört. Die Beziehung zwischen Europa und diesem gleichsam verbannten Land ist beständig und lebhaft. In Buchhandlungen sah ich die letzten literarischen Neuerscheinungen Englands und Frankreichs. Der Kontakt mit Frankreich ist der stärkste. Ein Kulturwind trägt Samen in die polnische Erde. Über Deutschland, das im toten Raum zu liegen scheint, sprühen Funken herüber und zurück. Galizien liegt in weltverlorener Einsamkeit und ist dennoch nicht isoliert. Es ist verbannt, aber nicht abgeschnitten. Es hat mehr Kultur, als seine mangelhafte Kanalisation vermuten lässt, viel Unordnung und noch mehr Seltsamkeit.«

Wie Franzos und Roth kommen eine Reihe jüdischer Schriftsteller und Dichter mit internationalem Ruf aus Galizien und der benachbarten Bukowina: Soma Morgenstern, Minna Lachs, Rose Ausländer, Josef Wittlin, Manès Sperber und Paul Celan. »Das Land, aus dem ich komme, dürfte den meisten von Ihnen unbekannt sein«, hatte Celan einst seinen Lesern mitgeteilt. Berühmter sind später seine Worte aus der »Todesfuge« geworden: »Der Tod ist ein Meister aus Deutschland.« Und dieser Meister hat hier fürchterlich gewütet. Im galizischen Gebiet um Lemberg und Ternopil sind 700.000 Juden von den Nazis umgebracht, zahllose Synagogen und Kultureinrichtungen völlig zerstört worden.

Das multikulturelle Galizien, diese einzigartige Kulturlandschaft, gibt es nicht mehr, denn auch andere Nationalitäten, unter anderem die Deutschen, wurden zwar nicht immer umgebracht, aber im und nach dem Zweiten Weltkrieg brutal vertrieben. Seitdem hat Galizien um Lemberg aufgehört, zu Mitteleuropa zu gehören.

Die Sachlage ist eindeutig, der entscheidende deutsche Anteil am Verlauf dieser barbarischen Geschichte nicht zu bestreiten. Erstaunlicherweise bleiben aber die Animositäten unter den Opfern: Polen gegen Ukrainer und umgekehrt, beide gegen die Russen und nach wie vor gegen die Juden. Die Deutschen genießen hingegen gutes Ansehen.

Trotz des Holocaust gibt es wieder eine jüdische Gemeinde in Lemberg. Sie ist klein, gemessen an den 120.000 Juden, die vor dem Krieg hier lebten. Heute sind es nur noch 6000. Sie sind im Laufe der Jahrzehnte seit dem Krieg aus der näheren und weiteren Umgebung hierhin gezogen. Viele haben es nicht lange ausgehalten. Auch in der Sowjetzeit wurden sie schikaniert. Sie mussten zwar nicht um ihr Leben fürchten, aber fortwährende Diskriminierung raubte ihnen jedes Vertrauen in das kommunistische Regime. Deshalb setzten viele alles daran, nach Amerika oder Israel zu gelangen.

Auch die ukrainische Unabhängigkeit brachte ihnen nicht die ersehnte Sicherheit. Sie spüren weiter die Abneigung gegen sie. Zudem sind die Lebensverhältnisse noch viel beschwerlicher als zur Sowjetzeit. Da die Ausreise leichter geworden ist, nutzen sie diese Möglichkeit. Doch Neuankömmlinge füllen die Lücke. Inzwischen halten sich Weggang und Zuzug die Waage.

Viele der Neuen müssen das Judentum erst erlernen. Die meisten sind vollkommen säkularisiert. Sich als Jude zu bekennen hatte früher in der Sowjetunion Benachteiligungen und Demütigungen zur Folge. Deshalb kehrte man in jener Zeit seine Herkunft nicht heraus. Das hat sich mittlerweile ins Gegenteil gedreht. Wenn unter den Vorfahren eine passende Verwandtschaft entdeckt wird, reicht das für die Anerkennung als Jude aus. Der neue Status eröffnet neue Möglichkeiten. Man kann Mitglied einer jüdischen Gemeinde werden, was meist sehr hilfreich ist, und man kann ausreisen, nach Israel oder sonst wohin in den Westen, z. B. nach Amerika oder Deutschland.

Wir machen uns auf den Weg, die neue jüdische Gemeinde von Lemberg kennen zu lernen. Rabbi Mordechai Bald hat nach einigem Zögern zugestimmt, das Morgengebet in der Synagoge drehen zu lassen. Es geht Richtung Hauptbahnhof. Unterwegs wundert mich die hiesige Gewohnheit, die Autos in der Mitte der Straße zu parken. Die Fahrbahnen sind arg holprig. Zum großen Teil rumpeln wir über grobes Kopfsteinpflaster.

Wir erreichen die Horodozka, eine Ausfallstraße nach Südwesten. Die ganze Gegend, sie heißt Prywoksalne (Bahnhofsviertel), ist offensichtlich um die Wende zum 20. Jahrhundert entstanden. Solide Mietskasernen jener Zeit stehen hier. Viel Pflege haben sie in den letzten Jahrzehnten nicht erhalten. Die Spuren von Verwitterung und Verfall sind unübersehbar. Wir biegen in die Korotka, die kurze Straße, ein und stoßen auf die Wulyzja Bratiw Michnowskych. Der Vollständigkeit halber sei gesagt, welche Rolle die Brüder Michnowskyi, nach denen die Straße benannt wurde, in der ukrainischen Geschichte gespielt haben. Jurij Michnowskyj wurde als Erzbischof der autokephalen, also der von Moskau unabhängigen ukrainisch-orthodoxen Kirche vom NKWD erschossen. Sein wesentlich früher gestorbener Bruder Mykola – er hat sich aus Furcht vor sowjetischer Verfolgung das Leben genommen – hat als Politiker dem ukrainischen Nationalismus Auftrieb verliehen. In der Sowjetzeit hieß die jetzige Wulyzja Michnowskych Moskauer Straße. Vor der Unabhängigkeit musste man das dulden, aber jetzt ist Moskau in Lemberg abgemeldet.

Wir sind am Ziel. Die Synagoge schaut hinter einer drei Meter hohen Mauer hervor. Mit ihrem Alter von 80 Jahren wirkt sie in ihrem frischen gelben Anstrich recht jugendlich. Wozu sie in der Nazi- und Sowjetzeit herhalten musste, vergesse ich zu fragen. Das Tor wird geöffnet, unsere beiden Teamwagen fahren auf den Hof, das Tor wird wieder geschlossen. Ansonsten ist von Sicherheitsmaßnahmen nichts zu merken.

Als wir in die Synagoge kommen, ist das Morgengebet schon im Gang. Nur eine kleine Gemeinde hat sich versammelt. Der Vorbeter steht nach Osten, nach Jerusalem gerichtet, und singt die ersten und letzten Sätze der jeweiligen Abschnitte aus dem Sidur, dem Gebetbuch, vor. Ob es der Kantor oder ein einfaches Mitglied der

Gemeinde ist, kann ich nicht erkennen. Die Gemeinde hinter ihm liest leise mit. Es sind zehn zumeist ältere Männer, die auf den Bänken Platz genommen haben; gerade genug sind anwesend, um aus der Thora vorlesen zu können.

Das Hauptgebet wird gesprochen. »Schma Israel!« Mit Inbrunst sprechen sie es auf Hebräisch: »Höre, Israel, der Ewige, unser Gott, der Ewige ist einzig.« Es sind die heiligsten und meistgesprochenen Zeilen des Judentums. Die Juden sprechen sie seit Jahrhunderten wieder und wieder, ob im Glück oder in höchster Not, so auch in den Vernichtungslagern. Auch vor ihrem schrecklichen Tod haben sie das Gebet »Schma Israel!« ihren Peinigern ins Gesicht geschleudert.

Während Annette Dittert und ich uns im Hintergrund halten, bewegt sich das Kamerateam mit größter Behutsamkeit, um den Gottesdienst nicht zu stören. Janek Budzowski ist diesmal nicht dabei. Er dreht in der Stadt. Die Aufnahmen in der Synagoge macht Maciej Walczak. Er ist der Hauptkameramann des Studios Warschau. Um die knappe Zeit in Lemberg zu nutzen, haben wir ihn kurzfristig dazugeholt. So können wir parallel drehen. Der Name bedeutet so etwas wie Kämpfer, doch Maciej ist als Kameramann eher ein Maler, der sein Bild mit hoher Kunst komponiert. Ich beobachte, wie er das Objektiv leicht anhaucht. Dadurch erhält das Bild am Rand eine zarte Unschärfe. Beim Schwenk durch die Synagoge verstärkt sich dadurch der mystische Charakter des Gottesdienstes.

Die 18 Segnungen werden gesprochen. Die Männer gehen drei Schritte zurück, dann drei Schritte vorwärts und beten leise: »Mein Herr, öffne meine Lippen, damit mein Mund Deinen Ruhm verkünde.« Danach preisen sie ihren Gott und den Gott ihrer Väter, den Gott Abrahams, Isaaks und Jakobs, »der Große, der Mächtige, der gefürchtete Gott, höchster Gott, der der Liebe der Väter gedenkt, und der um seines Namens willen ihren Kindeskindern in Liebe einen Erlöser bringt.«

Der Rabbi geht an den Thora-Schrank, der sich an der Ostseite der Synagoge befindet, schiebt den davor hängenden Vorhang zur Seite, öffnet die Tür und schließt das Gitter auf, hinter dem, in feinstem Samt gehüllt, drei Thora-Rollen stehen. Er nimmt die prächtigste heraus, küsst sie, geht zum Podest in der Mitte der Synagoge, der Bi'ma, und breitet die Thora auf dem Tisch aus. Dann trägt er in einem Sprechgesang den Wochen-Abschnitt vor. Von Absatz zu Absatz wird ein Gemeindemitglied an seine Seite gebeten. Die Auszeichnung hat ihren Preis. Eine Spende ist fällig. Sie wird hier sicher nicht sehr groß ausfallen können.

Nach dem Gebet wird die Thora wieder in ihren wertvollen Samtmantel gehüllt und vorsichtig auf ihrem Platz im Schrank abgestellt. Tür und Gitter werden verschlossen. Der Vorhang wird zugezogen. Er ist mit einer goldenen Krone bestickt. Darunter halten zwei Löwen die beiden Tafeln mit den Zehn Geboten Gottes.

Währenddessen streicht eine Katzenfamilie unbeeindruckt vom Gottesdienst durch die Synagoge. Während die kleinen Kätzchen munter miteinander spielen, macht es sich die Mutter auf dem Podest der Bi'ma bequem. Keiner nimmt daran Anstoß.

Ich schaue mich um. Der Anstrich blättert arg, aber die Synagoge ist reicher bemalt, als ich es sonst von jüdischen Gotteshäusern kenne. Der Löwe, das Wappentier des Stammes Juda, taucht immer wieder als Motiv auf. Andere Tiersymbole sind zu sehen: Leopard, Adler, Hirsch. Allgegenwärtig ist der sechszackige Davidstern: an den Wänden, an der Decke, in den Fenstern. Es sieht aus, als solle er die Gemeinde von allen Seiten schützen. Vielleicht ist es wirklich so zu deuten, denn der Davidstern heißt im Hebräischen »Ma'gen David«, was so viel wie »Schutz durch David«, durch den unbezwingbaren König der Juden, bedeutet.

Der Gottesdienst ist noch nicht zu Ende. Die Männer tragen vor ihrer Kippa oder Jarmulka ein kleines schwarzes Lederkästchen auf der Stirn, die T'filin. Das gleiche Lederkästchen haben sie mit Lederriemen auf dem Arm befestigt. In dem Kästchen befindet sich, auf Pergament geschrieben, der Text des Gebetes »Schma Israel«. Es enthält die Aufforderung aus dem fünften Buch Moses: »Du sollst den Ewigen, Deinen Gott, lieben, mit Deinem ganzen Herzen, Deiner ganzen Seele und Deiner ganzen Kraft.«

Und weiter heißt es: »Binde diese Worte, die ich Dir befehle, zum Zeichen an Deine Hand, sie seien zum Stirnschmuck zwischen Deinen Augen. Schreibe sie an die Pfosten Deines Hauses und Deiner Tore.« Ich schaue mich um. In der Tat, am Türpfosten der Synagoge befindet sich ein kleines Kästchen, die Mesusa, mit den Worten aus dem fünften Buch Moses.

Die Betenden lassen sich von unserer Anwesenheit nicht stören. Vom Vorbeter und vom Rabbi geleitet gehen sie den ganzen Gebetszyklus durch. Umhüllt von ihrem Gebetsschal mit den Schaufäden, den Zizit, bewegen sie sich mit ihren Oberkörpern und Köpfen rhythmisch vor und zurück, um Gott ihre ganze Hingabe zu beweisen. Die Schaufäden sollen sie »an die Gebote des Ewigen erinnern und sie erfüllen«.

Nach einer Stunde geht der Gottesdienst zu Ende. Wir lassen dem Rabbi etwas Zeit. Wie wir gehört haben, kommt er aus New York, genauer gesagt aus Brooklyn. Mit seinem dichten schwarzen Bart sieht er älter aus, als er in Wirklichkeit ist. Vor der Kamera will er sein genaues Alter nicht nennen. Er sei in seinen 30er Jahren, teilt er uns mit. Mich begrüßt er mit Handschlag. Frauen gibt er nicht die Hand. Annette Dittert kennt das und macht sich nichts daraus.

Seine Großeltern sind vor 85 Jahren aus Lemberg nach Amerika emigriert. Mordechai Bald gehört den Chassidim an, einer streng orthodoxen Bewegung, die seit Ende des 18. Jahrhunderts große Verbreitung in Osteuropa gefunden hatte. Nach einem weißrussischen Ort nennen sie ihre Bewegung »Chabad Lubawitsch«, wobei Chabad eine Abkürzung ist, die für Weisheit, Verstand und Wissen steht.

Juden missionieren nicht, anders als die christlichen Kirchen. Aber innerhalb ihrer Glaubensgemeinschaft versuchen die Lubawitscher Chassidim ihre Richtung stärker zu verbreiten, was von anderen Gemeinden, wie der in Deutschland, sehr reserviert aufgenommen wird. Auf dem Gebiet der ehemaligen Sowjetunion legen sich die Chassidim besonders stark ins Zeug. So bekam Mordechai Bald von seinem Rabbi in New York den Auftrag, nach Lemberg zu gehen, um dort eine jüdische Gemeinde aufzubauen. Das war vor 10 Jahren. Eigentlich sollten es nur ein paar Monate werden. Der Wechsel von Brooklyn nach Lemberg sei ein einziger Albtraum gewesen. Aus eigenem Antrieb wäre er nie und nimmer hierhin gegangen. Aber einem Rabbi dürfe man sich nicht widersetzen oder gar absagen.

»Und was passierte dann?«

»Ich kam als ein Mann mit einer geistlichen Aufgabe. Ich sollte die fast erloschene Kerze, das jüdische Feuer, das in jedem Juden brennt, in den Herzen der Menschen wieder entfachen. Aber als ich ankam, stellte ich fest, dass meine Aufgabe zunächst eine ganz andere war. Die Menschen hungerten. Ich ging durch die Straßen, aber es gab keine Lebensmittel zu kaufen. Obst und Gemüse waren im Winter kaum zu kriegen. Ich konnte nicht einmal Coca Cola, Sprite oder Pepsi Cola kaufen – für mich damals unvorstellbar. Es gab nur so ein Wasser in Flaschen, es schmeckte schlimmer als Spülwasser. Filter gab es nicht. So nahm ich meine Unterhemden und filterte das Wasser, um es anschließend zu kochen und wieder zu filtern, damit der eklige Geschmack verschwand. Leitungswasser gab es nur morgens und abends.«

»Was war nun mit ihrer Aufgabe?«

»Erst einmal musste ich eine Lebensbasis schaffen. Die Menschen gingen hungrig zu Bett. Kinder fragten ihren Vater und ihre Mutter nach Essen und Trinken. Die Eltern hatten aber nichts. Das war das Ergebnis des Kommunismus. Was meine Situation anging, musste ich an meinen Großvater denken. Als er in New York ankam, opferte er sich auf, damit mein Vater später ein normales Leben in Amerika führen konnte. So ist das. Eine Generation opfert sich auf, damit die nächste Generation gut leben kann.«

»Von wem wird Ihre Gemeinde unterstützt?«

»90 Prozent unserer Hilfe erhalten wir von amerikanischen Juden. Die anderen 10 Prozent kommen aus der übrigen westlichen Welt, aus Kanada, aus England, und aus Israel.«

Die Thora, so erfahren wir, sei ein Geschenk aus den USA. 40.000 Dollar habe sie gekostet. Liebevoll holt er sie noch einmal aus dem Schrank, damit wir sie uns genauer anschauen können. Der Text ist mit der Hand auf Pergament geschrieben. Fehlerfrei und in feinster Schrift! Ein einziger Schreibfehler, und die Thora wäre unbrauchbar. Wird eine Thora einmal beschädigt, dann kann sie nicht wiederhergestellt werden. Stattdessen wird sie wie ein Mensch begraben. Auch die T'filin, die Lederkästchen, die auf Stirn und Arm getragen werden, sind Spenden aus Amerika. Die armen Juden in Lemberg könnten die Kosten von 500 – 1500 Dollar nicht aufbringen.

Der junge, sehr entschieden auftretende Rabbi führt uns herum. Seine Gemeinde lebe von der Solidarität. Für arme Mitglieder sei eine Suppenküche eingerichtet worden. Nach und nach habe die Gemeinde einen Kindergarten, eine Schule und eine höhere Schule aufgebaut. Auf gute Ausbildung werde großer Wert gelegt. So seien 500 junge Menschen zum Studium nach Israel, Kanada, England und die USA vermittelt worden. Das Geld sei gut investiert, denn erstklassig ausgebildete Menschen könnten am besten gegen die schlechten Entwicklungen und Tragödien in dieser Welt angehen.

»Was unterscheidet Ihre Aufgabe von einem Rabbi in New York?«

»Die Gemeinden sind nicht miteinander zu vergleichen. Hier muss der Rabbi bei Null anfangen. In 70 Jahren Kommunismus haben die meisten Juden hier verlernt, wie unsere Religion auszuüben ist. Wir haben sie anzulernen, von Anfang an, ihnen die Schrift beizubringen, sie zu lehren, in der richtigen Weise zu beten. Sie müssen entdecken, was sie vermisst haben. Es ist uns jedenfalls gelungen, hier einige Hundert Menschen zu ihrem Erbe, zu ihrer Religion zurückzubringen. Es gibt sicher noch einige Tausend, die ihre jüdische Identität weiter verbergen. Wenn sie sich trauen hervorzutreten, werden wir ihnen helfen.«

»Ist Ihre Arbeit nicht manchmal frustrierend für Sie?«

»Ja, es ist manchmal frustrierend. Sie kommen zu dir und du bildest sie aus. Sie sind vorher ein Niemand gewesen. Manche sogar Gangster, Aussteiger. Sie entwickeln sich zu wunderbaren, erfolgreichen Menschen, jungen Männern und Frauen. Und dann gehen sie einfach weg von hier. Aber ich arbeite ja nicht für mich. Ich bin gekommen, um für die Menschen hier zu arbeiten. Wenn sie ihr Glück machen, dann bin auch ich glücklich.«

»Woher kommen die Neuen?«

»Zu 99 Prozent kommen sie aus der Umgebung, ein Prozent stammt aus Russland. Aus Lemberg kommt niemand. Da ist keiner übrig geblieben.«

»Gibt es wirklich keine Überlebenden?«

»Nein, sie wurden entweder ermordet oder sind rechtzeitig geflüchtet.«

»Treffen Sie hier noch auf Antisemitismus?«

»Eigentlich nicht! Aber die Frage ist delikat. Antisemitismus gibt es seit 2000 Jahren. Er existiert überall in der Welt, selbst in den USA, wo die Juden besser behandelt werden als anderswo. Aber auch da kann ich angepöbelt werden, wenn ich in meinem Sabbat-Anzug und meiner Pelzmütze auf dem Kopf ausgehe.«

»Macht Ihnen das nichts aus?«

»Mir würde es vielleicht etwas ausmachen, wenn ich eine Ein-Dollar-Mütze auf dem Kopf hätte und einen gebrauchten Anzug trüge, und es käme jemand im dicken Mercedes vorbei und lachte mich aus. Aber solange ich die 3000-Dollar-Fellmütze auf dem Kopf habe und er trägt die Ein-Dollar-Kappe, denke ich: Lass ihn lachen! Mir ist die 3000-Dollar-Mütze auf meinem Kopf lieber.«

»Haben Sie Familie?«

»Ja, meine Frau kommt aus New York. Wir haben inzwischen sechs Kinder.«

»Glauben Sie, dass die jüdische Gemeinde wieder aufblühen kann?«

»Ja, ganz sicher. Es ist nicht mehr so wie vor fünf oder zehn Jahren, als jeder weggehen wollte. Heute wollen die meisten bleiben. Auch die Jüngeren. Das ist unsere Zukunft. Wenn es so weitergeht, dann wird die jüdische Gemeinde wieder wachsen. Der Tag wird kommen, an dem man mir sagt: Rabbi, es ist genug, danke! Wir brauchen Sie nicht mehr. Dies wird der Tag sein, an dem ich glücklich von hier weggehen und etwas anderes unternehmen kann, irgendwo in der Welt.«

Der Rabbi gibt sich inzwischen ganz locker. Die anfängliche Zurückhaltung gegenüber den deutschen Journalisten und dem polnischen Kamerateam ist längst gewichen. Bereitwillig geht er auf unsere Fragen ein. Ohne zu murren, läuft er für die Kamera mehrfach die Straße an der Synagoge auf und ab. Zum Schluss sagt er uns noch: »Ich mache meine Arbeit mit Freude, ich genieße die Früchte, die ich hier ernten kann.«

Er verabschiedet sich. Ein alter Mann aus der Synagoge gesellt sich zu uns. »Wie ist das Leben in der Gemeinde?« »Normal! Wir kommen zusammen, wir streiten uns, wie überall. Das ist ein gutes Zeichen.«

Der durchsichtige Engel
Annette Dittert

Der vorsintflutliche Pferdewagen setzt sich abrupt in Bewegung. Zu abrupt und wird deshalb noch einmal zu seinem Ausgangspunkt zurückgeschickt. Eine kleine nervöse Chinesin mit Walkie-Talkie läuft hinter dem Wagen her und schreit mit schriller Stimme zu dem stoisch auf sie herabblickenden Wagenlenker hinauf, einem dicken Bauern in seltsamen Pumphosen. Der dreht den Wagen geduldig um, flucht aber, als sie außer Reichweite ist, auf Ukrainisch in meine Richtung. Ich zucke mit den Achseln und schaue woanders hin. Die Nachmittagssonne beleuchtet die Straße von der Seite her. Die gelb ergrauten Häuserwände werfen seltsame Schatten.

Es sieht nach Mittelalter aus, aber es sind auch viele Chinesen hier. Ich schließe die Augen, weil ich das Gefühl habe, im falschen Film zu sein. Als ich sie wieder aufmache, stehen die Chinesen immer noch da. Es ist der falsche Film. Ganz offenbar ein chinesischer Film. Vor mir steht ein Dutzend sehr junger, sehr asiatischer Menschen, die hektisch mit Licht und Kameras hantieren. Gedreht wird ein Film über das revolutionäre Italien des 19. Jahrhunderts. In Lemberg. Für Chinesen ist es offenbar kein großer Unterschied, ob das in Umbrien oder in der Ukraine gedreht wird. Europäische Renaissance-Architektur gibt es eben auch in Lemberg. Und Lemberg ist billiger. Es gibt nichts, was es in dieser absurden Stadt nicht gibt.

Das sei doch wahnsinnig interessant, was sich hier im Lauf der Geschichte alles so abgespielt habe, kichert die aufgeregte Aufnahmeleiterin und hält mir ihre Visitenkarte hin. »Anna Chang – Studio Van Ka« steht dort in dicken trendigen Design-Lettern, »producting assistant«.

Die ganzen blutigen Kämpfe der Ukrainer gegen die Polen und, da kichert sie wieder, gegen die Deutschen. Nur die Arbeit sei schrecklich anstrengend. Hier spreche ja fast niemand Englisch, das müsse ich mir mal vorstellen, was das für sie bedeute, wo sie doch alles organisieren müsse. Die Kulissen seien in Ordnung, das Setting kein Problem, sehe ja noch alles so aus wie im 19. Jahrhundert. Nur ab und zu müsse sie ein Coca-Cola-Schild entfernen. Doch sonst, eine schreckliche Stadt, »beautiful« zwar, aber so klein und verwinkelt.

Sie sei aus Peking und wir? Aus Deutschland? Wieder dieses Gekicher, irgendwie scheint sie Deutschland wahnsinnig komisch zu finden. Ach, wir seien auch vom Fernsehen, ja wo denn unsere Kamera sei? Gerade nicht dabei? Ja, davon könne sie nur träumen, immer im Dienst sei sie, immer am Drehen. Und da sirrt auch schon eine Trillerpfeife durch die Luft, die einem ganz besonders dicken Chinesen mit Pferdeschwanz gehört. Offenbar ihr Zeichen. Es tue ihr schrecklich Leid, aber sie müsse zurück, der Pferdewagen. Ich verstünde das sicher, er sei jetzt wieder auf Ausgangsposition.

Manchmal ist es zum Wahnsinnigwerden, dass einem die besten Geschichten immer dann über den Weg laufen, wenn der Kameramann woanders ist.

Aber Juri, Magda und ich waren ja auch nur zum Vorgespräch verabredet, da braucht man eben keine Kamera. In einem kleinen Kaffeehaus direkt um die Ecke. Die Kaffeehäuser in Lemberg sind zwar fast so berühmt wie die Wiener Kaffeehäuser, von denen sie abstammen, aber sie haben in der Zeit des Kommunismus ein bisschen gelitten. Man bedient seitdem nicht mehr so gerne. Heute aber ist ein freundlicher Tag und die Kellnerin, eine blonde Ukrainerin mit Häubchen und blauem Lidschatten, kommt sofort an unseren Tisch. Es gibt Apfelschnitten mit Vanillecreme, Sandkuchen, und dicke Sahnetorten im Hellblau des Lidschattens der Kellnerin. Ich bleibe standhaft und bestelle nur einen Tee. Man kann nicht jeder Versuchung nachgeben, und da kommen auch schon die Menschen, mit denen wir verabredet sind. Konstantin Sokolow, Miroslaw Polywka und Boleslaw Zyla, die Kerntruppe der Lemberger Klezmerband. Drei fröhliche Männer, nicht mehr ganz jung, die sich fast im Gleichschritt lärmend auf uns zu bewegen. Als wir uns begrüßt und an dem kleinen runden Tisch arrangiert haben, geht die Tür noch einmal auf.

Ein durchsichtiger Engel betritt den Raum. Alexandra, die Sängerin der Band. Lange braune Locken, riesige dunkle Augen, eine fast weiße, dazu gar nicht passende helle Haut. Darüber eine abgeschabte schwarze Lederjacke. Eines dieser ätherischen Wesen, die man glaubt mit einem Hauch wegpusten zu können, die sich am Ende aber fast immer als besonders zäh herausstellen. Alexandra, der Star der jüdischen Musikszene in Lemberg. Ich kann mir im Moment noch nicht vorstellen, wie diese zarte Person einen ganzen Saal unterhalten will, aber Juri und Magda haben es mir glaubhaft versichert. Sie setzt sich, gibt mir dabei die Hand – ein schlaffer, sanfter Händedruck – und lächelt mich schüchtern an. Da erst sehe ich hinter ihr ihren Begleiter, Alexej, ein kleiner Junge, noch schüchterner als sie, ebenfalls in schwarzer Lederjacke, den sie mir als ihren Mann vorstellt. Als Bodyguard hätte er auch nicht getaugt.

Konstantin Sokolow, der Chef der Band, begrüßt die beiden herzlich, wirft dabei fast die Stühle um in der kleinen Ecke, in der unser Tisch eingeklemmt steht zwischen anderen, ebenfalls voll besetzten Tischen, und wird dann deutlich leiser als zuvor. Mit Engeln scherzt man eben nicht, zumindest nicht so laut. Und Alexandra ist schließlich der Liebling der Band. Seit sie bei ihnen ist, haben sich ihre Auftritte vervielfacht.

Seit drei Jahren gebe es die Gruppe nun schon und er sei 77 Jahre alt, erklärt Konstantin Sokolow stolz. Rentner sei er jetzt, aber ruhiger geworden sei sein Leben seitdem nicht. Und trommelt mit langen, krummen Fingern auf den Tisch. Das sei keine Arthrose, das sei das Akkordeon, das die Finger so verbiege, sein Haupt- und Lieblingsinstrument, mit dem er die Band anführe.

»Gegründet haben wir die Gruppe im Jahr 2000. Vorher wäre es undenkbar gewesen, hier Klezmermusik aufzuführen. Nicht nur, weil alles Jüdische tabu war, das sowieso. Nein, vor allem weil es keiner mehr konnte, das Jiddische. Woher auch.« Er und seine Musiker seien im Übrigen auch gar keine Juden, sondern Ukrainer. Und Boleslaw, er deutet auf den kleinsten der Runde, einen runden, lebhaft grimassierenden Mann mit Halbglatze, Boleslaw sei sogar Pole. Und sie hätten auch gar nichts gegen den Polen in ihrer

Band, denn Boleslaw könne die Rhythmen dieser jiddischen Lieder am besten von allen Drummern in ganz Lemberg. Und für ihn spiele man ab und zu auch polnische Schlager aus den 20er-Jahren, die liebe er ganz besonders. Nur einen Juden, der ein Instrument spielt, hätten sie bis jetzt noch nicht für ihre Band gefunden. »Aber das ist ja auch egal, denn die paar Juden, die es hier noch gibt, können sich sowieso an nichts erinnern. Die durften ja seit dem Zweiten Weltkrieg ihre Kultur überhaupt nicht ausüben. Und Jiddisch sprechen ging schon gar nicht unter den Kommunisten.«

Die Texte hat er deshalb mühsam in der Lemberger Musikbibliothek ausgraben müssen. Seit ein, zwei Jahren führt er darüber hinaus einen regen Briefwechsel mit anderen Klezmerbands überall in der Welt. Vor allem aus St. Petersburg, Dresden und Budapest bekommt er seine Lieder. Da sitzen seine besten Kontakte. Die Musik arrangiert er allerdings jedes Mal komplett neu für seine Band. »Unterstützt und gefördert hat all das Ada.« »Ada?« »Ada Dianowa, die Mutter der jüdischen Kultur hier in Lemberg.« Wenn wir ihr noch nicht begegnet seien, dann werde das in den nächsten Tagen ganz sicher geschehen, die jüdische Szene sei klein in Lemberg. Ada sei eine wunderbare Frau, anders als die Bandmitglieder sei sie im Übrigen auch eine echte Jüdin, und noch dazu früher als Schauspielerin tätig gewesen, eine prächtige Frau, mit Energie für zehn. Ohne sie wäre das alles hier nichts geworden. Konstantin Sokolow sagt das mit einer solchen Bestimmtheit, dass ich keinen Moment daran zweifele.

»Unsinn«, ruft mein Nachbar zur Linken, der plötzlich wieder unerwartet laut geworden ist. »Wenn Konstantin nicht so hartnäckig an die Zukunft der Klezmer-Musik geglaubt hätte, gäbe es uns vielleicht heute noch nicht, dann wären wir heute noch alle schlecht bezahlte Gelegenheitsmusiker.« Der, der sich jetzt einmischt, ist Miroslaw, der Kontrabassist. Ein Musiker wie aus dem Bilderbuch. Lange graue Mähne, ungemein lebendige blaue Augen, die sich unter einer hohen Stirn amüsieren, während der ganze Mensch unentwegt in Aufruhr scheint. Miroslaw ist tatsächlich ständig in Bewegung. Am liebsten spielt er in der Oper. Auch wenn sie in letzter Zeit meist halb leer sei, erzählt er, zu teuer für die meisten hier. »In der Philharmonie spiele ich, auf der Straße, wenn

das Wetter danach ist, auf privaten Feiern, auf Geburtstagen ...«
»Er tanzt eben auf allen Hochzeiten.« Konstantin, der Bandleader,
sagt das ganz sachlich, fügt allerdings hinzu, dass Miroslaw deshalb
auch schon Ärger bekommen habe, mit Ada, ihrer Schirmherrin
und Übermutter, die es lieber sehe, wenn er sich ausschließlich auf
die Klezmerband konzentrieren würde.

Tee haben sie bestellt, in kleinen, für sie etwas zu zierlichen Tas-
sen. Die von Miroslaw fällt jetzt seinem Temperament zum Opfer,
direkt auf den Steinfußboden unter uns, wo sie in viele kleine Teile
zerspringt.

»Was soll ich machen, mit dem bisschen Geld, das ich mit diesen
Jobs verdiene, da kann ich nicht nur eine Arbeit annehmen, und
das weiß Ada auch.« Er bückt sich nach den Resten seiner Tasse,
aber die freundliche blonde Kellnerin mit dem blauen Lidschatten
ist schon da. Früher vor der Wende hätten sie zwar auch nicht viel
mehr verdient, aber man brauchte auch nicht so viel Geld, es gab
ohnehin nichts zu kaufen. »Letztlich haben wir vielleicht sogar
weniger verdient, doch wir waren angesehene Facharbeiter. Immerhin sind wir alle an der staatlichen Musikakademie ausgebildet.«
Ein Luxus, den die jungen Lemberger heute nicht mehr hätten, wer
könne sich denn heute noch jahrelang in Ruhe dem Musikstudium
widmen. Außerdem lasse er sich nicht festlegen, von niemandem.
Er habe früher viele Frauen gehabt, heute viele Freunde, und das
heiße eben viele Termine. Konstantin Sokolow, der Chef der Band,
sagt dazu nichts mehr, trommelt stattdessen wieder mit seinen langen, krummen Fingern auf den Tisch.

Der durchsichtige Engel hat inzwischen die hellblaue Sahnetorte
bestellt. Er spricht Russisch und so führt Juri das Gespräch.

»Am Anfang war ich wahnsinnig schüchtern, so schüchtern, dass
ich eher gestorben wäre, als eine Bühne zu betreten. Ich konnte
nichts, nicht singen und nicht auftreten. Habe immer nur unten
gesessen, im Zuschauerraum, und bei den Proben zugesehen.« Das
glaube ich ihr sofort. Eigentlich wirkt sie immer noch so. Das Zusehen allerdings war ihr schon als Kind in Fleisch und Blut übergegan-
gen, denn ihre Mutter war Theaterregisseurin im jüdischen Theater
in Lemberg, das nach der ukrainischen Unabhängigkeit 1990 wieder

gegründet wurde. Ihre ganze Familie sei jüdisch, aber Thema geworden sei das erst in der Zeit der Perestroika, vorher war es tabu. Erst da habe ihre Mutter es gewagt, sich zu ihrem Judentum zu bekennen, und sich in dem jüdischen Theater engagiert.

»Damals saß ich da, tagelang mit offenem Mund, und hörte dieses Jiddisch, aber ich verstand ja nichts, diese Sprache gab es ja nicht in der Ukraine, solange sie noch zur Sowjetunion gehörte.« Viele Juden aus Russland seien ab 1990 hierhin emigriert und hätten wie ihre Familie begonnen, ihre Wurzeln und ihre Kultur wieder zu entdecken. Das Jiddische lernt Alexandra seitdem bei einer ukrainischen Lehrerin, die es sich ihrerseits selbst neu beigebracht hat. Nach dem Krieg gab es schließlich keinen einzigen Juden mehr hier in Lemberg. »Die waren ja alle von den Nazis umgebracht worden. Ob der Akzent bei mir jetzt so ganz richtig ist, weiß ich deshalb nicht, aber es klingt ganz gut, glaube ich. Es ist eine wunderschöne Sprache, das Jiddisch, es hat einen so tiefen Klang, der mich immer ganz wehmütig macht.« Mit der jüdischen Religion sei es für sie ungleich schwerer. »Es ist nicht so, dass ich wirklich religiös geworden bin. Obwohl ich es mir wirklich wünsche. Aber das ist so schwer, wenn man atheistisch erzogen wurde. Mein Großvater war überzeugter Kommunist und er hat uns immer beigebracht, dass Religion nur in der Fantasie der Menschen existiert. Und seine Stimme klingt immer mit in meinem Kopf, bis heute, wenn ich die Thora zu lesen versuche. Das sitzt einfach immer noch tiefer als mein Wunsch, an diese Religion glauben zu können.« Die Musik helfe ihr jetzt dabei, sich einzufühlen in diese alte versunkene Welt, »und ich hoffe sehr, dass sie mir eines Tages auch den Weg zum Glauben zeigen wird«.

Was aus dem jüdischen Theater ihrer Mutter geworden ist, wollen wir wissen, schließlich wäre das ja auch eine schöne Geschichte für unseren Film. Doch daraus wird nichts. »Das ist schon längst wieder geschlossen. Der Chef des Theaters ist nach Deutschland ausgewandert, zu euch, nach München. Das Theater hätte hier auf Dauer sowieso nicht überleben können. Die Juden hier in Lemberg, die sich dafür interessieren, haben doch alle kein Geld. Das sind im Wesentlichen alte und arme Leute, die in Adas Kulturzentrum durchgefüttert werden.«

Schon wieder diese Ada Dianowa. »Ja, sie ist wunderbar, unbedingt müssen Sie sich mit ihr treffen, denn ohne sie wäre auch ich nicht das, was ich heute bin. Sie war es, die immer an mich geglaubt hat, dafür gesorgt hat, dass ich mit der Band auftrete, dass wir regelmäßig Auftritte bekommen.« Alexandra hat von ihrer Torte nichts übrig gelassen und ist jetzt ganz ernst und wenig engelhaft. Sie zupft an ihrer Lederjacke, die sie noch immer um die Schultern hat. Dünne Menschen frieren leicht.»Und Auftritte zu bekommen ist nicht ganz einfach, weil wir doch eine so kleine Gemeinde sind, die ständig wieder aufs Neue ausblutet, weil alle weggehen.« Sie lächelt in Richtung Alexej, ihrem Mann, der die ganze Zeit noch nichts gesagt hat.»Alexejs Familie will auch weg. Nach Deutschland oder Israel, traurig ist das.« Seine Familie sei auch jüdisch, aber das sei nicht der Grund dafür.

Antisemitismus habe sie hier in Lemberg noch nie gespürt. Alexej nickt. Die dummen Stereotypen, die gebe es natürlich hier wie überall.»Aber dass wir wegen unserer jüdischen Herkunft oder der Musik, die wir machen, jemals angefeindet wurden, das habe ich noch nie erlebt.« Alexej nickt wieder.»Nein, die Juden verlassen Lemberg, weil es hier keine Arbeit und keine Perspektiven gibt. Traurig ist das. Nur die Alten bleiben hier.« Sie lächelt scheu und ein bisschen unsicher in Richtung Band. Die Jungs haben ihre Teetässchen mittlerweile geleert und werden allmählich unruhig. Über Antisemitismus wollen sie jetzt nicht sprechen, das ist deutlich zu spüren. Lemberg sei eine tolerante Stadt. Und den Rest könnten wir später klären.

Das Vorgespräch ist zu Ende, Zeit zu gehen. Die Probe warte auf sie, meint Konstantin und zeigt mit seinen langen krummen Fingern zum Fenster. Im Kulturzentrum gebe es heute Nachmittag ein Konzert, da seien wir doch sicher auch. Klar, dass wir da sein werden, und dann mit Kamera. Schon wegen Ada, der russischen Schauspielerin und ihrer aller Übermutter, die auch dort sein soll. Ada Dianowa. Was für ein Name.

Die Glocken läuten. Alle paar Stunden läuten Lembergs tausend Kirchen. Katholische, armenische, griechisch-katholische, orthodoxe Glocken, die zum Gottesdienst rufen. Und das aus allen Himmelsrichtungen und gleichzeitig, immer zur vollen Stunde.

Wir sind auf dem Weg zum Hotel, wieder quer durch die Altstadt. Es regnet leicht und von weitem sieht die Prozession eigentlich ganz echt aus. Ein Priester trägt ein großes Holzkreuz und auf einem Wagen, den zwei Esel ziehen, sitzen bunt gekleidete Jungfrauen. Dahinter ein langer Zug tief ins Gebet versunkener Menschen in Pluderhosen. Als ich noch darüber nachgrübele, welch seltsame Minderheit hier ihre Frömmigkeit aufführt, stürmt Anna Chang auf mich zu. Die Chinesen, natürlich. Wie konnte ich nur übersehen, dass ich wieder mitten in dieser skurrilen Geschichts-Soap gelandet bin?

Anna Chang ist begeistert, mich wieder zu treffen, und will mir unbedingt ihren Regisseur vorstellen. Es ist der besonders dicke Chinese mit dem Pferdeschwanz und der Trillerpfeife. »Er ist bei uns ein ganz berühmter Künstler und macht diese Soap nur zum Geldverdienen«, erklärt sie mir, als sie mich zu ihm zieht. Der wiederum – erwartungsgemäß wenig begeistert von dieser Einführung – brummt mich nur kurz von der Seite her an. Es muss irgendetwas wie »who the fuck is German TV...« gewesen sein, denn Anna Chang springt erschreckt zur Seite und meint, sie werde sich später um mich kümmern.

Am Straßenrand stehen trotz des leichten Nieselregens jede Menge Schaulustige. Unter ihnen ein alter Mann mit Regenschirm, von dessen Gesicht ich auf den ersten Blick nur die dicht bewachsenen weißen Augenbrauen erkenne. Kopfschüttelnd steht er da mit seinem Schirm, bis er merkt, dass ich mit den Chinesen nicht wirklich etwas zu tun habe. »Das, was die da machen, ist doch der totale Unsinn. So hat hier doch keiner ausgesehen im 19. Jahrhundert.« Solche Drehs gebe es hier jetzt immer öfter, Lemberg sei eben eine ideale Kulisse, und billiger als die polnischen Drehorte sei man offenbar auch.

Er ist kurz herübergekommen vom Buchmarkt, wo er einen kleinen Stand mit antiquarischen Bänden hat. Als er sieht, dass ich ihn verstehe, will er mich gleich dorthin mitnehmen. Er spricht fließend Polnisch, wie so viele der älteren Menschen hier, und sein Stand auf dem Buchmarkt direkt um die Ecke erzählt die wechselhafte Geschichte Lembergs auf seine Weise.

Es ist eine wilde Mischung, was dort unter einer kleinen Plastikplane gegen den Regen auf seinem klapprigen Büchertisch versammelt ist. Ukrainische Schulbücher aus der kommunistischen Zeit hat er im Sortiment, japanische Comics von heute und eine auf Polnisch verfasste Biographie über Maria Theresia, der österreichischen Kaiserin, die Lemberg und die ganze Region nach dem Zerfall der polnischen Herrschaft und der ersten polnischen Teilung 1772 in ihr Reich integriert hatte. Ganz hinten deutsche Romane, die noch aus der Zeit stammen müssen, als Lemberg von den Deutschen besetzt war. Nur auf Russisch nichts. »Ich bin kein Nazi«, meint er entschuldigend, »aber ich hasse die Russen. Da seid ihr Deutschen mir schon lieber.« Seinen Vater hätten die Sowjets nach Sibirien deportiert, weil er ukrainische Literatur gelesen habe. Und er sei wahrlich kein Einzelfall gewesen. Deshalb sei es auch gut, dass die Ukraine heute unabhängig sei, so elend es ihnen allen seitdem ökonomisch auch gehe.

Er ist nicht böse, dass ich nichts kaufen will, vielleicht nur ein bisschen enttäuscht. Es beginnt wieder zu nieseln und er zieht die Plastikplane über den Tisch, wie ein Vater, der seine Kinder zudeckt. Wieder das Glockengeläut, jetzt ein bisschen gedämpft durch den Regen. Die Chinesen sind verschwunden, von ihrem Prozessionszug ist weit und breit nichts mehr zu sehen. Der Spuk ist offenbar weitergezogen. Ich schaue auf die Uhr, schon fünf. Um sechs soll das Klezmerkonzert von Alexandra und ihrer Band beginnen.

Das Team ist schon da, als Fritz Pleitgen und ich dort ankommen. Das Licht ist schon aufgebaut in Adas Kulturzentrum, das sich mit seinen weißen Wänden und all seiner schmucklosen Hässlichkeit allerdings kaum ausleuchten lässt. Schon jetzt ist uns klar, dass das Konzert, das hier gleich stattfindet, nicht in unserem Film auftauchen wird. Weiße Wände sind ein Albtraum für jeden Kameramann, und die hohen Decken sorgen zusätzlich dafür, dass wir mit unseren bescheidenen drei Lampen wohl kaum eine filmtaugliche Atmosphäre herzaubern werden.

Ada kommt auf uns zu. Da ist sie also. Ada Dianowa. Eine schöne, große Frau mit kurz geschnittenen, dichten schwarzen Locken und einem großen bunt bemalten Fächer in der rechten

Hand. Wenn wir nicht gewusst hätten, dass sie Schauspielerin gewesen ist, dann hätten wir es uns jetzt ausgedacht. Eine Frau, die quer durch den Raum auf uns zugeht, wie über eine Bühne, uns sicher und entspannt begrüßt und dann auf Russisch erklärt, wie das Konzert gleich ablaufen wird. Ich verstehe kein Wort. Aber Fritz Pleitgen ist natürlich entzückt. Jetzt darf er nicht nur, jetzt muss er Russisch reden. Denn Ada ist aus Russland hierher gekommen, Polnisch spricht sie nicht und auch ihr Ukrainisch ist noch immer nicht perfekt. Wir setzen uns in den noch leeren Zuschauerraum in die erste Reihe. Ada nimmt auf dem Rand der Bühne Platz, wo sie hingehört, wedelt wild mit ihrem Fächer und erzählt uns ihre Geschichte.

»Angefangen haben wir hier Anfang der 80er, als die Perestroika losging. Plötzlich durften die nationalen Minderheiten, die ewig unterdrückt waren, sich wieder als solche zu erkennen geben. Das war für viele gar nicht so einfach. Zwei Generationen Sowjetjuden sind nach dem Krieg wie unbeschriebenes Papier aufgewachsen, ohne das Wissen um ihre Kultur, ohne ihre Wurzeln, ohne alles.« Wie das mit ihr selbst gewesen sei? »Ich hatte, wie alle Juden in der Sowjetunion, einen Stempel im Pass und wegen des Antisemitismus bekam ich genauso wenig einen Job wie alle anderen, bei denen dieser Stempel im Pass war. Wir waren nicht gerade stolz darauf, jüdischer Herkunft zu sein. Für mich war das etwas Negatives in mir. So wurden wir erzogen von den Russen. Und Russisch war ja auch meine Muttersprache.«

Sie selbst habe dem Frieden erst seit Mitte der 90er-Jahre wirklich getraut und dann auch erst begonnen, sich mühsam beizubringen, was es heißt, jüdisch zu sein, kulturell und religiös. »Ich habe begonnen, Hebräisch zu lernen, Jiddisch kann ich bis heute nicht. Und dann habe ich damit angefangen, das Zentrum hier aufzubauen. Zu dem Zeitpunkt wurde das russische Theater, das noch aus Sowjetzeiten hier existierte, von Moskau endgültig geschlossen. Wozu sollten sie sich in der unabhängigen Ukraine auch weiter um ein russisches Theater kümmern, in das hier sowieso kein Ukrainer mehr ging? Ich saß also zwischen allen Fronten, hatte jetzt sowieso keine Arbeit mehr und begann, mich zu 100 Prozent in der jüdischen Gemeinde zu engagieren.«

Was sie alles geleistet hat, verschweigt sie zunächst bescheiden. »Hessed« heiße das Kulturzentrum, in dem wir sitzen, das bedeute soziale Unterstützung, erklärt sie schließlich. Und das sei der Kern ihrer Arbeit. »Wir kümmern uns um circa 4000 Menschen. Hauptsächlich alte Juden, die seit einigen Jahren aus Russland hierher kommen. Sie bekommen Essen von uns. Es gibt fünf Speisesäle hier im Nebengebäude, 2500 Mahlzeiten gibt es monatlich bei uns. Denen, die zu alt oder zu gebrechlich sind, bringen wir alles, was sie unbedingt brauchen, nach Hause.«

Freiwillige, Studenten und Volontäre helfen ihr, aber auch Spenden aus dem Ausland. Ohne all das wäre es nicht zu schaffen. Die Kultur, die Konzerte und Vortragsabende seien sozusagen nur das Tüpfelchen auf dem i.

Das sei zwar hauptsächlich ihr persönliches Hobby, aber gleichzeitig auch mehr als das: »Denn das größte Problem der meisten alten jüdischen Menschen hier ist ihre Einsamkeit. Und die Konzerte helfen am allerbesten gegen das Alleinsein. Die Menschen beginnen Freundschaften zu schließen, rufen sich an, treffen sich in Cafés. Ihre Seelen werden wiederbelebt und das ist doch das Allerwichtigste.«

Ob sie den Antisemitismus noch spüre, den die Sowjetunion ja ganz offen gepflegt hatte? »Ach, wissen Sie, sicher, so etwas verfliegt nicht so schnell. Erst vor kurzem hat jemand die Eingangstür hier angezündet und einen unangenehmen Brief hinterlassen. Ich denke aber, wir sollten kein großes Problem daraus machen. Was soll's, unsere Vorfahren haben damit gelebt und es war wahrlich schlimmer damals. Es war nie anders. Also leben auch wir damit.«

Das Gespräch ist zu Ende, denn die ersten Gäste betreten zögerlich den Zuschauerraum. Ada springt von der Bühnenkante, auf der sie so lange gesessen hat, wedelt energisch mit dem Fächer und begibt sich zur Eingangstür, an der sie nun die Menschen begrüßt, die immer zahlreicher in den großen hellen Raum strömen.

Fritz Pleitgen und ich setzen uns in eine der hintersten Reihen, um besser beobachten zu können, was sich jetzt abspielt. Innerhalb weniger Minuten sind gut zwei Drittel der Plätze mit hauptsächlich älteren, sorgfältig geschminkten Damen belegt, die sich ab und zu neugierig nach uns umschauen. Das Konzert kann beginnen.

Eine dicke schöne Frau mit nach hinten gekämmtem weißen Dutt begrüßt auf Russisch die Gemeinde. Das dauert ziemlich lange und wirkt so, als habe sie es noch in einem sowjetischen Kombinat gelernt. Vielleicht liegt das aber auch nur daran, dass ich nichts verstehe, oder daran, dass ihr Kleid so schreiend hellblau ist.

Vier junge Mädchen treten als Erste auf. In silbrig glitzerndem Rosa und Orange singen sie mit hellen Stimmchen ein Lied, das für mich alles sein könnte: Jiddisch, Ukrainisch, Polnisch oder aber ein russisches Volkslied. Und dann treten die »Scheynen Meedele« auf. Schon bevor sie einen Ton gesungen haben, tobt der Saal begeistert.

In grotesk rosa- bis lilafarbene Gewänder gekleidet, betritt eine Frau nach der anderen die Bühne. Keine unter 60, schätze ich, die in der Mitte mochte noch die jüngste sein. Eine große pompöse Frau, orange getöntes graues Haar, dazu ein lachsfarbenes Hängerkleid.

Auf ihr Zeichen geht es los, und sie präsentieren eine wahnwitzige Mischung aus russischen Schlagern, jiddischen Volksliedern und Dixieland-Rhythmen. Der Saal ist begeistert, vor allem bei den russischen Songs können die Zuschauer ganz offenbar den Text auswendig, aber den meisten Spaß haben die »Scheynen Meedele« selber. In schwungvollen Pirouetten drehen sie sich paarweise umeinander, geben klatschend den Rhythmus vor und werden erst nach drei Zugaben von der Bühne gelassen. Später bitte ich Magda, mehr über die Truppe herauszufinden. Denn jede von ihnen war mindestens einen eigenen Film wert. Es stellte sich heraus, dass die meisten Frauen dieser Band ebenfalls aus Russland emigrierte Jüdinnen sind. Viele von ihnen hatten ihre Männer an den Wodka oder diverse andere Krankheiten verloren und sich jetzt miteinander ein neues zweites Leben geschaffen. Lemberger Witwen, ausgestattet mit einer Lebensfreude jenseits aller Melancholie, einem Optimismus, den ich hier am allerwenigsten erwartet hätte. Noch lange nach der dritten Zugabe geht das Summen und Lachen hinter der Bühne weiter, laut und ungezügelt, als ob sie allesamt signalisieren wollten, dass sie jederzeit zu jeder Schandtat auf oder jenseits der Bühne bereitstünden.

An deren Seite bereitet sich jetzt aber Alexandra auf ihren Auftritt vor. Kein leichtes Unternehmen nach dem furiosen Auftritt der »Scheynen Meedele«. Sie wirkt auch grässlich nervös, und nach dem, was sie uns im Kaffeehaus über ihre Schüchternheit erzählt hat, fiebere ich schon jetzt mit ihr mit wie eine alte Glucke. Doch als Alexandra, ebenfalls in strahlendes Hellblau gewandet, auf die Bühne steigt (was ist das nur mit diesem Hellblau?, denke ich noch), ist jede Schüchternheit verflogen. Konstantin Sokolow gibt mit dem Akkordeon die ersten Takte vor. Alexandra beginnt zu singen und der ganze Saal wird plötzlich still, lauscht ihrer Stimme, die so eigen ist wie die ganze kleine, zierliche Person. Es ist ein Wiegenlied, eine auf und ab wogende unendlich traurige Melodie. Dann folgen Possen, komische Songs, in denen mit viel Selbstironie absurde Geschichten über das jüdische Leben im Schtetl erzählt werden. Dabei bewegt sie sich so im Einklang mit dieser Musik, dass man fast vergessen könnte, dass sie diese Lieder singt und aufführt. Sie ist das alles selbst, mit ihrem ganzen Körper und ihrer Seele. Da steht er wieder, der durchsichtige Engel von heute Nachmittag, diesmal nicht in Lederjacke, sondern in einem synthetisch-hellblauen Fantasiekleid, und diesmal lässt er die jiddischen Lieder vom Himmel regnen, als ob es die Nazis, den russischen Antisemitismus und all das Leid der Juden nie gegeben hätte in Lemberg. Magda und Juri hatten Recht gehabt. Alexandra kann einen ganzen Saal ausfüllen und in ihren Bann ziehen. Mit Leichtigkeit.

Ada Dianowa steht an der Seite des Saals, leicht an die Wand gelehnt, und beobachtet die Szenerie. Sehr aufrecht, sehr stolz, sehr berührt. Es ist schließlich ihr Werk, dass das alles hier wieder leben kann, und ihre Körperhaltung drückt das auch aus. Dass sie den verstreuten und verarmten Juden hier so etwas wie eine Heimat gegeben hat. Denn ohne sie, fällt mir wieder das Gespräch im Kaffeehaus ein, gäbe es die Klezmerband nicht und gäbe es auch keine singende Alexandra. Ohne sie würden die Menschen, die hier im Saal jetzt glücklich sind und die Armut draußen für einen Moment vergessen können, ihre Wurzeln nie kennen gelernt haben. Alexandra hat ihr letztes Lied gesungen, sie verbeugt sich tief. Nach einer Sekunde atemloser Stille bricht der Applaus los, ein befreites rhythmisches Klatschen, das bis in die Nachbarstraßen zu hören sein muss. Ada Dianowa steht immer noch an der Seite des Saals und lächelt.

Am späten Nachmittag, die dunklen Wolken haben einer fahlen Sonne Platz gemacht, die die gelben Häuserwände fast grau wirken lässt, treffen wir Alexandra und die Band in einem der vielen Lemberger Hinterhöfe wieder. Privat seien sie jetzt unterwegs, erklärt mir Alexandra, trotz ihres Erfolgs in der Synagoge ganz offensichtlich befreit, das Konzert hinter sich gebracht zu haben. Sie zeigt nach oben, auf einen Balkon, von dem aus eine seltsame Gestalt – ganz in Rosa – zu uns hinunterwinkt. Pani Lala. Wegen ihr seien sie hier. Weil sie heute Geburtstag habe. Und sich das so gehöre, dass man da ein Ständchen abliefere. Zumal die meisten Männer ihrer Klezmerband mit Pani Lala befreundet seien.

Ich schaue noch einmal hoch, um mich zu vergewissern, ob ich richtig gesehen hatte. Aber da steht sie immer noch, eine große Frau, ganz in Bonbonrosa, die rhythmisch mit den Hüften wackelt. In der linken Hand ein überdimensionales Holzbrett, offenbar ein Instrument. Eins, das ich noch nie gesehen hatte. Denn Pani Lala spielt Bandura, wie ich später erfahre, das ukrainische Nationalinstrument, eine Art Zither. Pani Lala ist 55 und kommt von hier, aus einem kleinen ukrainischen Dorf direkt bei Lemberg. Pani Lala ist ukrainische Patriotin. Ansonsten sieht sie aus, als sei sie direkt aus einem Fellini-Film entsprungen.

Offensichtlich entzückt von Alexandras Überraschungsständchen, steht sie also auf ihrem Balkon und grüßt. Es grüßt vor allem ein riesiger Kopf, gekrönt von einem zum Kostüm passenden bonbonrosafarbenen Hut. Darunter eine Frau, deren Körper man höflicherweise üppig nennen würde, der sich aber so gekonnt zu der Musik der Klezmerband bewegt, dass man schnell vergisst, dass Pani Lala ihre besten Zeiten hinter sich hat. Sie muss einmal eine sehr schöne Frau gewesen sein. Die Bandura wie eine Trophäe in der Hand, stürmt sie vom Balkon zu uns auf den Hof.

Lala ist ihr Künstlername. So hatte sie ihre Mutter genannt, in Ableitung von Lalka, das Püppchen, und ihr dann die ersten Hüte genäht. Schöne, große, bunte Hüte, so wie die, die sie heute selber macht. Stundenlang saß sie damit in dem kleinen Dorf bei Lemberg, wo sie aufwuchs, vor ihrem Haus, spielte Akkordeon und sang dazu. Denn die Bandura hat sie erst später gelernt. Die war damals, zu Sowjetzeiten, nicht gern gesehen. Auf der Bandura spielten die Rebellen, die für eine unabhängige Ukraine in den Partisanenkrieg zogen, ihre romantischen kämpferischen Lieder, in denen sie gegen die Polen, später dann gegen die Russen antraten. Im Kopf immer der Traum, endlich frei und unabhängig in ihrem Land, in ihrer Ukraine, leben zu dürfen. Dafür stand und steht die Bandura. Kein Wunder also, dass sie zu Sowjetzeiten nicht gerade gern gesehen wurde.

Und die kleine Lala hatte auch ohne sie schon genug Ärger. Als sie vor der Abschlussfeier der Musikschule beim Friseur rausflog, weil ihm ihre langen schwarzen Haare nicht passten, machte sie sich kurzerhand ihre Haare selbst. Abends war sie mit einem noch nie da gewesenen Kunstwerk auf dem Kopf die ungekrönte Königin des Balls. Und das war nur einer der vielen großen und kleinen Kämpfe, die sie auszufechten hatte. Sie war als Exzentrikerin nun mal nicht im London der 20er-Jahre geboren, sondern ein paar Jahre später, ein paar Kilometer weiter östlich, mitten im real existierenden Sozialismus. Und der hatte Exzentriker – und waren sie noch so unpolitisch – in etwa so gern wie moskaufeindliche Untergrundkämpfer.

Die Bandura in der Hand, steht sie jetzt, so plötzlich wie sie vom Balkon verschwunden ist, mitten unter den Klezmerleuten, die die ganze Zeit über einfach weitergespielt hatten. Sie begrüßt jeden einzelnen enthusiastisch und beginnt, zu ihrer Musik seltsame, offenbar selbst erdachte Tänze aufzuführen.

Die Bandura zwischen die Knie geklemmt, schmettert sie mit einer durchdringenden Stimme, die alle Tonlagen zu meistern scheint, ihre Lieblingslieder in den engen Hinterhof. Auf den vielen Holzbalkonen über uns hat sich ihr Publikum versammelt. Alte Frauen mit Kopftüchern stehen dort und klatschen ihr zu, Männer in für die Jahreszeit zu dicken Lederjacken zeigen ihr Interesse mit sparsameren Gesten. Ein seltsam bäuerliches Publikum vor Kulissen aus einem anderem Jahrhundert. Denn die meisten dieser Häuser stammen noch aus den 20er, 30er Jahren. Mit Ornamenten verzierter Sezessionsstil, der auch jetzt noch die bürgerliche Herkunft seiner früheren Bewohner verrät, zumindest dort, wo der Putz noch nicht abgebröckelt ist.

Lala scheint die Eigentümlichkeit dieser Kulisse nicht wahrzunehmen, für sie ist das hier ein Auftritt wie jeder andere und das wird von oben honoriert. Sosehr sie das genießt, so wenig kümmert es sie, wenn ihr nach einer Unterbrechung zumute ist. Zum Beispiel wenn sie von den großartigen Kosaken aus dem 17. Jahrhundert erzählt, die ihre Bandura am besten spielen konnten.

An die Zeit, als die Ukraine unabhängig geworden ist, kann sie sich noch gut erinnern. »Das war eine großartige Zeit. Jeder Mensch will doch frei sein, Herr in seinem eigenen Haus sein. Und wir hatten so lange darauf gewartet.« Demonstrationen gab es fast jede Woche, damals seit dem Ende der 80er-Jahre, und gesungen habe sie, wo immer sich mehr als drei Menschen versammelten, bis die ersehnte Unabhängigkeit endlich da war. Dann allerdings sei das Fest vorbei gewesen: »Heute geht es uns schlechter als je zuvor, es fehlt Grundkapital, es fehlt an allem.« Vor fünf Jahren habe man sie in Rente geschickt. Für die exzentrische Musiklehrerin mit der Bandura war kein Geld mehr da.

»Seitdem habe ich Depressionen, keine Zähne und kein Geld mehr.« Sie lacht breit und da fällt es mir erst auf. Sie hat wirklich fast keinen einzigen Zahn mehr im Mund. Ihre Rente ist, wie üblich in der Ukraine, so lächerlich niedrig, dass sie davon gerade überleben kann. Umgerechnet circa 15 Euro pro Monat. Sie lacht wieder breit, jetzt hat sie uns das mit den Zähnen ja sowieso schon verraten: »Der Teufelskreis geht so: Ohne Zähne kann ich nicht auftreten, also kein Geld verdienen, und ohne Geld kann ich meine Zähne nicht machen lassen.« Nur hier im Hinterhof sei ihr das egal, hier kenne sie ja eh jeder. »Aber sonst? Mit zusammengekniffenen Lippen kann man doch als Sängerin keinen Staat machen!« Und deswegen werde das mit ihr auch nichts mehr in der freien Ukraine. »Dafür glaube ich aber ganz fest an die nächste Generation, an Alexandra und ihre Freunde, an die jungen, neuen Menschen, die jetzt tüchtig arbeiten müssen, um aus unserem Land endlich etwas zu machen.« Und haut wieder in die Saiten ihrer Bandura.

Alexandra sitzt ein bisschen abseits auf einem der schiefen Treppenabsätze und lächelt in sich hinein. »Ich hoffe vor allem, dass sich hier all das wieder entwickelt, was Lemberg einmal ausgemacht hat. So wie heute hier in diesem Hinterhof. So wie es hier jetzt ist, so sollte es sein. Auf der Bühne sind unsere Auftritte immer ein bisschen frisiert, alles ist ein bisschen zu glatt und zu perfekt. Aber das, was sich hier abspielt, das ist das alte Lemberg. Menschen, die Musik machen, so wie sie essen und trinken, so wie sie sind. Einfach aus Spaß am Leben. Die Klezmerbands, das waren ja auch keine ausgebildeten Musiker, das waren Naturtalente, so wie Pani Lala, so wie ich. Die meisten konnten noch nicht einmal Noten lesen.«

So wie Lemberg einmal war: polnisch, jüdisch, ukrainisch, österreichisch, deutsch. »Aber das alles ist doch wieder da«, ruft Konstantin Sokolow von weitem, das Akkordeon noch immer umgeschnallt, und weist mit seinen langen krummen Fingern auf die Band. Und stellt sie uns alle zum Schluss der Vorstellung noch einmal vor: Miroslaw, den charmanten ukrainischen Kontrabassisten, der sein Instrument so sanft streichelt wie die vielen Frauen, die er gehabt haben muss. Boleslaw, den polnischen Schlagzeuger, der am liebsten sentimentale polnische Schlager begleitet, und Alexandra, den russisch sprechenden ukrainischen Engel, der sich bemüht, eine Jüdin zu werden, und jetzt wieder seine abgeschabte Lederjacke über sein hellblaues Glitzerkleid legt. So einfach ist das.

Konstantin zeigt auf das Publikum, die alten ukrainischen Bäuerinnen auf ihren habsburgischen Balkonen und auf Pani Lala, die wieder zur Bandura gegriffen hat und von den Kosaken, ihrer Musikschule und neuen Zähnen träumt. Das mit dem Hellblau, das müsste ich mir noch einmal erklären lassen, denke ich, wieso Sahnetorten, Kellnerinnen und Engel hier alle Hellblau trugen. Blonde, barfüßige Kinder hüpfen rhythmisch auf der Mauerbrüstung. Boleslaw, der Pole, hat das Lied vom letzten Sonntag angestimmt, einen alten Warschauer Schlager, den alle hier kennen und den der ganze Hof jetzt mitsummt. Für einen Moment ist alles sehr unwirklich. Als ob die Zeit stehen geblieben sei, oder als ob die stehen gebliebene Zeit sich plötzlich wieder in Bewegung gesetzt habe, wie manchmal im Traum. Oder wie im Film. Ich schließe die Augen, öffne sie wieder und schaue mich mehrfach um. Aber kein Chinese weit und breit ist zu sehen.

Der Bug – die Westgrenze der Ukraine

Fritz Pleitgen

Es heißt Abschiednehmen von unserem schönen »Grand Hotel«. Einen angenehmen Aufenthalt hat es uns geboten. Nette Gäste aus Amerika, Polen und Deutschland haben wir kennen gelernt. Meist hat sie eine familiäre Bindung aus der Vorkriegsvergangenheit oder eine berufliche Verpflichtung nach Lemberg geführt. Normaltouristen, wie man sie so nennt, sind uns kaum über den Weg gelaufen.

Das Grand Hotel erlebt möglicherweise gegenwärtig die beste Zeit seines 110-jährigen Daseins. Es ist zum ersten Hotel am Ort aufgestiegen. Früher stand es im Schatten des »George« und anderer Häuser auf Platz fünf oder sechs der Hotel-Hitliste, obwohl sein Äußeres schon immer mit gediegener Eleganz eingeladen hat. Die Fassade ist mit Statuen üppig ausgestattet, mit Atlas als Star des Ensembles. Irgendwie tut er mir Leid, der Titanensohn. Erst wird er von Zeus verdonnert, auf ewig das Himmelsgewölbe zu stemmen. Dann muss er für Baumeister aller Epochen herhalten, tragende Rollen in deren Werken zu übernehmen.

Während ich mit Interesse die Fassade betrachte, gesellt sich ein Passant zu mir. »Ein schönes Hotel«, sagt er mir auf Englisch. »Es gehört Gennadi Genschaft. Er ist Jude.«

Warum er mich darauf aufmerksam mache, frage ich zurück.

»Nur so! Wir haben hier keinen Antisemitismus. Es gibt ja auch kaum noch Juden in Lemberg und Galizien.«

Auf Englisch spricht er von Lwiw und Westukraine. Gennadi Genschaft lebe sehr zurückgezogen. In der Öffentlichkeit trete er nicht in Erscheinung. Sein Startkapital, um das Hotel zu erwerben, habe er in der Zeit der Perestroika von Gorbatschow verdient, als unternehmerische Aktivitäten plötzlich ihre Chancen bekamen. Die Miteigentümerin des Hotels sei eine Exil-Ukrainerin, die jetzt in den USA lebe.

»Nice statues«, sagt mein unbekannter Gesprächspartner mit Blick auf die Fassade und geht davon.

Es lässt sich in der Tat nicht leugnen, dass die Atlasse am Grand Hotel gute Figuren abgeben. Was der Italiener Marconi hier geschaffen hat, animierte die österreichischen Architekten Helmer & Fellmer kurz darauf, für das George Hotel beim Bildhauer Popiel Figuren in Auftrag zu geben, die die Kontinente Europa, Afrika, Amerika und Asien symbolisieren.

Die Abfahrt verzögert sich – wie immer, wenn wir den Hotelhof verlassen. Als sähe er uns zum ersten Mal, überprüft der Sicherheitsmann mit großem Ernst und beachtlicher Ausdauer, ob uns tatsächlich die Fernsehteamwagen gehören. Entweder muss er einmal eine böse Überraschung erlebt haben oder er will uns demonstrieren, wie in der Ukraine Sicherheit praktiziert wird.

Wir wollen uns wieder um den Bug kümmern. Unser Ziel ist der kleine Flecken Pisotschne, wo der Fluss zur Grenze zwischen der Ukraine und Polen wird. Wie wir aus der Stadt kommen, wissen wir inzwischen. Erst einmal müssen wir eine Runde um den Freiheitsplatz drehen, dann am Opernhaus vorbeifahren. Danach geht es Richtung Norden. Wir leisten uns einen kleinen Umweg, zum Friedhof in Lytschakiw. Seine Bezeichnung verdankt der Ortsteil einer ukrainisch-polnischen Verballhornung des schönen deutschen Namens »Lützenhof«.

Bei dieser Gelegenheit muss ich gestehen, dass ich im Laufe meines Berufslebens eine Schwäche für Friedhöfe entwickelt habe. Sie bieten häufig Stoff für gute Storys. So lassen sich geschichtliche Vorgänge von Belang mit Hilfe von Gräbern und Denkmälern anschaulich nachvollziehen. In der Sowjetunion konnte ich als Korrespondent auf Friedhöfen sogar politische Gegenwart illustrieren, wenn ich an die Begräbnisse von umstrittenen Politikern wie Chruschtschow oder von Künstlern wie Twardowski denke.

Auf dem Lytschakiw-Friedhof haben nicht nur Lemberger Größen ihre letzte Ruhe gefunden, wie der Schriftsteller Iwan Franko, der Komponist Stanislaw Ludkewytsch und die Sängerin Solomia Kruschelnyzka. Der Besucher stößt hier auch auf ein dramatisches Kapitel ukrainisch-polnischer Geschichte.

Als Österreich am Ende des Ersten Weltkrieges Galizien aufgeben musste, riefen die Westukrainer ihre eigene Republik aus; bezeichnenderweise am 9. November 1918, wie die Deutschen. Doch das Unternehmen ging schief. Zwar vereinigte sich am 22. Januar 1919 in Kiew die Westukrainische Volksrepublik noch schnell mit der Ukrainischen Volksrepublik, aber da waren beide fast schon verloren. Während wenige Tage später die Bolschewiken Kiew eroberten, kämpfte in Galizien die überlegene polnische Armee die westukrainischen Truppen nieder. Im Juli 1919 war dieser Krieg entschieden. Die Polen übernahmen wieder die Herrschaft, bis sie durch die Rote Armee 1939 nach dem Hitler-Stalin-Pakt vertrieben wurden.

So kurz die Kampfhandlungen waren, die jahrhundertelang aufgestaute Animosität führte durch die letzten Ereignisse zu tiefem Hass zwischen Ukrainern und Polen, der sich wenig später in schlimmen Massakern entladen sollte. Bellum omnium contra omines, heißt es über diese Zeit. In der Tat entwickelte sich ein Krieg aller gegen alle in den Jahren in und um den Zweiten Weltkrieg. Sie brachten sich gegenseitig um: die Polen, die Ukrainer, die Deutschen und die Sowjets. Es war eine fürchterliche Zeit, deren Wunden bis heute nicht verheilt sind – wie wir auf unserer Reise immer wieder spüren.

Doch der Tod vereint die einstigen Feinde nun auf dem Lytschakiw-Friedhof in Lemberg. Dort liegen die Gedenkstätten für die im Kampf 1918/19 gefallenen Ukrainer und Polen dicht beieinander. Dieser Umstand veranlasste den ukrainischen Präsidenten Kutschma und den polnischen Präsidenten Kwasniewski, über einen Akt der Versöhnung nachzudenken. Wie so etwas gemacht wird, hatten der Deutsche Kohl und der Franzose Mitterrand auf den Gräbern von Verdun eindrucksvoll demonstriert. Die Präsidentenstäbe in Kiew und Warschau hatten also ein attraktives Vorbild, um eine Friedensgeste von hoher Symbolik auf dem Lytschakiw-Friedhof in Szene zu setzen.

Alles lief Erfolg versprechend, bis sich plötzlich der Stadtrat querlegte. Was war geschehen? Die Polen wollten ihre Soldaten ehren, die »im Kampf um Lemberg heldenhaft gestorben waren«. Diese Formulierung ging den Lembergern zu weit. Sie regten sich

außerdem über ein Schwert auf, das von den Polen als ein selbstver-
ständliches Symbol bei einer Soldatenehrung angesehen wurde.
Die Lemberger hatten da eine ganz andere Meinung. Mit dem
Schwert sei die Ukraine von den Polen erobert worden. Dies
könne nicht vergessen werden. Keine Seite gab nach. Statt einer
friedlich-versöhnlichen Feier gab es Krach. Die Präsidenten mussten ihr Friedhofstreffen in Lemberg abblasen.

Nach unserem Friedhofsbesuch sind wir in wenigen Minuten an der
Lytschakiwska Wulyzja. Hier ist die Prykordonni Wijska Ukrainy
stationiert, die Grenztruppe der Ukraine-West. Wir sind angemeldet. Das Tor zum Hof des Hauptquartiers öffnet sich ohne Verzug.
Bei den bewaffneten Organen der Ukraine löst die Erinnerung an
die gemeinsame Zeit in der Sowjetunion offensichtlich weniger
unangenehme Gefühle aus als bei der Zivilbevölkerung. Damals
war man noch stolzer Teil einer Furcht erregenden Streitmacht.
Heute schimmert die Wehr nicht mehr, sondern hält nur notdürftig
zusammen und löst eher Mitleid als Schrecken aus. Doch die Tradi-
tionspflege funktioniert wie eh und je. Die Helden der Sowjetzeit,
die sich der deutschen Invasionsarmee 1941 entgegengestellt hatten,
genießen bei der Truppe weiter Verehrung. Ihre Büsten haben jedenfalls den Ehrenplatz auf dem Kasernenhof behalten.

Oberst Viktor Dmytrowytsch Stschyr erwartet uns in seinem
Büro. Von kräftiger Statur und mit sonnengebräuntem Gesicht gibt
er uns bereitwillig Auskunft. Er befehligt die Grenztruppe Lwiw
oder Lemberg. Sie hat einen Grenzabschnitt von 229 Kilometern
zu sichern. Sechs Telefone auf dem Schreibtisch unterstreichen die
Bedeutung des Kommandeurs, dem der hochverehrte Hetman
Bohdan Chmelnyzkyj von einem Wandteller aus auf die Finger
schaut. Im Vergleich zu dem legendären Heerführer sieht Staats-
präsident Kutschma auf dem offiziellen Foto an der Wand eher
etwas mickrig aus.

Die blaugelbe Nationalfahne im Rücken verleiht Oberst Stschyr
die gebotene Autorität. Blau steht für den grenzenlosen Himmel
über der Ukraine, gelb für die endlosen Kornfelder des Schwarz-
erde-Landes. Der Kommandeur kommt kurz auf die Geschichte
zu sprechen. Die Sympathie für die Sowjetzeit ist dabei unüberhör-

bar. Damals zählte das Militär eben noch etwas. Den Deutschen sei 1941 im Grenzbereich Lemberg härtester Widerstand geleistet worden, erklärt der Oberst. Obwohl hoffnungslos unterlegen, habe Alexej Lopatin mit 50 Soldaten der Roten Armee bis zum letzten Atemzug gegen die Invasoren gekämpft. Alle hätten ihr Leben gelassen. Vergessen sind sie nicht, jedenfalls nicht hier. Lopatin – seine Büste haben wir am Eingang gesehen – avancierte posthum zum Helden der Sowjetunion.

Die Uniformen haben die ukrainischen Grenztruppen offensichtlich aus den alten Beständen übernommen. Grünes Hemd, dunkelgrüner Schlips, so waren die Offiziere auch zur Sowjetzeit gekleidet. Geändert hat sich allerdings das Regime an der Grenze. Es ist längst nicht mehr so rigide wie früher. Geändert hat sich auch die Menge des Grenzverkehrs. Drei Millionen Menschen im Jahr, an drei Auto- und Eisenbahnübergängen. Der Übergang Krakowez zählt nach Auskunft des Kommandeurs zu den größten Übergängen in Europa. Zur Zeit der Ost-West-Konfrontation wäre das undenkbar gewesen. Damals überquerten nur wenige die Grenze.

»Wie steht es heute mit illegalen Grenzübertritten?«

»Es wird immer wieder versucht. 156 Menschen haben wir im letzten Jahr gefasst. Ob wir tatsächlich alle bekommen haben, lässt sich nicht sagen.«

Eine solche Auskunft wäre dem Kommandeur zur Sowjetzeit sicher nicht über die Lippen gekommen. Damals gab es allerdings auch gar keine Chance, illegal über die Grenze zu kommen, erst recht nicht für Ausländer aus Bangladesch und anderen asiatischen Staaten. Sie wären gar nicht ins Vaterland der Werktätigen gelangt. Das Sicherheitssystem des Polizeistaats Sowjetunion war zu abschreckend.

Jurij Kowtun nimmt in unserem Teamwagen Platz. Er ist 30 Jahre alt, Major der ukrainischen Grenztruppen, und wird uns nach Pisotschne begleiten. 120 Kilometer von Lemberg entfernt. Sein Vater wurde 1946 in Fürstenwalde geboren, wo Jurijs Großvater nach dem Krieg Stadtkommandant geworden war. Später habe auch sein Vater in der DDR gedient, erzählt uns der junge Major. Wo? Jurij Kowtun weiß es nicht und ruft seinen Vater an.

»Nemjezkije towarischtschi chotjat snatj gdija ti sluschil«, höre ich ihn sagen. »Die deutschen Genossen wollen wissen, wo du gedient hast.«

»In Neubrandenburg«, ist die Auskunft. Ein bisschen Deutsch beherrscht Jurij Kowtun auch. Seine Zunft und vor allem die Siedler aus den früheren Jahrhunderten sorgten dafür, dass Begriffe aus anderen Sprachen übernommen wurden. So haben im Polnischen und Ukrainischen viele Wörter einen deutschen Ursprung, vornehmlich im handwerklichen Bereich.

Während der Fahrt spüren wir mehr und mehr davon auf, wobei wir wiederholt feststellen, dass die Westukrainer den Polen sprachlich oft näher stehen als den Russen. Zum Beispiel heißt Farbe im Ukrainischen und Polnischen ganz einfach »farba«, im Russischen aber »krasska«. Polen und Ukrainer bezeichnen das Dach wie wir als »dach«, während die Russen von »kryscha« sprechen. Im galizischen Ukrainisch ist die Nähe zum Polnischen noch häufiger zu finden. Ein Paar Beispiele mögen das illustrieren. Schraubstock: westukrainisch »schrubstak«, polnisch »srubsztak«, russisch »tiski«. Zange: west-ukrainisch »obzenky«, polnisch »obcenji«, russisch »klestschi«. Pfanne: west-ukrainisch »patelnja«, polnisch »patelnia« und russisch »skoworodka«.

Besonders gut gefällt mir die Übersetzung für Wolldecke, die von den Westukrainern und Polen offensichtlich aus dem Österreichischen übernommen wurde. Dort lautet die Bezeichnung für eine grobe Wolldecke »Kotzen«. Also heißt es im Ukrainischen »kotz«, im Polnischen »koc«, im Russischen »odejalo«.

Aber auch bei Bezeichnungen, die nicht aus dem Deutschen kommen, hat das Ukrainische manchmal mehr Ähnlichkeit mit dem Polnischen als mit dem Russischen. Herr, Frau: ukrainisch »pan, pani«, polnisch »pan, pani«, russisch »gospodin, gosposcha«. Gut: ukrainisch »dobre«, polnisch »dobrze«, russisch: »choroscho«.

Beim Trinken sind sich allerdings Polen und Russen näher. Prost heißt im Russischen »na sdorowje«, im Polnischen »na zdrowie«, aber im Ukrainischen »budmo«. Mit dieser wichtigsten aller Vokabeln beschließen wir unsere Spurensuche, denn vor uns taucht ein Denkmal auf.

Juri hat uns in ein Dorf namens Wola Wysozka geführt, um uns mit dem russischen Flieger Nestorow bekannt zu machen. Er ist im Ersten Weltkrieg ums Leben gekommen. Aber nicht deswegen hat man ihm in diesem gottverlassenen Kaff ein Monument errichtet, sondern weil der kühne Nestorow als erster Mensch einen Looping gedreht haben soll. Diese angebliche oder tatsächliche Heldentat hatte für die Nachbarstadt Schowkwa schwer wiegende Folgen. Während der Sowjetzeit verlor sie ihren ursprünglichen Namen polnischer Herkunft und musste sich Nesterow nennen. In ihrem Wahn, die Geschichte umzufrisieren, haben die kommunistischen Herrscher überall Straßen, Plätze, Dörfer und Städte mit ideologisch unanfechtbaren Namen versehen. Auf die Gefühle der betroffenen Bevölkerung wurde keine Rücksicht genommen. So wurde zum Beispiel – nicht weit von Lemberg – das griechisch-katholische Kloster Uniw, ein populärer Wallfahrtsort, von den Sowjets aufgelöst und in eine namenlose Anstalt für geistig Behinderte umgewandelt. Damit nicht genug. Alle Dörfer in der Umgebung erhielten neue Namen, um das Kloster aus dem Gedächtnis der Pilger zu tilgen. Die Dörfer sollten die Menschen nicht mehr an den Wallfahrtsort erinnern können. Nun heißen sie wieder wie in alten Zeiten. Nesterow musste ebenfalls das Feld räumen. Schowkwa ist wieder Schowkwa.

Schowkwa wurde als Musterstadt der Renaissance geschaffen. Mit diesem Erbe soll jetzt die Zukunft gemeistert werden. Das Ziel ist ebenso unumstritten wie schön, doch der Weg dahin mühsam und lang, denn die alte Pracht wird bis in ihren Kern vom Verfall bedroht. Nicht nur der Sozialismus hat der Musterstadt durch mangelnde Pflege übel mitgespielt, auch die kurze Nazi-Zeit ist Schowkwa schlecht bekommen. Die deutsche Zerstörungswut im Auftrag Hitlers richtete sich wie üblich zuerst gegen jüdische Einrichtungen. Was dabei angerichtet wurde, konnte bis heute nicht wiederhergestellt werden.

Wir stellen unsere Fahrzeuge am Ortsausgang ab. Schon nach wenigen Schritten sind wir an der Synagoge. Ein wuchtiges Bauwerk steht da vor uns, wie eine Festung. Das Äußere der Synagoge ist stark beschädigt. Gerüste verdecken die Sicht, aber am Giebel ist das jüdische Gotteshaus eindeutig als Schöpfung der Renaissance zu erkennen. Der Schlüssel sei am Dominikaner-Kloster abzuholen, lesen wir an der Tür. Wir beherzigen den Rat und gelangen so in das Gebäude.

Das Innere ist eine wüste Baustelle. Dennoch vermittelt sich der Eindruck von Stärke und Unerschütterlichkeit. Die Nazis wollten das Haus Gottes dem Erdboden gleichmachen, aber sie schafften es nicht. Lediglich das Dach stürzte ein und der Innenraum wurde vollkommen verwüstet. Doch die zwei Meter dicken Säulen blieben stehen. So überstand die Synagoge zwar hart angeschlagen, aber aufrecht den Krieg. Von den Sowjets wurde sie notdürftig repariert und als Lager genutzt. Nun wird an der Restaurierung gearbeitet. Wie intensiv das geschieht, erschließt sich uns nicht. Es ist niemand da, den wir fragen könnten.

Die Synagoge muss in ihren guten Tagen ein Gefühl der Geborgenheit vermittelt haben. Durch die acht großen Bogenfenster flutet in sanften Wellen Licht in den Innenraum. An den Wänden und den Säulen ist über weite Flächen der Putz abgeschlagen. Akkurat vermauerte Ziegelsteine werden sichtbar. Das Gewölbe ist etwa 15 Meter hoch. So bietet die Synagoge Platz für weit ausladende Galerien im ersten Rang.

Über die Geschichte des Hauses vermittelt ein kleiner Anschlag einige Informationen. Es ist in den Jahren von 1692 bis 1700 erbaut worden, vom königlichen Architekten Pietro Beber. Sein Chef, der Türkenbezwinger und spätere Regent von Polen, Jan III. Sobieski, war ein toleranter Mann. Er unterstützte das kostspielige Vorhaben mit beträchtlichen Finanzmitteln. Das Geld wurde aber nicht nur zum Ruhme Gottes in das Gebäude gesteckt, das feste Mauerwerk sollte auch zur Verteidigung der Stadt dienen, wenn feindliche Heerscharen anrückten. König Jan III. Sobieski hatte Ende des 17. Jahrhunderts in Schowkwa seine Residenz eingerichtet. Als schlachtenerprobter Mann wusste er, wie man Städte einnimmt. Das Schicksal, erobert zu werden, wollte er sich selbst ersparen.

Von Hetman Stanislaw Zolkiewski, dem Stadtgründer von Schowkwa, sind mir größere militärische Leistungen nicht bekannt. Möglicherweise war er unter seinesgleichen eine erfreuliche Ausnahmeerscheinung. Heerführer sehen sich häufig veranlasst, von

Berufs wegen Städte und Dörfer in Schutt und Asche zu legen. Hetman Zolkiewski wirkte hingegen aufbauend. Er hatte sich den hehren Gedanken in den Kopf gesetzt, eine Musterstadt der Renaissance zu schaffen. Die Idee musste gut durchdacht werden und bedurfte eines großen Baumeisters. Mit dem Architekten Paulus Szczesliwy fand der polnische Heerführer den Richtigen. 1594 wurde die Stadt aus der Taufe gehoben. Benannt wurde sie nach ihrem Gründer. Zur Erläuterung sei gesagt, dass das »l« mit Querbalken im Polnischen wie ein »w« ausgesprochen wird und das »z« wie ein stimmhaftes »sch«. So kam es zu dem Namen Schowkwa.

Das Projekt ging gut voran. Ein ansehnlicher Platz wurde geschaffen, gesäumt von repräsentativen Bauten, im Stil der Renaissance. Das Prachtstück war die lateinische Kirche des heiligen Laurentius. Ein Architektenteam hatte sich daran gemacht, dieses große Werk der Spät-Renaissance zu schaffen: Paolo Romano, Ambrosius Przychylny und Paulus Szczesliwy, deren Arbeiten wir bereits in Lemberg kennen gelernt haben. Geld schien in jenen Tagen bei Stanislaw Zolkiewski keine Rolle zu spielen, denn das sehr stattliche Gotteshaus wurde an einem Stück von 1606 bis 1618 gebaut.

Als wir jetzt die Straße zum Marktplatz hinuntergehen, fällt es ein bisschen schwer, sich die Eleganz und Herrlichkeit von damals vorzustellen. Heute sieht es hier verstaubt und armselig aus, mit den Verkaufsbuden am Wegesrand. Aber woher sollen die Menschen auch das Geld hernehmen, um mehr Glanz in das Straßenbild zu bringen, fragen wir uns.

Am Marktplatz angelangt, beobachten wir dröhnende und staubige Bauarbeiten. Mit schwerem Gerät gehen Soldaten daran, die unansehnlichen Betonplatten aus der Sowjetzeit zu entfernen, die einem mächtigen Lenin-Denkmal Standfestigkeit verliehen haben. Mit Lenin selbst hatte auch Schowkwa nach dem Ende der Sowjetunion wenig Federlesens gemacht. Nun werden mit einigen Jahren Verspätung die Reste der sozialistischen Heiligen-Verehrung beseitigt. Obwohl der Einsatz ziemlich brutal aussieht, erklärt uns ein Ortskundiger, man gehe behutsam vor. Historische Grundmauern sollten ohne Beschädigung freigelegt werden.

Den Polen bedeutet diese Stadt sehr viel. Dies hat nicht zuletzt mit dem hochverehrten König Jan III. Sobieski zu tun, zu dessen Ruhm ein Sternenbild den Namen Sobieskischer Schild trägt. Inmitten der hell strahlenden Milchstraße ist es zu beobachten. Man muss dazu allerdings an den Äquator reisen. Als Schowkwa Residenzstadt des großen Jan wurde, ging noch einmal ein richtiger Boom los. Die wesentlichen Bauwerke wurden im 17. und 18. Jahrhundert geschaffen. Lange gedauert hat es allerdings, bis die Klosterkirche der Dominikaner und die Klosterkirche Christi Geburt fertig gestellt wurden. Im 17. Jahrhundert wurde ihr Bau begonnen und erst im 20. Jahrhundert abgeschlossen.

Iwan Pierczak zeigt sich hocherfreut, als wir die katholische Kirche des heiligen Laurentius aufsuchen. Er ist Pole, pensioniert und nimmt die Rolle des Kustos ein. Ich gebe zu, der Titel ist vielleicht etwas hoch gegriffen. Aber Iwan Pierczak sieht sich so. Das Gotteshaus ist groß, die Gemeinde klein. Die römisch-katholische Kirche in Galizien muss sich seit der Vertreibung der Polen mit einer Nischenexistenz begnügen. »Schauen Sie sich in Ruhe um. Wir freuen uns über jeden Gast.« Wir folgen der Aufforderung gerne. In der Tat haben wir die Kirche für uns allein. Im Innenraum ist hier und da restauriert worden, aber es bleibt noch unendlich viel zu tun. Doch der große, vor allem hohe Innenraum der Kathedrale wirkt auf den Besucher imposant, auch wenn die alte Schönheit stark verblichen ist.

Wir können nur ahnen, mit welchem Pomp hier früher zu Schowkwas Glanzzeiten Gottesdienste zelebriert wurden, wenn die Mitglieder der Schlachta, des polnischen Adels, zum Gebet Platz nahmen. Jetzt verirren sich nur noch wenige Besucher in die ehrwürdige Kirche. Aber an den Wochenenden kämen im Sommer viele Busse aus Polen, erzählt der eifrige Kustos. »Unsere Landsleute schauen sich nicht nur die Stadt und die Kirche an, sie spenden auch. Dafür sind wir dankbar. Aber das Geld reicht nicht aus, um auch nur die notwendigsten Restaurierungsarbeiten vorzunehmen«, lässt uns Iwan Pierczak wissen. Diskret stopfen wir daraufhin ein paar Euro mehr in den Opferstock.

Wir steigen zur Krypta hinunter. In der Kühle der unterirdischen Grabanlage stehen hinter Gittern die Särge von Stanislaw Zolkiewski und seinem Sohn Jan. Ihre Ehefrauen haben hier offensichtlich keinen Platz zur letzten Ruhe gefunden. Der Stadtgründer starb 1620, sein Sohn bereits drei Jahre später. Immerhin: Beide haben die Fertigstellung ihrer Kirche noch in allem Glanz erleben können.

Die Soldaten am Lenin-Denkmal machen eine Pause, als wir die Kirche verlassen. Aber ihr Einsatz zeigt deutliche Wirkung. Eine Menge Betonplatten sind beiseite geschafft worden. Juri Durkot äußert Genugtuung. Für die Sanierung Schowkwas habe der Staat 1,2 Millionen Hrywnja zur Verfügung gestellt, also etwa 200.000 Euro. Nicht viel für westliche Verhältnisse, aber in der Ukraine ließe sich mit der Summe eine Menge anfangen. Erfreulicherweise sei das Geld offenbar auch in Schowkwa angekommen. Und noch erfreulicher sei, dass es mit Erfolg eingesetzt würde.

Wir statten dem Schloss einen kurzen Besuch ab. Viel von Wiederherstellung ist hier nicht zu sehen. Die alte Auffahrt scheint auf Nimmerwiedersehen verschwunden zu sein. Dafür sind die Bewohner geblieben, die aus Wohnraummangel während der Sowjetzeit hier einquartiert wurden. Für Schowkwa gilt wie für Lemberg: Was wäre aus diesem Kleinod der Baukunst zu machen, wenn das Geld für die Restaurierung vorhanden wäre! Die Unesco hat die Stadt nicht auf ihre Liste als Weltkulturerbe gesetzt. Schade! Vielleicht gelingt der nächste Anlauf. Zu gönnen wäre es Schowkwa.

Auf der Weiterfahrt nach Pisotschne kommen uns jede Menge alte Bekannte entgegen, die mächtigen Lkw vom Typ Kamas. Der Name steht für das Automobilwerk Kama. Die Sowjets haben es in einem für sie typischen Anfall von Gigantonomie Anfang der 70er-Jahre in die Steppe der Tatarischen Republik geklotzt, nicht weit vom Wolga-Nebenfluss Kama. Das Unternehmen erregte nicht nur wegen seiner enormen Größe weltweites Aufsehen, sondern auch wegen der westlichen Beteiligungen. Damals war das ein höchst ungewöhnlicher Vorgang und es wurde gleich die Frage nach der strategischen Bedeutung gestellt. Konnte die rote Supermacht Sowjetunion durch Joint Venture dieser Art nicht auch militärisch gestärkt werden, wurde geargwöhnt. Besonderes Misstrauen brachte man den Deutschen entgegen. Nach dem Erdgas-

Röhren-Geschäft waren sie auch bei diesem Mammut-Projekt mit von der Partie. Ein großes Unternehmen im Südwesten unseres Landes war maßgeblich am Motorenbau beteiligt. Bahnt sich da ein deutsch-russischer Sonderweg wie in den 20er-Jahren an, fragten besorgte Politstrategen unter unseren westlichen Freunden. Heute sind das Erinnerungen an längst versunkene Zeiten.

Beim Anblick der Lkw muss ich unwillkürlich an meinen Besuch in dieser Mondlandschaft mit dem Namen Nabaraschnje Tschelny zurückdenken. Unter scharfer Beobachtung war mir 1974 die Drehreise wegen der deutschen Beteiligung erlaubt worden. Im Dunkeln kam ich auf einem Feldflughafen an. Durch Schneematsch und Schlamm musste sich unser kleiner Lkw kämpfen, bis wir am Ziel waren. Wir wurden durch gigantische Hallen geführt. Der Betrieb lief noch nicht auf vollen Touren. Im Eiltempo mussten wir unsere Aufnahmen machen, da man uns bald loswerden wollte. Immerhin durften wir noch die Unterkunft deutscher Monteure filmen. Die Männer erzählten abenteuerliche Sachen. Ich habe die Leute ob ihrer Einsatzbereitschaft und sarkastischen Gelassenheit bewundert. Wir haben ein bisschen getrunken und uns leider frühzeitig verabschieden müssen. Dennoch war ich nicht unglücklich, als ich Nabaraschnje Tschelny den Rücken kehren musste. Aber jetzt wird mir irgendwie warm ums Herz, wenn ich die dröhnenden Kisten von der Kama auftauchen sehe.

Attraktiv sieht die Landschaft, die wir durchfahren, nicht aus. Flach und langweilig zieht sie an uns vorbei. Überwiegend Felder, ab und zu ein Wäldchen. Kleine Pferdewagen mischen sich in den Autoverkehr. Schwer bepackt ziehen Frauen des Weges. Ihr Ziel ist nicht zu erkennen, denn weit und breit sind keine Ortschaften zu sehen. Ein paar Heldendenkmäler bringen Abwechslung in die Landschaft. Sie künden vom Ruhm vergangener Armeen. Kein Mensch scheint sie wahrzunehmen.

Im Feld schwingen vier Männer die Sensen, vier Frauen harken das gemähte Gras mit breiten Rechen zusammen, vier Kinder spielen Fangen. Bilder wie vor 100 Jahren. Ein Storch kurvt über der idyllischen Szene. »Leleka« heißt er auf Ukrainisch, »aist« auf Russisch und »bocian« auf Polnisch. Wir staunen. In einem Sprachraum drei völlig verschiedene Ausdrücke für einen grenzüberschreitenden Zugvogel! Das nennt man kulturelle Vielfalt. In Galizien heißt der Storch »busiok«, wirft Juri Durkot ein. »Da ist doch Verwandtschaft über die Grenze zu spüren.«

Ich nutze die Fahrt übers Land für eine weitere Frage, die mir auf den Nägeln brennt.

»Juri, gab es Antisemitismus auch auf dem Land?«

»Sehr stark! Die polnischen Gutsbesitzer setzten Juden als ihre Verwalter ein. Sie waren tüchtige und disziplinierte Administratoren. Bei den ukrainischen Landarbeitern waren sie verhasst, weil die Verwalter für ihre Gutsbesitzer alles aus den Leuten herausholten. Juden führten auch die Dorfschänken und achteten sehr darauf, dass sie zu ihrem Geld kamen. Ebenso bei kleinen Krediten! Das alles heizte die Stimmung auf und führte zu Pogromen, nicht zuletzt in Kriegszeiten, als alle gegen alle kämpften.«

Auf Nebenwegen lotst uns Major Kowtun nach Pisotschne. Oberleutnant Serhij Schewtschuk nimmt uns in Empfang. Der Name gibt mir die Möglichkeit zu einer Erklärung. Russen und Ukrainer haben oft gleiche Namen, die sich allerdings anders schreiben. Oleg, Sergej oder Gennadi werden im Ukrainischen zu Oleh, Serhij oder Hennadi. Der ukrainische Jurij schreibt sich mit j am Ende. Unser Juri ist auch Ukrainer, aber seit seinem Studium in Österreich verzichtet er auf das j. Kein Mensch in Wien und Umgebung konnte sich an das j am Ende seines Vornamens gewöhnen. Das Gleiche widerfuhr ihm in Deutschland, wo er Pressechef der ukrainischen Botschaft war. Wie das j hat Juri Durkot das Diplomatendasein leichten Herzens aufgegeben. Annette Dittert und ich haben diesen Schritt nachträglich gutgeheißen.

Oberleutnant Serhij Schewtschuk führt uns zu einem fünf Meter hohen Wachtturm. Unter uns fließt der Bug. Nur 400 Meter weiter wird er zur Grenze. Auf der anderen Seite liegt Polen. Zwei Soldaten sichern diesen Abschnitt auf ukrainischer Seite. Ihre Schicht hat gerade erst begonnen. Es dauert noch ein paar Stunden bis zur Ablösung.

Der Stellvertretende Kommandeur, Oberstleutnant Hennadi Semeniuk, wird erwartet. Im Jeep fährt er vor. Ein Soldat rapportiert.

»Genosse Oberstleutnant! Der Grenzposten – bestehend aus dem Soldaten Benj und dem Soldaten Hij – tut seinen Dienst bei der Bewachung der Staatsgrenze. In der gegenwärtigen Dienstschicht des Grenzpostens konnten keine Verletzungen der Staatsgrenze festgestellt werden. Es rapportierte der Dienstälteste des Grenzpostens, Soldat Benj.«

»Schön hier!«, stellt der Oberstleutnant für uns fest. In der Tat, in dieser Umgebung lässt sich der Dienst zur Sicherung des Vaterlandes aushalten. Eine freundliche Wald- und Wiesenlandschaft breitet sich vor uns aus. Die Offiziere erweisen sich als Kenner der Botanik. Iris, Margariten, Kornblumen und Klatschmohn blühen hier um die Wette. Selbst das Johanniskraut identifizieren sie für mich. Es sei ein gutes Mittel gegen Depressionen, lerne ich dazu.

Wir besprechen, was wir über die Grenze erfahren wollen. Annette Dittert übernimmt die Regie. Oberstleutnant Semeniuk soll die Funktion des Grenzstreifens erklären. Bereitwillig lässt er sich in Position bringen, ohne zu ahnen, dass ihm eine harte Prüfung bevorsteht. Magda Wachowska, Juri Durkot und das Team bauen sich in bewährter Formation vor ihm auf. Zum Aufwärmen stellt Magda die schlichte Frage. »Wo befinden wir uns?«

»Das ist ein Kontrollstreifen, der den Grenzschützern hilft, für Ordnung an der Grenze zu Polen zu sorgen.«

»Wie wird der Streifen in Ordnung gehalten?«

»Der Streifen wird einmal in zwei Monaten gepflügt. Wenn es Alarm an der polnischen Grenze gibt, prüfen wir, ob die Spuren zu uns führen.«

»Mit welchen Tricks versuchen die Leute, über die Grenze zu kommen?«

»Die Grenzverletzer lassen sich viel einfallen, um uns in die Irre zu führen. Manchmal gehen sie mehrfach hin und her, manchmal gehen sie seitwärts, manchmal rückwärts.«

Magda möchte es nicht mit dieser Erklärung bewenden lassen. Der Oberstleutnant wird um eine Demonstration gebeten. Er macht das perfekt – seitwärts und rückwärts. So wird er in Bewegung gehalten, aus allen erdenklichen Perspektiven gefilmt und ständig um Wiederholungen gebeten.

»Wie war es zur Zeit der Sowjetunion?«

»Damals war es besser. Wir konnten effektiver arbeiten. Es gab noch einen zweiten Kontrollstreifen, sechs bis zwölf Meter breit. Heute haben wir nur noch den einen, der auch noch viel schmaler ist. Wir hatten im Kommunismus mehr Geld. Für einen Kilometer wurde eine Million Rubel ausgegeben.«

»Und heute?«

»Wie hoch die Kosten heute sind, kann ich nicht sagen. Ich weiß nur: Seit die Ukraine selbständig ist, müssen wir alles selbst bezahlen. Jetzt, wo dies eine EU-Grenze ist, hoffen wir allerdings auf Zuschüsse von der Europäischen Union.«

»Und warum soll die EU der Ukraine Geld zahlen?«

»Die illegalen Immigranten wollen in die EU, nicht zu uns. Die EU will sie aber nicht haben und erwartet von uns, dass wir sie nicht durchlassen. Um das zu schaffen, müssen wir unsere Grenzsicherung erheblich verstärken. Dafür müsste uns die EU Geld geben. Es ist schließlich in ihrem Interesse.«

Hennadi Semeniuk will nicht den Eindruck entstehen lassen, dass es heute ein Leichtes ist, die ukrainische Grenze illegal zu überschreiten. In diesem Jahr hätten sie 215 Grenzverletzer geschnappt. Mir fällt auf, dass die Angaben deutlich über denen seines Vorgesetzten in Lemberg liegen. Aber ich hake nicht nach. Die Zahl der illegalen Immigranten sei rückläufig, fährt der Oberstleutnant fort. Meist seien es Gruppen. Sie kämen aus Südostasien, aus dem Iran, aus Indien und Bangladesch. Einzelpersonen würden auch aufgegriffen. Sie stammten aus Russland, Georgien und Armenien.

»Was machen Sie mit den Festgenommenen?«

»Sie werden verhört und eingesperrt. Später werden sie in ihre Heimatländer ausgewiesen. Die Polen machen das ähnlich.«

»Wie läuft die Zusammenarbeit mit den Polen?«

»Einwandfrei! Wir treffen uns einmal im Monat, tauschen unsere Erfahrungen aus und besprechen gemeinsame Aufgaben. Solange ich hier arbeite, kann ich mich an Probleme mit den Polen nicht erinnern.«

Magda möchte sich nun das System der Alarmanlagen erklären lassen. Oberstleutnant Semeniuk begibt sich in den Signalbereich vor dem Kontrollstreifen.

»Dies ist ein elektrisches Alarmsystem. Es besteht aus zwei Füh-
lern – dem oberen und dem unteren Fühler. Wenn jemand illegal
die Staatsgrenze zu überqueren versucht und die Drähte berührt,
dann wird ein elektromagnetischer Impuls ausgelöst. Der diensttha-
bende Offizier erhält eine Störmeldung und alarmiert daraufhin
den Suchtrupp.«

Ob das Alarmsystem funktioniert, lässt der Grenztruppen-
Mann offen. Es stammt noch aus Sowjetzeiten, ist über 15 Jahre alt
und hat die vorgesehene Betriebszeit bereits um die Hälfte über-
schritten. Als wir den Draht anfassen, klingelt offensichtlich nichts.

Vom Kontrollturm aus geht eine Hängebrücke über den Bug. Sie ist,
wie alles auf der ukrainischen Seite der Grenze, inzwischen ziemlich
brüchig. Planken fehlen, einige Bretter sind verfault, die Aufhän-
gung ist mehr als fragil. Das macht die Überquerung zu einem
Abenteuer. Über diese Brücke werden nun Oberleutnant Schewtschuk und der Soldat Hij für die Kamera hin- und hergeschickt;
nicht einmal, sondern mehrfach. Janek will die Szene aus mehreren
Blickwinkeln filmen – von oben, von unten, von der Brücke. Auch
die Abbildungsgrößen müssen variiert werden – groß, halbtotal und
total. Magda Wachowska gibt die Anweisungen. Der Oberleutnant
und sein Soldat reagieren filmreif. Sie suchen die Brücke nach Spuren einer Grenzverletzung ab. Sie schauen intensiv in den Fluss, um
verräterische Zeichen zu entdecken, vielleicht auch die Leiche eines
illegalen Immigranten. Durch das Fernglas spähen sie auf die Ufer,
die mit Weiden und Büschen dicht bestanden sind, um eventuelle
Grenzverletzer aufzuspüren.

Die Bemühungen der Grenzschützer werden von Oberstleutnant Semeniuk sachkundig kommentiert. Er erklärt uns zusätzlich,
dass der Bug im Frühjahr nach der Schneeschmelze um drei Meter
ansteige und das flachere Ufer auf der anderen Seite weit über-
schwemme. Der Fluss winde sich wie eine Schlange durch die
Landschaft.

»Er wird unterschätzt, weil er nur 30 Meter breit ist. Aber er hat
eine schnelle Strömung. Wer hineinfällt, kann leicht unter einen
umgefallenen Baum gedrückt werden, sich mit seinen Kleidern im
Geäst verhaken und so jämmerlich ertrinken. Es haben schon

einige den Versuch, den Bug illegal zu überqueren, mit dem Leben bezahlt.«

»Werden hier Alkohol und Drogen geschmuggelt?«

»Nein, die Leute wollen nur rüber, um in Westeuropa Arbeit zu finden.«

Oberleutnant Schewtschuk und der Soldat Benj müssen für uns noch einen Streifgang den Bug entlang absolvieren. Damit es gut aussieht, direkt am Fluss. So kämpfen sich die beiden durch Gebüsch und Brennnesseln, natürlich nicht einmal, sondern mehrfach. Magda kennt da keine Gnade. Aber wir ahnen jetzt schon, dass es gut aussehen wird. Janek hat inzwischen vom Dreh-Marathon eine Sehnenentzündung im rechten Arm. Von Schonung will er nichts wissen. Unentwegt sucht er nach Motiven.

Die Spatzen lassen sich von den Dreharbeiten nicht beeindrucken. Sie besetzen die Stahlseile der Brücke auf voller Länge. Einige haben sich auf den total verrosteten Lampen niedergelassen, die vermutlich keinen blassen Schimmer mehr von sich geben.

»Ist der Bug fischreich?«

»Oh ja! Hier gibt es viele Fischarten: Hechte, Zander, Welse, Karauschen, Brassen.«

»Ist das Wasser sauber?«

»Es könnte besser sein. Aber solange Fische herumschwimmen, geht es wohl.«

Der Oberstleutnant schwärmt vom Wildreichtum am Bug. Es gäbe jede Menge Hasen, Rehe, Füchse, Wildschweine. Kummer bereiten ihm die Biber. Sie hätten sich stark vermehrt. Mit ihren Bauten sorgten sie nicht selten für Staus im Fluss.

»Wovon lebt die Bevölkerung?«

»Von der Landwirtschaft! Seitdem die Sowjetunion zerfallen ist, haben es die Menschen hier schwer. Ihre Löhne sind sehr schmal geworden. 150 Hrywnja erhält ein Landarbeiter. Das sind keine 25 Euro. Davon kann man nicht leben.«

»Was bekommt ein Grenzsoldat?«

»Mehr als ein Landwirt!«

»Wie viel?«

»Ein Leutnant verdient 800 Hrywnja. Das sind etwa 130 Euro.« Während wir uns unterhalten, zieht Janek mit Michal und

Magda durch die Felder, um Landschaftsaufnahmen zu machen. Den Polen in unserem Team reicht es allmählich mit der Ukraine. Es zieht sie mit Macht auf die andere, auf ihre Seite. Heute noch werden sie heimatlichen Boden betreten, aber vorher wollen wir uns noch eine ukrainisch-polnische Geschichte erzählen lassen. Dafür brauchen wir nicht weit zu fahren.

Iwan und Anna Bedzyk wohnen nur 500 Meter vom Grenzposten entfernt. Er ist 78, sie 76 Jahre alt. Sie wurden hier geboren, als Galizien polnisch war. Sie sei in die polnische Schule gegangen, erzählt sie.

»Es war ruhig und schön hier, als es polnisch war. Der Gutsbesitzer war ein guter Mann. Eine Siedlung gab es. Einige Bewohner hatten fünf, sechs oder sieben Hektar Ackerland. Häuser wurden gebaut. Aber dann wurde alles kaputtgemacht.«

»Von wem?«

»Von den Deutschen, von den Russen und von den Polen. Erst haben die Russen 1939 die Polen verjagt, dann wurden sie 1941 von den Deutschen verjagt, danach kamen die Russen wieder und gaben den Polen zunächst das Land zurück.«

»Was passierte dann?«

»Die Polen haben uns schlecht behandelt. Sie haben uns geschlagen und ausgesiedelt. Das nannten sie ›Operation Weichsel‹.«

Iwan und Anna Bedzyk hatten im Herbst 1945 geheiratet. Es war ein ungemütliches Leben, denn kurz nach dem Krieg zogen noch Banden durch die Wälder. Sie überfielen die Bauern und raubten sie aus. Ihre Mutter sei von den Banditen zusammengeschlagen worden, weil sie ihr Schwein nicht herausrücken wollte, erzählt Anna. Mit der gewaltsamen Aussiedlung kamen die Bedzyks in das benachbarte Wolhynien. Das Gebiet um Pisotschne hatte Stalin ursprünglich Polen überlassen. Aber dann stellten die Sowjets fest, dass es hier Kohlefelder gibt. Daraufhin wurde der Grenzverlauf zwischen der UdSSR und Polen wieder geändert. Die Polen wurden kurzerhand aus dem Kohlegebiet hinausgeschmissen. Warschau wurde mit einem Stück Land etwas weiter südlich entschädigt. Nun konnten Iwan und Anna Bedzyk wieder nach Pisotschne zurückkehren. Das war 1957.

»Wie sah es aus?«

»Die alten Häuser waren von den Polen und den Partisanen niedergebrannt worden. Die neueren Häuser haben sie demoliert und wichtige Teile mitgenommen.«

»Wie war das Grenzregime?«

»Die Russen haben die Grenze besser bewacht als die Ukrainer heute. Die Russen hatten doch Angst vor ihrem eigenen Hemd.«

»Und wie war das mit den Deutschen?«

»Die Deutschen haben nichts gemacht. Sie lauschten nur an den Fenstern, ob schlecht über sie geredet wurde. Als wir das merkten, haben wir unsere Fenster abgedichtet.«

Das Haus der beiden Alten steht am Ende der Dorfstraße. Postalisch ist es der Anfang: Boulevard Piskowa Nr. 1. Apfel- und Kastanienbäume umgeben die kleine Kate. Enten und Hühner laufen uns über den Weg. Iwan und Anna Bedzyk scheint es nicht schlecht zu gehen. In den Ställen auf dem Hof stehen zwei Kühe und zwei Kälber. Vier Schweine grunzen uns an. Hinter dem Haus ist ein alter Traktor abgestellt, Marke »Jumse«, wenn ich es richtig lese. Das Südliche Baumaschinenwerk in Dnipropetrowsk ist damit gemeint: Juschne Maschine Stroitelne Sawod.

Zwei Töchter, zwei Schwiegersöhne und vier Enkel gehören zur Familie. Die alten Bedzyks werden von den Jungen betreut. Dennoch ist Anna voller Kummer. Sie bittet uns in ihr Häuschen und zeigt uns ein Album mit Fotos von einem ihrer Enkel. Er ist vor einigen Jahren bei einem Motorradunfall tödlich verunglückt. Den Schicksalsschlag wird die alte Frau wohl nie verwinden. Die bescheidene Wohnung hat sie mit Heiligenbildern und Wandstickereien verschönt. In der Küche steht ein Bett, für den Fall, dass die Tochter und ihr Ehemann über Nacht bleiben sollten.

Iwan Bedzyk ist fast taub. Er überlässt deshalb seiner Frau das Erzählen. Ab und zu macht er ein paar Einwürfe.

»Wie leben Sie?«

»Uns geht es gut. Wir haben Vieh. Getreide bringen uns die Enkel. Davon backen wir Brot.«

»Und früher?«

»Im Kommunismus hatten wir ein Viertel Hektar Land, und Schluss!«

»Durften Sie unter den Sowjets Besuch empfangen?«

»Besuch mussten wir drei oder vier Tage vorher anmelden. Waren es Verwandte, war es kein Problem. Waren es Bekannte, wurden sie ausgefragt. Frei bewegen durften sich die Gäste nicht. Fremde wurden mit 50 Rubel bestraft. Unser Haus lag ja in der verbotenen Zone, die vom Bug 800 Meter ins Land hineinreichte.«

»Und wie ist das heute?«

»Wir dürfen uns frei bewegen. Jetzt wird die Grenze von Ukrainern bewacht. Sie haben nicht viel zu tun. Sie spazieren nur hin und her. Das ist doch keine Arbeit.«

Nun meldet sich Iwan. »Unsere sind auch nicht schlecht. Sie passen schon gut auf. Versuch mal an ihnen vorbeizukommen!« Anna lenkt ein. »Ja, einmal haben sie hier sieben Mann geschnappt. Ich habe die Soldaten gefragt, ob ich sie mir ansehen könne. Er hat mir das erlaubt. Die waren alle schwarz, aus Afghanistan.

Die Grenzsoldaten marschieren vorbei. Iwan erinnert sich, wie das früher war. Da hätte ein Auto die sowjetischen Grenzschützer zum Wachdienst gebracht. Jedes Mal wäre die gleiche Zeremonie abgelaufen. Die Soldaten hätten sich in Reih und Glied aufgestellt und laut gebrüllt: Wir werden ehrlich und gut für die Sowjetunion arbeiten.

»Heute ist das anders. Unsere Leute haben kein Auto und kein Benzin. Sie müssen 12 Kilometer zu Fuß laufen. Aber jetzt geht es ihnen ja noch gut. Wenn der Armeedienst vorbei ist, haben sie keine Arbeit.«

Pisotschne ist eine Storchenmetropole. Auf jedem Telegrafenmast haben sie sich eingerichtet. Sie kennen keine Grenzen, schweben mühelos hin und her: als »Leleka« auf der ukrainischen, als »Bocian« auf der polnischen Seite. Wir haben es nicht ganz so einfach, sondern müssen ein gehöriges Stück Richtung Südwest fahren, um an unseren Grenzübergang Rawa Russka zu gelangen. Dort kann es zu gewaltigen Wartezeiten kommen, wird mir gesagt. Also fahren wir los. Annette Dittert stimmt mich auf Polen ein. Ich solle es mit meinen russischen Sprachversuchen nicht übertreiben. Sicherheitshalber wiederholt sie ihre Mahnung, sie hält mich für schwer belehrbar. Ich mache keine Zusagen.

Rawa Russka macht den Eindruck einer abgetakelten Garnisons-
stadt. Auf den letzten Metern bringen sich noch einmal die ehemaligen sowjetischen Grenztruppen mit einem wuchtigen Heldendenk-
mal in Erinnerung. Vorbei an einer langen Lkw-Schlange rollen wir
zur Pass- und Zoll-Kontrolle. Wir sind angemeldet. Eine üppige
Grenzbeamtin zieht mit unseren Papieren davon. »Glückliche Reise« wünscht uns ein Schild. Gegenüber werden auf langen Bänken
Taschen, Koffer und Kartons geleert. Meist sind es ukrainische
Frauen, die unnachsichtig gefilzt werden. Sie haben sich, wie mir
Annette Dittert erklärt, in Polen als Putzfrauen verdingt und sich
dort mit allerhand Brauchbarem eingedeckt. Hier blüht der kleine
Schmuggel, vornehmlich mit Zigaretten. Die Frauen binden sich,
wenn sie nach Polen gehen, Dutzende Schachteln um den Körper.
Als Tonnen gehen sie in die Kontrolle, als schmale Heringe kommen sie meist wieder heraus, denn die Zöllner kennen natürlich
alle Tricks. Aber Not kennt kein Gebot. Und ab und zu hilft auch
eine kleine Bestechung.

Uns wird hingegen Vorzugsbehandlung zuteil. Eine Ausreise mit
großem Kameragepäck kann an allen Grenzen dieser Welt viele
Stunden kosten, aber wir erhalten unsere Papiere schnell zurück.
Ein letzter Blick auf die blaugelbe Fahne! Die Ukraine liegt hinter
uns und mit ihr eine zwiespältige Erfahrung. Als wir kamen, hatten
wir den Mythos von einem multikulturellen Vielvölker-Galizien
im Kopf. Wir haben davon nur noch Spuren gefunden. Angetroffen
haben wir ein monokulturelles, ein ukrainisches Galizien, das seine
neue Identität und Bestimmung noch nicht gefunden hat.

Es grüßt uns mit Adler in der rotweißen Fahne die Rzeczpospo-
lita Polska, die Republik Polen. Unser Team genießt die Rückkehr
in die Heimat, und auch Annette spricht unverhohlen von
»Zuhause«. Hrebenne heißt der Grenzort auf der polnischen Seite.
Hier ist die Lkw-Schlange noch länger als drüben. Ansonsten
ändert sich das Bild in positiver Weise. Die Straßen sind gut in
Schuss, die Häuser in weit besserem Zustand als in der Ukraine
und die Buchstaben lateinisch statt kyrillisch.

Damit habe ich meinen letzten Trumpf gegenüber Annette Dittert verspielt.

Der Bug – die Ostgrenze Polens

Annette Dittert

Das grässliche Geräusch, das wir schon von weitem gehört hatten, kommt von einer Kreissäge. Vier Männer stehen in der Mitte des Flusses auf einem Floß vor einem gigantischen Baum, der kopfüber ins Wasser gestürzt sein musste, und versuchen, ihn mit eben dieser Kreissäge klein zu kriegen. Ein Unternehmen, das Stunden dauern wird, denn die Kreissäge ist nicht gerade von beeindruckender Größe. Der Baum schon. Oben am Ufer hat ein rotes Auto geparkt. Mit einer Aufschrift, die verrät, dass es sich hier um die staatliche polnische Feuerwehr handelt.

Wir stolpern die Uferböschung hinunter, die hier flach und sandig ist. Wieder dieses verzweifelte Geräusch, die Kreissäge kommt nicht durch, der Stamm ist zu dick.

»Was wir hier machen? Das sehen Sie doch! Wir versuchen, dieses Ungetüm hier herauszuholen. Das wird sonst nämlich zu einer natürlichen Brücke für die illegalen Immigranten, die hier versuchen, über die Grenze Richtung Westen zu fliehen.« Josef Marciniak, der Mann mit der Kreissäge, zuckt lakonisch mit den Achseln und gibt die Säge an die Kollegen ab. Ein großer freundlicher Mann ist er, in schwarzem Blaumann, das Gesicht halb versteckt unter einem genauso schwarzen Schnurrbart. »Eigentlich wäre es der Job der Grenzschützer und nicht unserer, nicht der der Feuerwehr. Aber der Grenzschutz hat nicht so eine gute Ausrüstung wie wir. Und deshalb springen wir immer für die ein, wenn so was passiert.« Und das sei dauernd der Fall, meint er und zeigt stromabwärts. Tatsächlich, wo man hinsieht: Gestrüpp, Äste, Sträucher in der Flussmitte. »Und glauben sie mal nicht, dass es hier täglich ein Gewitter gibt. Nein, ein guter Teil dieses Zeugs haben die von der anderen Seite absichtlich in den Bug geworfen, damit sie ihn leichter überqueren können.«

Und er erklärt geduldig, dass »die von der anderen Seite«, also Flüchtlinge aus Asien und den ehemaligen Sowjetrepubliken, auf diese Weise tatsächlich immer wieder versuchen, trockenen Fußes über den Bug zu kommen, der ab hier knapp 200 km lang Richtung Norden die Grenze zwischen Polen und der Ukraine bildet.

Es kracht wieder gewaltig. Ein dickes, circa zwei Meter langes Stück Stamm ist durchgesägt und ins Wasser gefallen. Zwei Feuerwehrmänner oben am Ufer versuchen es nun mit ihrem Stahlseil einzufangen, um es dann mit ihrem großen, roten Auto ans Ufer zu ziehen. »Und dieser Baum ist auch nicht durch Zufall in den Fluss gestürzt.« Ob denn die ukrainischen Grenzschützer von der anderen Seite bei der Überwachung der Grenze nicht helfen, wollen wir von ihm wissen. Er entstaubt den sägemehlbedeckten Schnurrbart mit einer routinierten Handbewegung und wird ernst. »Die, nein, das können Sie vergessen, die haben sich hier noch nie blicken lassen. Dabei kostet das uns hier eine Menge Geld. Die Leute, die Ausrüstung, die Autos und all das ...« Josef ist der Chef der Feuerwehrtruppe und ein bisschen ärgert ihn das. Nicht, dass die ukrainischen Kollegen da drüben nicht helfen wollten, nein, das sei es nicht. Man sei schon zweimal hinübergefahren, in die Ukraine, um mit ihnen zu sprechen. Dabei hätten sie festgestellt, wie ärmlich deren Ausrüstung sei. »Früher, als das da drüben noch die Sowjetunion war, war das hier eine der bestbewachten Grenzen überhaupt. Obwohl wir ja eigentlich sozialistische Brüderstaaten waren. Das war schon paradox. Die hatten sogar Sensoren unter der Erde angebracht, die jede kleinste Bewegung sofort meldeten. Heute haben die nicht mal mehr das Geld, um den Strom dafür zu bezahlen, wenn die Anlagen überhaupt noch funktionieren.«

Wieder dieses Achselzucken. Man habe sich damit abgefunden, dass man wohl die ganze Arbeit mit dieser Grenze alleine habe. »Die Ukrainer haben natürlich auch nicht so ein Interesse daran wie wir, hier abzusichern. Wir Polen haben da einen anderen Druck, schließlich haben wir uns Brüssel gegenüber verpflichtet, als EU-Mitglied diese Grenze hier sicher und dicht zu machen.«

Der Bug – Die neue Ostgrenze der EU

Im Juli 2002 wurden die Beitrittsverhandlungen über die Kapitel Justiz und Inneres abgeschlossen. Damit hat sich Polen verpflichtet, seine seit dem Niedergang der Sowjetunion ziemlich verwilderte Ostgrenze technisch und personell aufzurüsten. Ein aufwändiges Unternehmen, in das 20 Prozent der Mittel aus Brüssel, aus EU-Förderprogrammen, zugeschossen werden. Diese Gelder aus dem so genannten Phare-Programm fließen seit 1997. Bis 2002 waren es pro Jahr ca. 10 Millionen Euro, die Polen aus Brüssel erhielt. Im Jahr 2002 mit dem Näherrücken des Beitritts erhielt Warschau knapp 30 Millionen Euro. Die restlichen 80 Prozent muss jeweils der polnische Staat finanzieren. Konkret bedeutet das den Bau neuer Übergänge und Grenzkontrollposten, die möglichst nicht weiter voneinander entfernt sein sollten als 20 Kilometer. Die großen Grenzübergänge, wo Pkws und Lastwagen die Grenze überqueren, werden zur Zeit ebenfalls verstärkt mit modernem Equipment ausgestattet, mit Röntgengeräten und modernen Terminals, die die Abfertigung in Zukunft erleichtern sollen.

Seit Oktober 2003 gilt für Ukrainer und Weißrussen zusätzlich die Visumpflicht. Getrennt werden dadurch ab jetzt Menschen der verschiedensten Nationalitäten und Minderheiten beiderseits des Bugs. Polen, die noch in der Ukraine leben, Ukrainer, die eigentlich aus Polen stammen und nach dem Krieg in die Gebiete hinter dem Bug vertrieben bzw. zwangsumgesiedelt wurden. Denn dieses Gebiet, das polnisch-weißrussisch-ukrainische Grenzgebiet, war bis zum Ende des Zweiten Weltkriegs die meiste Zeit ein zusammenhängendes Land. Bis zu der gewaltsamen Teilung Osteuropas durch den Hitler-Stalin-Pakt, der den Bug 1939 als Grenze zwischen deutscher und russischer Einflusssphäre festlegte, war die Westukraine über Jahrhunderte polnisch gewesen. Auch in der Zeit der österreich-ungarischen Herrschaft blieb die Westukraine, das damalige Galizien, kulturell gesehen, polnisch geprägt. Mit dem Krieg, der Teilung und Westverschiebung Polens fielen die ehemaligen polnischen Ostregionen an die Sowjetunion. Die anschließenden Vertreibungen und Zwangsumsiedlungen haben bis heute tiefe Spuren hinterlassen. Kaum eine Region in

Europa wurde im 20. Jahrhundert derart verwüstet wie dieses zerrissene Land. Nachdem die Deutschen die jüdische Kultur nahezu restlos vernichtet hatten, ermordeten Ukrainer ab Ende des Zweiten Weltkriegs Zehntausende Polen in einem blutigen ukrainischnationalistischen Aufstand. Die Polen begannen ihrerseits in der so genannten Weichsel-Aktion ab 1947 ostpolnische Ukrainer zu verfolgen, die noch in den polnisch gebliebenen Teilen lebten. Auf blutige Massaker, in denen ganze Dorfbevölkerungen umgebracht wurden, folgten Zwangsumsiedlungen. Die meisten der ostpolnischen Ukrainer, die nicht zurück in die sowjetisch gewordenen Gebiete flüchteten, wurden weit nach Westpolen verbracht, in Gegenden, aus denen gerade die deutsche Bevölkerung geflüchtet war. In Regionen, mit denen sie nichts verband.

Bis heute aber ist die Westukraine ein Landstrich, in dem Polen leben, wenn auch jetzt nur noch als Minderheit. Und bis heute fühlen sich zumindest die älteren Polen, die die Zeit vor dem Krieg noch erlebt haben, diesen Gebieten nah und verwandt. Leicht vorstellbar, dass es für die polnische Regierung zunächst nicht ganz einfach war, diesem »neuen eisernen Vorhang« zuzustimmen. Denn es ist ein zumindest kulturgeschichtlich zusammengehörendes Land, das hier jetzt von der neuen EU-Außengrenze voneinander getrennt wird.

Das geschieht in einer Situation, in der die Bevölkerung dieser Grenzregion gerade wieder begonnen hat, zueinander zu finden. Überall seit der Öffnung der sowjetischen Grenzen 1991 sind Basare und kleine Märkte entstanden.

So weit entfernt und russisch die Westukraine uns Westeuropäern heute erscheinen mag, sie ist Teil des alten Europas. Die Menschen, die hier leben, setzen denn auch große Hoffnungen in den polnischen EU-Beitritt, Hoffnungen auf Polen, ihren Nachbarn, der sie mitziehen möge, Richtung Westen, Richtung EU. Eine Hoffnung, die allerdings in krassem Gegensatz zur aktuellen politischen Entwicklung steht. Sosehr und so gerne polnische Politiker ihre Nähe zur Ukraine bei offiziellen Anlässen immer wieder betonen: Mit Polens EU-Beitritt und der Aufrüstung der neuen EU-Außengrenze wird die Ukraine de facto und psychologisch wohl ein deutliches Stück weiter wegrücken von Polen, und damit von Europa.

Die Kreissäge heult ununterbrochen weiter, während er das erklärt. Ich weiß bis heute nicht, wie Michal, der Tonmann, es geschafft hat, dass man das Interview hinterher tatsächlich verwenden konnte. Aber es ging. Und auch der gesamte Baum ist jetzt tatsächlich zersägt. Die Männer waren schneller, als ich dachte. Und jetzt wollen sie mit dem Boot flussabwärts, um weitere solche »natürlichen Brücken« zu beseitigen. Für uns haben sie ein Extra-Boot besorgt, von dem aus Janek die Aktion drehen soll. »Sehen Sie, da sind sie schon«, zeigt Josef zufrieden auf ein kleines Motorboot, das, von einem Jeep gezogen, jetzt auf einem Anhänger am Ufer über uns auftaucht. Für Fritz Pleitgen und mich gibt es schreiend orange Schwimmwesten, die zu tragen ich ausgesprochen albern finde. Zumal unser Boot sehr stabil wirkt. Mein leiser Protest aber fruchtet nichts. »Der Bug sieht nur auf den ersten Blick so friedlich und still aus. Tatsächlich ist er ein gefährlicher Fluss, einer der wildesten Europas.«

Josef wirft uns die Westen zu. Komplett unreguliert sei der Fluss hier, deshalb verändere sich die Uferböschung auch ständig. »Unter der Wasseroberfläche sind überall Strudel und es gibt an vielen Stellen eine so starke Strömung, dass ein normal gebauter Mann es nicht schafft durchzuschwimmen.« Ich blicke auf den circa 30 Meter breiten, träge und sumpfig vor sich hin fließenden Strom und glaube kein Wort. Aber Josef besteht auf den Schwimmwesten. »Das Motorboot, das heute für Ihren Kameramann da ist, das benutzen wir normalerweise dazu, hier die Wasserleichen aus dem Bug zu fischen.« Er sage das nur für den Fall, dass wir ihm immer noch nicht vertrauen. Das galt mir.

»Das Boot wirbelt jetzt den Flussuntergrund auf, der Bug ist ja nicht sehr tief hier«, ruft uns Josefs Kollege vom Motorboot aus zu, »und wenn da jetzt eine Leiche unten auf dem Grund liegt, dann wird sie hochgewirbelt und wir können sie rausfischen. Routine.« Wir legen die Schwimmwesten an, Josef grinst zufrieden. »Das ist wirklich so, es passiert immer wieder, jeden Sommer. Meist sind es Angler, die an der steilen Böschung abrutschen, aber eben immer wieder auch Flüchtlinge. Oft haben sie Landkarten dabei, polnische und deutsche, richtig professionell läuft das und gesteuert wird das von Leuten in der Ukraine.« Damit meine er jetzt nicht die Kollegen vom ukrainischen Grenzschutz, so weit wolle er nicht gehen. »Aber das müssen Profis sein auf der anderen Seite, die die Flüchtlinge hier kurz vorm Fluss absetzen und sie dann sich selbst überlassen.«

Ihr Problem sei, dass die ukrainische Seite wenig Interesse daran habe, sich um die im Fluss ertrunkenen Flüchtlinge zu kümmern. »Wir müssen denen immer beweisen, dass die von ihrer Seite gekommen sind. Da gehen wir dann oft stundenlang den Fluss ab, gemeinsam mit unseren Grenzschützern, um die Spuren zu suchen.«

Lästig sei das. Und oft fänden sie natürlich auch Leichen, die man nicht mehr so eindeutig als Flüchtlinge identifizieren könne. Halb verweste Körper ohne Papiere seien die schwierigsten Fälle. »Wir fahnden dann immer erst einmal in Polen. Ob der Mensch von hier sein könnte. Wenn sich dann eine bestimmte Zeit lang keiner meldet, dann wenden wir uns an die Ukrainer. Aber meist kommt von da nicht viel zurück.« Erst letzten Monat hätten sie einen solchen Fall gehabt. Am Ende hätten sie die Leiche dann eben auf einem Friedhof in ihrem Dorf beerdigt. Irgendwo hätte man mit ihr ja hingemusst. »Und dann, eine Woche später, kam plötzlich ein Anruf von drüben, dass sie doch einen Angler in der Ukraine vermissen. Da konnten wir ihn dann wieder exhumieren.«

Wir fahren los. Fritz Pleitgen und ich brav in unsere orangefarbenen Schwimmwesten gehüllt, die nicht nur jede Bewegung erschweren, sondern bei der Hitze – es sind fast 35 Grad im Schatten – die anstehende Tour zur Strapaze werden lassen. Josef fährt ohne Schwimmweste, was mich zusätzlich erbittert. Aber er meint, er dürfe das, denn er habe eine Zusatzausbildung als Rettungsschwimmer. Ich habe es längst aufgegeben, mich gegen seine freundliche Bestimmtheit aufzulehnen.

Josef und sein Kollege Jerzy, der mit uns auf dem Boot fährt, greifen zum Paddel und langsam geht es los, genauso langsam und träge, wie der Bug hier fließt. Die Landschaft links und rechts des Flusses ist die schönste und interessanteste, die ich bis jetzt entlang des Bugs gesehen habe. Die Uferkanten wölben sich immer steiler über uns, das dichte Grün links und rechts wird immer wilder, immer mehr zum Dickicht. Enge Kurven zieht der Bug hier, in die Josef das Boot elegant hineinfädelt. Alle paar Meter hängen die Bäume vom Ufer tief in den Flusslauf hinein. Abgebrochene Äste und allerlei anderes Gestrüpp haben sich in ihnen verfangen und so bilden sich immer wieder kleine Halbinseln, die wir vorsichtig umfahren müssen.

Es ist ganz still jetzt, nur das Geräusch der eintauchenden Paddel und ein paar Frösche sind zu hören. Zufrieden lehne ich mich zurück und denke, es könnten auch die Swamps, die Sümpfe bei New Orleans sein. Genauso heiß ist es auch. Und außerdem sind wir endlich wieder in Polen. Nach fast zwei Wochen Ukraine fühle ich mich – trotz Schwimmweste – endlich wieder als Herrin der Lage. Ich brauche keine Übersetzer mehr für die Interviews, die Menschen sprechen wieder polnisch. Ich kann direkt mit ihnen sprechen und merke erst jetzt, wie viel Kraft das Durcheinander aus Russisch, Ukrainisch und Polnisch vorher gekostet hatte. Fritz Pleitgen war schon bei unserer Einreise nach Polen leicht befremdet über meine Erleichterung und die des Teams, endlich wieder zu Hause zu sein, überhaupt über meinen polnischen Patriotismus. Sooft ich ihm zeigte, wie viel besser die Straßen hier doch wieder seien, wie viel unbefangener die Menschen, sooft erhielt ich dazu nur ironische Kommentare. »So chauvinistisch kenne ich Sie ja gar nicht«, war eine der milderen Bemerkungen. Aber mir war das egal. Ich genoss es, meine polnische Probeidentität, die ich mir seit drei Jahren mühsam angeeignet hatte, zu zelebrieren. Und zwar richtig. Endlich wieder zu Hause.

In der nächsten Biegung beginnen wir unser Interview, denn jetzt ist der Bug wieder etwas breiter und weniger verwildert, und Josef muss nicht mehr so genau auf die Hindernisse achten wie zuvor.

Fritz Pleitgen will als Erstes ganz genau wissen, wo denn nun eigentlich die Grenze verläuft. »Die Staatsgrenze verläuft mitten durch den Fluss. Immer und überall. Und zwar genau in der Mitte der Strömung, das Ufer zählt nicht. Sondern nur die Mitte der Strömung.« Josef zeigt auf das Wasser, während er das Paddel schleifen lässt. »Da der Bug aber unreguliert ist, sich also jedes Jahr seinen Weg durchs Land ein bisschen anders bahnt, ist auch die Grenze jedes Jahr ein bisschen anders. So steht es in den Verträgen.« Letztes Jahr sei, etwas oberhalb der Stelle, an der wir jetzt seien, ein großes Stück polnisches Uferland abgebrochen und damit habe Polen fast zehn Hektar Land verloren. Josef ist darüber aufrichtig empört. Man muss schon Pole sein, um sich wegen ein paar Hektar Land so aufzuregen. Oder ein Mann, denke ich, als ich sehe, wie Fritz Pleitgen sich ganz genau notiert, wie viel Hektar es gewesen sind. Und wo. Und auch noch mal genau nachfragt, wie das denn sein könne. Jetzt gibt Josef zu, dass auch die Polen ab und zu profitieren von diesen unklaren Wegen, die sich der Fluss von Jahr zu Jahr bahnt. Fritz Pleitgen hört aufmerksam zu und notiert alles ganz genau in sein Notizbuch.

Josef paddelt uns gerade an empörten Anglern vorbei, denen wir den Fang für den Rest des Tages verdorben hatten und die uns deshalb hinterherfluchen. Ich muss unwillkürlich daran denken, wie sie sich wohl als Wasserleichen machen würden.

»Hallo, Sie da, das geht nicht, was Sie da machen!« Dieser Ruf kommt von der polnischen Uferseite. Zwei grün uniformierte Männer auf einem kleinen Motorrad winken uns aufgeregt zu. Zweifelsfrei Grenzschützer.»Bitte fahren Sie nicht so weit auf die ukrainische Seite!« Freundlich rufen sie das, eine gewisse Sorge klingt allerdings auch mit. »Lassen Sie das bitte! Durch die Mitte des Flusses verläuft die Staatsgrenze!« »Und wenn wir trotzdem rüberfahren?«, rufe ich zurück, denn ich fühle mich sicher, schließlich haben wir ja Josef an unserer Seite und die Schwimmwesten an. »Sie sind schon so gut wie in der Ukraine. Das ist eine Grenzüberschreitung und dann kann Sie die ukrainische Seite festnehmen und über den Grenzübergang unten im Süden wieder nach Polen schicken.« Ich blicke Josef an, der wieder zurück in die Mitte paddelt. Sonderlich beeindruckt ist er nicht. »Ach, so schnell merken die das doch gar nicht. Die sitzen da in ihrer Bude auf der anderen Seite, fast einen halben Kilometer vom Fluss entfernt, und haben andere Sorgen.«

Ob ihnen das schon einmal passiert sei, dass die ukrainischen Grenzer sie festgenommen hätten? Josef grinst und zeigt auf eine himmelblaue, von der Nachmittagssonne hell angestrahlte Kapelle auf ukrainischer Seite. »Die wollten wir uns mal ansehen, vor einiger Zeit. Wir hatten einen mutigen Tag. Und dabei haben sie uns leider erwischt.« Aufnehmen sollen wir das aber nicht und im Film auch nicht erzählen, sonst gebe es Ärger mit ihren Vorgesetzten. Und wie das Ganze ausgegangen ist, wollen sie auch nicht erzählen. Josefs Kumpel Jerzy, der neben ihm sitzt und bis jetzt eher schweigsam war, ein rundlicher untersetzter Mittfünfziger mit Halbglatze, fängt stattdessen laut an zu lachen und zwinkert uns viel sagend zu. Natürlich seien sie nie in der Kapelle gewesen ... Ich verstehe. Die beiden haben sicher öfter Ärger mit ihren Vorgesetzten, denke ich. Kein Wunder, wenn sie wochenlang alleine hier draußen sind.

Als wir abends zu unserem Ausgangspunkt zurückkommen, hat es sich der zurückgebliebene Teil der Truppe bereits gemütlich gemacht. Der knallrote Feuerwehrwagen sieht jetzt noch mehr nach Spielzeugauto aus als am Vormittag. Ein Campingzelt haben sie um ihn herumgebaut und darunter wird gekocht. Auch für uns. Mehr als vier Stunden waren wir unterwegs, und deshalb sei das Gemüse schon ein bisschen welk geworden, meinen sie leicht vorwurfsvoll, um gleich anschließend in lautes Gelächter auszubrechen. Ich wundere mich, dass trotz unserer massiven Inanspruchnahme immer noch allseits beste Laune herrscht. Diese Truppe tut ihren Dienst ganz offenbar gerne und freiwillig. Und wenn Dienst heißt, mit einem deutschen Fernsehteam stundenlang sinnlos durch die Gegend zu fahren, dann macht sie auch das mit Begeisterung. Dass wir zum Abschluss aber auch noch bekocht werden, das allerdings haben wir nicht erwartet. Und wir sind nicht die einzigen Gäste heute Abend, die beiden motorisierten Grenzschützer, die uns eben noch vor unserer drohenden Verhaftung bewahrt hatten, sind auch schon da. Man kennt sich. Natürlich. So viele Menschen gibt es nicht am Bug. Und hier in der Nähe der Grenze schon gar nicht.

»Ohne die Grenzschützer dürfen wir nichts auf dem Fluss unternehmen. Wir bewegen uns da ja praktisch direkt auf der Grenzlinie.« Zwei jüngere Männer der Kompanie haben auf einem kleinen Campingtisch eine unglaubliche Menge Gemüse geschnippelt, die sie jetzt in einen großen gusseisernen Topf schütten. Sichtlich stolz auf ihr Werk sind sie, das uns als Pieczonka vorgestellt wird. »Das ist ein traditioneller Eintopf hier im Osten. Und die Spezialität unserer Truppe. Wir machen das schon seit Generationen, wenn wir hier draußen sind.«

Denn wenn sie Dienst haben, dann immer 24 Stunden am Stück. Und Restaurants gibt's hier draußen eben nicht. »Da ist alles drin, was hier so wächst. Kohl, Zwiebeln, Kartoffeln, Möhren, Dill, Petersilie, Tomaten, Sellerie, Paprika. Das Gemüse holen wir uns von den Bauern. Und ein bisschen Speck muss natürlich auch noch dazu. Damit es auch allen richtig schmeckt.« Als ich, völlig überrascht von so viel männlicher Kochkunst, frage, ob denn ihre Frauen ihnen nicht etwas von zu Hause mitgeben würden, erklärt mir einer der beiden Jungs, während er den gusseisernen Topf zum Feuer schleppt, dass das doch der eigentliche Spaß sei an diesem Einsatz. Dass sie sich abends bekochen und dann gemütlich zusammensitzen.

Wie nett, denke ich, emanzipierte junge Polen, die kochen können. So oft gab es das nicht. Und attraktiv war er eigentlich auch. Der Topf steht auf dem Feuer, fest verschnürt, und der Junge erzählt weiter. »Die Frauen können ja nicht mal halb so gut kochen wie wir. Die können ruhig zu Hause bleiben, wenn wir hier draußen sind.« Man sei ganz froh, mal unter sich zu sein, und ob ich denn davon noch nichts gehört habe, dass Männer ganz generell die besseren Köche seien. Nun gut. So attraktiv war er eigentlich auch nicht. Manchmal möchte man sich eben gerne irren.

Die Grenzschützer haben es sich in den für sie etwas zu engen Campingstühlchen gemütlich gemacht und erzählen uns, was sich an der Grenze in Hinblick auf den EU-Beitritt alles schon verändert hat. Auch wenn das hier alles noch wild und nach grüner Grenze aussehe, dürften wir nicht glauben, dass das überall so sei. Ganz hier in der Nähe sei einer der größten und modernsten Grenzübergänge Europas gerade fertig gestellt worden. Dorohusk, buchstabieren sie stolz. Und mir fällt ein, dass ich dort vor einem

Jahr schon einmal war. Denn kurz vor Dorohusk wohnt Sofia. Die alte Frau, über die ich an jenem Sommermorgen vor einem Jahr fürs »ARD-Morgenmagazin« berichtete, als ich beschloss, die Gegend hinter dem Bug einmal genauer zu erkunden. Sofia hat ihr Haus direkt am Flussufer, was selten ist, da der Fluss unberechenbar ist und die Grundstücke, die direkt an ihn grenzen, sehr gefährdet sind.

Sofia wohnt so weit östlich in Polen, wie man nur kann. Und deshalb endete dort die Reise. In der Sendung damals war der Bürgermeister von Dorohusk zu Besuch und erzählte von seinen Erfolgen in der kleinen Gemeinde. Er hatte es nämlich als einer der ersten Bürgermeister der Gegend verstanden, aus Brüssel viele Millionen Zloty für seine Gemeinde zu beantragen, um einen den EU-Standards entsprechenden Grenzübergang zu bauen. Ein riesiges Unternehmen, das die Grenze zumindest an dieser Stelle für Schmuggler fast unüberwindbar macht.

Zumindest für die kleinen, die »Mrowkis«, die Ameisen, wie man sie hier nennt. Als Mrowkis bezeichnen die Polen jene Menschen, die täglich mehrfach die Grenze überqueren, Spiritus oder Zigaretten unter dem Hemd oder unter der Motorhaube versteckt haben, um mit den paar Zlotys, die sie daran verdienen, ihre Familien zu unterhalten. Am Dorohusker Übergang werden sie in Zukunft scheitern. Es sei denn, die polnischen Grenzschützer drücken ein Auge zu, was offiziell nicht vorkommt, wovon man aber immer wieder mal hört, wenn man sich hier länger aufhält. Denn die meisten dieser Mrowkis sind keine Kriminellen oder Gangster. Die meisten sind junge Ehepaare oder alte Frauen vom Land, die auf diese Art und Weise versuchen, sich irgendwie durchzuschlagen.

Das Schmuggelgut wechselt übrigens von Saison zu Saison. War letztes Jahr noch unverdünnter Spiritus der Renner, den die Babcias, die Omas, unter ihren weiten Röcken in Plastiksäckchen versteckten, so sind es in letzter Zeit vor allem Zigaretten, die sich für die Ameisen lohnen. Billig in der Ukraine hergestellte Westmarken, an denen pro Stange bis zu 10 Dollar verdient werden kann. In der Ukraine mehr als ein durchschnittliches Monatsgehalt. Kein Wunder also, dass sie es immer wieder versuchen, egal, wie oft sie zurückgeschickt werden. Wer einmal im Monat durchkommt, hat gewonnen.

Es ist dunkel geworden und plötzlich kühler. Der Eintopf war großartig. Männer sind die besseren Köche. Geschenkt. Nach dem heißen Tag in der albernen Schwimmweste, die ich besser auf dem Kopf getragen hätte, statt am Körper – denn das einzig Gefährliche an diesem heutigen Tag war eindeutig die Sonne –, interessiert mich nur noch eins: Wie das für Josef und überhaupt für die Polen in seiner Truppe hier sein muss, wenn sie tagtäglich am Bug langpaddeln, wohl wissend, dass das da drüben doch alles mal ihr Land war. Ob sie das heute noch so empfinden?

Ganz wohl ist ihnen bei der Frage nicht. Den ganzen Tag über hatte ich es immer mal wieder versucht. Aber als Antwort kam immer nur, zu Politik äußere man sich nicht als Feuerwehrmann.

Ich wolle es ja auch nur ganz persönlich wissen, versuche ich es jetzt noch einmal. Und da ging es plötzlich, die Angst, für Revanchisten gehalten zu werden, war plötzlich gewichen, vielleicht weil die Kamera in sicherer Entfernung im Auto lag. »Ja sicher denkt man darüber nach. Immer mal wieder. Vor allem dann, wenn auf der ukrainischen Seite ältere Menschen stehen und uns zuwinken. Dann fahren wir schon mal näher ran. Meist sprechen sie dann ein ganz wunderschönes Polnisch und das ist ja auch kein Wunder, denn das sind Polen, da drüben leben ja noch ganz viele Polen, die es damals nicht mehr herübergeschafft haben. Oder nicht wollten. Viele hatten ukrainische Männer oder Frauen, und dachten, sie seien da drüben sicherer. Oder es werde ihnen dort besser gehen. Im Nachhinein ärgern sie sich wohl schwarz.«

Denn heute, fügt er hinzu, bekommen die Polen, die drüben in der Ukraine geblieben sind, keinen polnischen Pass mehr. Sie seien heute die wahren Verlierer der Geschichte. Und er hat Recht. Anders als die deutsche Minderheit, die bis heute mit deutschen Pässen in Polen lebt und mit dieser Doppelstaatsbürgerschaft deutlich privilegiert ist, war das für die Polen, die in ihren Ostgebieten geblieben waren, nach den Zwangsumsiedlungen in den 50er-Jahren nicht mehr so leicht möglich. Josef zuckt mit den Achseln: »Viele dieser Älteren, mit denen wir da manchmal sprechen, wür-

ukrainischer Grenzbeamter auf Streife am Fluss

Team zu Besuch beim ukrainischen Grenzposten in Pisotschne (von links): Michal Pastwa, ...ek Budzowski und Juri Durkot

An der Grenze auf polnischer Seite in Dorohusk

Ausflug mit der Feuerwehr - eine Bootsfahrt auf dem Bug

r Bug als Grenzfluss bei Hrubieszow

nnenaufgang mit echtem Morgennebel ...

Sara Omelinska

Esther Raab

... er Novize von Jableczna – der schüchterne Pawel ...

... und Vater Abraham, der ehemalige britische Banker

Vater Gregor, der jahrelang allein im Kloster von Jableczna lebte

Jewgenij Wladimirowitsch, der auf weißrussischer Seite den deutschen Angriff auf Russland erlebte

tz Pleitgen im Gespräch mit Heinz Werner Hübner an der Eisenbahnbrücke vor Brest
nette Dittert mit Kameramann Janek Budzowski auf Motivsuche

Orthodoxe Pilger bei der Flussüberquerung auf dem Weg nach Grabarka

In Erwartung der heiligen Nacht – die Gruppe kurz vor dem Ziel

den auch heute noch gerne zurück zu uns nach Polen, aber so einfach geht das nicht mehr. Und sie haben ja auch Kinder und Enkel in der Ukraine, die sich dort zu Hause fühlen. Und deshalb bleiben die meisten jetzt schweren Herzens einfach drüben.«

Nur manchmal winken sie dann vom anderen Ufer des Bugs, wie Alina, die Freundin von Sofia, mit der Sehnsucht, einmal wieder ihre Muttersprache zu sprechen. Es ist ein seltsames Land, dieses zerrissene Land am Bug.

Ob sie selbst schon mal drüben waren in der letzten Zeit? »Nein danke, da gibt es doch nichts mehr zu sehen, da ist doch nichts, nur Plattenbauten, kaputte Kolchosen, und unsere Kirchen, die sie zerstört haben.« Josef ist jäh aus seiner Verdauungsmüdigkeit erwacht und wirft fast den kleinen Campingklappstuhl um, in den auch er sich nur mühsam gequetscht hatte. »Einmal war ich da, in einem kleinen Dorf, in den 90er-Jahren war das. Und da hatten sie doch tatsächlich aus der katholischen Kirche ein Café und einen Lebensmittelladen gemacht.« Als er merkt, dass er laut geworden ist, holt ihn die Political Correctness und ein Rest an Solidarität mit den Brüdern und Schwestern jenseits des Bugs sofort wieder ein. »Aber heute, seit der Kommunismus endgültig vorbei ist, haben sie die Kirche wieder renoviert und auch der Pfarrer ist wieder da, aus dem Untergrund zurück.« Die hätten eben einfach die schwerere Last abbekommen, die Ukrainer nach dem Krieg. In Polen seien die Sowjets ja nicht weit gekommen. »Hier gab es doch so gut wie keine Kolchosen. Unsere Bauern haben das nie mitgemacht. Aber da drüben, die hatten keine Chance, die mussten. Und heute haben sie den Salat. Die Kolchosen sind kaputt, die Maschinen verschwunden und einzeln kriegen sie nichts auf die Reihe, weil sie keine Struktur dafür haben und ihnen das Geld fehlt. Lemberg lohnt vielleicht eine Reise, aber sonst?«

Josef beginnt den kleinen Campingtisch abzuräumen, auf dem sich Berge von Plastiktellern türmen. Warum sie denn sonst dorthin fahren sollten, fragen uns auch die anderen noch einmal. Ich lehne mich zurück an ihr feuerrotes Löschauto und denke, dass ich es ihnen erklären könnte. Ich könnte ihnen erzählen, wie schön es da drüben ist. Wie dunkelgrün und einsam die Landschaft ist, wie fruchtbar die Böden sind, dass lauter wilde Blumen auf den Feldern wachsen, die nicht bestellt werden, weil die Traktoren fort sind und es fast keine Autos mehr in den Dörfern gibt. Dass die Menschen in alten verblichenen Holzhäusern leben und sich ihr Wasser aus Brunnen holen. Dass es, zumindest wenn man dort nicht leben muss, ein wunderschönes Land ist, da drüben jenseits des Bugs. Aber ich lasse es, weil es zynisch wäre, wenn ausgerechnet ich ihnen das erzählen würde. Eine reiche Deutsche mit der Sehnsucht nach unberührter Natur. Außerdem wusste ich es besser. Seit der Geschichte mit Natalja.

Es war eine Reportageidee, die Geschichte mit Natalja, die sich an einer einfachen Frage entzündet hatte. Die Polen putzen in Deutschland. Aber wer putzt eigentlich in Polen? Keine Polen, das wusste ich, seit ich in Warschau vergeblich nach einer polnischen Putzfrau gesucht hatte. Die waren schließlich alle in Deutschland. Die Antwort war einfach. Hier in Polen putzen die Ukrainerinnen. Und das meistens genauso schwarz wie die meisten Polinnen in Deutschland. Meine Putzfrau stammt auch aus der Gegend jenseits des Bugs. Ola. Eine tapfere, kleine blonde Frau, die aussieht wie ein Schulmädchen, aber längst Mann und Sohn hat. Der Mann renoviert in der Toskana Villen für zivilisationsmüde, meist deutsche Alt-68er, ihr Sohn lebt mit der Großmutter am Bug und sieht seine Mutter alle paar Monate, den Vater höchstens einmal im Jahr. Ein typisches Schicksal. Mehr als eine Million Ukrainer, schätzt die polnische Polizei, erarbeiten sich so ihren Lebensunterhalt in Polen mangels Alternativen im eigenen Land.

Natalja also. Natalja lernte ich kennen, nachdem Magda sie für mich gefunden hatte. Es war einer dieser Aufträge, von denen ein Producer liebend gerne verschont bliebe, egal wie viel Geld er dabei verdienen kann. Ola, meine ukrainische Putzfrau, hatte mir den Tipp gegeben. In Warschau und in Lublin, hatte sie mir erzählt, gebe es richtige Märkte, wo sich die Ukrainer, die keinen festen Job irgendwo in Polen haben, einfach auf die Straße stellen und warten, bis ein Pole kommt und sie für einen Tagesjob mitnimmt. Dass auf diesen Märkten natürlich auch noch so ganz nebenbei die mitgebrachten Schmuggelwaren, Wodka oder Zigaretten, verkauft werden, war klar. Damit war aber auch klar, dass es nicht ganz einfach sein würde, irgendeinen Ukrainer zu finden, der mitmachen würde. Zumal das Misstrauen der Menschen in Polen proportional anwächst, je weiter man Richtung Osten kommt. Wir entschieden uns, unser Glück in Lublin zu versuchen, da die Polizei diese Märkte in Warschau vermutlich noch stärker kontrollieren würde als in den kleinen Städten. Und »wir« hieß in dem Fall, dass Magda, die Producerin, vorfahren würde, um alles vorzubereiten. Das ist der manchmal wirklich nicht zu beneidende Job eines Producers. Nach 10 Tagen, vielen Telefonaten und noch mehr Flüchen kam dann ihr Anruf, sie habe jetzt, »kurva«, in dem verdammten Lublin endlich, »kurva«, jemanden gefunden. »Kurva« ist das polnische »fuck« und wird auch genauso eingesetzt. Magda durfte das jetzt sagen, auch mehrfach, denn sie hatte es tatsächlich geschafft, eine ukrainische Schwarzarbeiterin zu überreden, sich von uns porträtieren zu lassen. Und das war Natalja.

Als ich ihr das erste Mal begegne, an ihrer Stelle des »Sklavenmarktes«, einem Stück Bürgersteig hinter dem Lubliner Busbahnhof, steht sie dort ganz allein zwischen anderen, uns misstrauisch musternden Gestalten. Eine kleine, zierliche, erschreckend blasse Frau mit großen braunen Mädchenaugen, die hier überhaupt nicht hinpasst und außerdem erkennbar friert. Trotz einer dicken dunkelblauen Wollmütze, die sie tief ins Gesicht gezogen hat. Sie zündet sich eine Zigarette an, als sie uns sieht, denn sie ist nervös. Die restlichen Ukrainer, die hier mit ihr stehen, Tag für Tag, haben ihr ganz offenbar bereits Ärger gemacht. Wie sie denn ein Fernsehteam hierhin holen könne? Ob sie völlig verrückt geworden sei? Und ob sie dafür Geld bekomme? Das könne sie dann nämlich gleich an sie weiterreichen, wenn sie sich hier noch mal blicken lassen wolle. So oder so ähnlich müssen die Dialoge gewesen sein, kurz bevor wir kamen, denn die Spannung hängt noch spürbar in der Luft.

Also weg hier. In der tristen Bude gegenüber, in der es außer Bier und Cola nur noch bleiche Würste und Salzstangen zu kaufen gibt, lächelt sie vorsichtig. Nein, trinken will sie nichts. Oder doch, einen Tee. Es gibt kaum etwas Deprimierenderes als solche Buden in polnischen Kleinstädten. Wenn man bedient wird und Tee bekommt, hat man Glück. Meist sind sie voll mit grölenden, wollmützentragenden Säufern oder es ist überhaupt niemand da. Dafür hört man dann den Fernseher im Hintergrund. Wir hatten eine Bude erwischt, in der niemand war. Die rote Plastikchrysantheme, die aus einer vergleichbar geschmacklosen Vase in etwa derselben Farbe hing, hatte etwas Aggressives.

Natalja erzählt leise und raucht dabei, mit kleinen hektischen Zügen. Dass ihre kleine Tochter in der Ukraine bei ihrer Mutter lebt, sie selbst dort einfach keine Arbeit finden konnte. Eigentlich habe sie Schneiderin gelernt. Aber die Fabriken ringsum seien alle dichtgemacht worden. »Nichts gibt es da mehr, nichts, gar nichts. Kein Geld, keine Perspektiven, nichts.«

Unser Tee kommt in dampfenden Plastikbechern und schmeckt so scheußlich, wie er aussieht. Natalja stört das nicht, sie nippt einmal daran und erzählt weiter. Dass ihre Mutter Angst habe, sie würde hier als Prostituierte arbeiten. Tue sie aber nicht. Sie nehme nur Jobs, auf denen Sergej, ihr Mann, sie begleite. Pro Tag verdiene sie, wenn es hochkommt, 20 Zloty, das sind umgerechnet circa fünf Euro. Und oft stünden sie den ganzen Tag hinterm Busbahnhof und niemand komme vorbei. »Dann zahle ich noch drauf. Denn für das Zimmer, das Sergej und ich uns teilen, das noch nicht mal eine Heizung hat, zahlen wir pro Nacht schon 10 Zloty.« Das Einzige, was den ganzen Aufwand noch lohne, seien die Zigaretten, die sie rüberschmuggelten und am Bahnhof loswürden. Daran könne man knapp 10 Dollar, zirka 40 Zloty, pro Stange verdienen. Wenn sie einen an der Grenze nicht erwischten.

Vier Tage haben wir Natalja begleitet. Zu ihren Jobs können wir zunächst nicht mitfahren, da die meisten Polen Angst haben, dabei gefilmt zu werden, wie sie Schwarzarbeiter beschäftigen. Auch verständlich. Erst als Pani Wanda kommt, geht es plötzlich. Denn bei Pani Wanda, einer alten ungepflegten Witwe, die sich von ihrem Sohn vorfahren lässt, ist die Geldgier noch ausgeprägter als die Angst vor der Polizei. Und als wir ihr ein Gesprächshonorar anbieten, greift sie kurz entschlossen zu. Ein Zimmer sollen Natalja und Sergej in ihrem Haus streichen. Die Farbe, die sie ihnen dafür in die Hand drückt, ist alt und lässt sich nicht gleichmäßig auftragen.

Aber das ist ihr völlig egal. Das Zimmer wolle sie ohnehin nur an Ukrainer vermieten. Sie steht da in abgeschabten Moonboots und einem überdimensional großen Wolltuch, das sie sich um die Schultern geworfen hat, um einen Hauch von Dame in ihre Erscheinung zu bringen, und beginnt Natalja und Sergej, die auf einer klapprigen Leiter mühsam die alte Farbe an die Decke klatschen, kurze Befehle im Kommandoton zuzurufen. In den kurzen Pausen dazwischen dreht sie sich zu uns und der Kamera und beginnt zu klagen. Laut und ausführlich. Dass man in Polen ja gar keine anständigen Arbeiter mehr bekomme. Die Polen seien sich ja zu fein für solche Arbeiten. »Die arbeiten lieber für das doppelte Geld bei euch in Deutschland. Und wir haben deshalb hier nur noch Ausländer.« Sicher fühle sie sich damit nicht.

Und so ging das den ganzen Nachmittag. Ich weiß nicht wirklich, wie sich Polen fühlen, die in Deutschland arbeiten, aber das hier war scheußlich. Natalja, die ja alles genau verstand, sah möglichst zum Fenster hinaus, das sie hingebungsvoll putzte, nachdem sie die Malerei aufgegeben und Sergej überlassen hatte, der die Situation mit einem zynischen Lächeln und Kettenrauchen zu überstehen versuchte. Es war demütigend, rassistisch und am liebsten wäre ich einfach gegangen. Stattdessen befragte ich Pani Wanda weiter, bis sie all das noch einmal so deutlich wiederholt hatte, dass kein Zweifel mehr an ihren Aussagen bestehen konnte. Als sie anfing, um ihr Gesprächshonorar zu feilschen, ließ ich sie allerdings stehen und überließ Magda den Rest.

Natürlich sei das nicht immer so, beruhigt Natalja uns hinterher, als wir im Auto sitzen, aber ich könne ihr glauben, diese Herablassung spüre sie schon oft bei den Polen. »Für manche von denen sind wir einfach nur Diebe oder Menschen zweiter Klasse.«

Wir setzen sie und Sergej vor ihrer Pension ab, aber mit hineinkommen wollen wir nicht mehr. Nicht noch so eine Vermieterin, heute nicht mehr.

In den Tagen darauf trafen wir noch eine Menge anderer ukrainischer Schwarzarbeiter. Nachdem wir uns erst einmal in die Szene
hineingearbeitet hatten, ging es leichter. Da war zum Beispiel
Andrzej, ein kleiner stämmiger blonder Mann mit sehr blauen
Augen, der irgendwelche halblegalen Geschäfte am Lubliner Bahnhof machte. Andrzej war eigentlich Pole und fühlte sich auch so. Er
gehörte zur offiziellen polnischen Minderheit und kam aus einem
kleinen Dorf in der Westukraine.

Aber da er wie alle Polen, die dort geblieben waren, keine Aussicht mehr hat, in der jetzigen Zeit in Polen noch anerkannt zu werden, einen polnischen Pass zu bekommen, arbeitete er illegal hier.
Jobbte ein bisschen hier, betrog ein bisschen dort. Aus Rache an
der Ungerechtigkeit der Welt, die ihn und seine Eltern als Teil der
polnischen Minderheit in der Ukraine getroffen habe. Wenn seine
Eltern umgezogen wären nach Polen, damals direkt nach dem
Krieg, als das noch ging, dann hätte er jetzt ein prima Leben und
könnte ganz normal und legal hier sein. Womit er Recht hatte.

Das Problem war nur, dass er offenbar ständig Dinge tat, für die
er auch als Pole hier im Knast gelandet wäre. Jedenfalls wenn man
seinen Geschichten nach dem dritten Bier glaubte. Manchmal
erklärte er auch, er müsse hier leben, weil sein Kind krank sei,
Leukämie, und er sonst die Krankenhauskosten nicht bezahlen
könne. Eine rührende Geschichte, die vielleicht auch stimmte.
Aber die Dollarzeichen in seinen Augen waren eben auch da. Und
die ständig betrunkenen, viel zu jungen Mädchen, die er im
Schlepptau hatte. Einer dieser Fälle, in denen – wie so oft in Grenz-
situationen – der Grat zwischen Sympathie, Mitgefühl und tiefem
Misstrauen besonders schmal war. Bei Andrzej entschied ich mich
für einen Mittelweg. Er tat mir Leid, aber ich glaubte ihm nicht.
Und deshalb haben wir seine Geschichte irgendwann nicht mehr
weiter verfolgt.

Stattdessen trafen wir Marysza mit ihrer Freundin Tatjana. Marysza
war der Platzhirsch am »Sklavenmarkt«, die Spirituskönigin. Sie
machte das schon seit 15 Jahren. Eine dicke, fröhliche Mama im Pelz-
mantel, mit viel zu blondem Haar und viel zu blauem Lidschatten.
Sie lebte hauptsächlich vom Wodkaschmuggel. Kam für eine

Woche, bis alles verkauft war, und zog dann mit dem Bus wieder ab. Eine typische »Ameise«, die jeden Zivilbeamten mit Namen kannte und so gar keine Angst vor ihnen hatte. Sie wusste wahrscheinlich eine Menge über sie und hatte deshalb ihre Ruhe. Einen Mann habe sie auch, erzählte sie eines Morgens und zeigte verstohlen kichernd zum Taxistand, auf den zweiten Fahrer in der Reihe.

Als wir zu ihm hingingen, wollte er erst nicht mit uns reden, tat es dann aber doch, nachdem Magda ihn eindringlich angefleht hatte, mit ihrem verzweifelten Tochterblick, der bei älteren Männern fast immer funktionierte. Er hieß Marek und kannte die ukrainische Sippe, wie er sie nannte, schon viele Jahre. Und er mochte sie. Vor allem natürlich Marysza. Sie sei eine gute Frau, erzählte er uns. Und dass er natürlich wisse, dass sie in der Ukraine ganz normal verheiratet sei. Aber der Mann tauge so gar nichts. Ein Säufer, der sich und den Rest der Welt schon längst aufgegeben habe. Wenn Marysza nicht regelmäßig herkäme, dann wäre sie auch bald am Ende. So hielte sie es ganz gut aus. Und er auch. Er grinste und ich habe darauf verzichtet zu fragen, ob er sie bezahlte oder nicht. Wahrscheinlich schon. Aber echte Zuneigung war da auch.

Was denn jetzt eigentlich mit all diesen Menschen passiere in diesem Jahr, wenn die Ukrainer ein Visum bräuchten und so einfach nicht mehr herüberkommen könnten, wollte ich von ihm wissen. »Ach wissen Sie, dann finden die eben einen anderen Weg herzukommen. Und da das Ganze nichts kostet, eine reine Formalie ist, wird sich so viel gar nicht ändern. Warten Sie mal ab.« Außerdem seien die Polen ja auch aufgeschmissen ohne die vielen Schwarzarbeiter, die hier überall mitarbeiteten. »Bei der Ernte, im Sommer müssen sie mal vorbeikommen, da gibt es kaum einen Bauern, der ohne die Ukrainer auskommt, nein, da wird sich nicht viel ändern.« Marek zog seine schwarze Ledermütze auf, klopfte mir auf die Schulter und entschuldigte sich. Ein Kunde stand an seinem Taxi. Als er einstieg, musste ich lachen, trotz der tristen Umgebung.

Es war tatsächlich so. Während die Polen bei uns in Deutschland den Spargel stechen, müssen sie hier von Ukrainern ersetzt werden. It's a strange world, ging mir auf Englisch durch den Kopf.

Am vierten Tag hatte Natalja genug. Wir hatten durch unsere Dauerpräsenz alle Kunden vertrieben und es war deutlich mehr Zivilpolizei unterwegs als vorher.

Sergej wollte ständig mehr Gesprächshonorar und der ganze Film drohte zu platzen, wenn wir den Dreh jetzt nicht schnell zu Ende brächten. Sie wollte zurück und wir mit ihr. Also nahmen wir den ersten Bus, der an diesem Tag Richtung Ukraine fuhr, gemeinsam mit Natalja und Sergej. Es war eine lange Reise, obwohl es nur gut 50 Kilometer waren, denn während der Rückfahrt entlud sich ihre ganze Verzweiflung, der Hass und die Wut auf ihre Situation. Die Demütigungen, die sie täglich erfuhren, das Gefühl, minderwertig zu sein, all das saß eben doch tief. Und die Aussicht darauf, mit Polens EU-Beitritt einmal mehr weiter in den Osten zurückgeschoben zu werden, war für sie nur ein weiterer Baustein in diesem Gebäude der Ungerechtigkeit. »Polen muss uns mitnehmen in die EU, die können uns doch nicht einfach so aussperren. Es wird furchtbar werden bei uns, noch schlimmer, als es schon ist, und ich weiß nicht, was die Leute anstellen, wenn sie nicht mal mehr das kleine Fünkchen Hoffnung haben, irgendwann mal wieder ein Teil von Europa zu sein.«

Ich weiß nicht mehr, wer von den vielen Ukrainern das in dem vollen, überheizten Bus am Ende gesagt hat, aber ich weiß noch, dass Natalja mit ihrer blauen Wollmütze dazu ausdruckslos aus dem Fenster auf die Straße starrte. Es war ein schönes Bild, später im Film.

Josef Marciniak, den Chef der Feuerwehrtruppe, sah ich noch einmal wieder in diesem Sommer am Bug. Zwei Monate nach unserem Bootsausflug mussten wir noch ein paar Bilder nachdrehen, Nebelbilder mit Fluss bei Sonnenaufgang. Er war begeistert, uns wieder zu sehen, und sagte sofort zu, uns erneut behilflich zu sein. Janek, unser Kameramann, hatte dann die Idee mit den Nebelkerzen. Er hätte schon einmal mit einem Team tagelang auf einen solchen Sonnenaufgang mit Nebel gewartet. Und das müsse er nicht noch einmal haben. Ich sollte doch besser mal ein paar Nebelkerzen mitnehmen. Nebelkerzen? Ja, so große professionelle Nebelkerzen, mit denen die Militärs ihre Übungen abhielten. Das sei alles ganz einfach, die würden wir ins Wasser werfen und er drehe das dann, und fertig.

Und so war es dann auch. Die Nebelkerzen landeten im Wasser, verpufften kläglich und fertig. Die Idee war zwar genial, hatte aber praktisch jede Menge Tücken. Das Hauptproblem war, dass man sie gegen den Wind werfen musste, und der kam an dem Tag aus der Ukraine. Das bedeutete, dass Josef und seine Männer sie vom Boot aus aufs gegenüberliegende ukrainische Ufer zu werfen hatten. Was sich als nicht so einfach entpuppte und schon gar nicht legal war. Als die vorletzte Nebelkerze nutzlos im Wasser gelandet war, wurde Janek so wütend, dass Josef mit dem Boot hinüber auf die ukrainische Seite fuhr und die letzte Kerze höchstpersönlich auf verbotenem Gebiet ablegte. In dem Moment hörte der Wind auf. Und der Nebel trieb friedlich Richtung Himmel statt aufs Wasser. Ich habe noch nie so gelacht und noch nie so wenig Verständnis dafür geerntet.

Janek war noch abends schlecht gelaunt, als wir wieder vor dem gleichen leckeren Eintopf am Ufer saßen wie zwei Monate zuvor. Es war kühl geworden, schon fast Herbst, und diesmal erzählte ich ihnen von Natalja und der Ukraine und wie ich das erlebt hatte. Von Lemberg und all den Dörfern entlang der Quelle des Bugs, wo wir unsere Reise begonnen hatten. Es wurde ein langes, intensives Gespräch, an dessen Ende mir klar war, wie viel mehr sie über das Land hinter ihrer Grenze wussten, als ich zunächst gedacht hatte.

Ein kitschiger Mond hing über dem Fluss wie auf einer Fototapete und Josef meinte zum Schluss, am nächsten Morgen werde es bestimmt einen wunderbaren Sonnenaufgang geben. Mit Nebel. Und strich sich dabei genießerisch über den Schnurrbart.

Er sollte Recht behalten. Die Nebelbilder haben wir tatsächlich am nächsten Morgen gedreht. Mit echtem Nebel. Es war ein wunderbarer dunstiger Sonnenaufgang, und dabei gelangen Janek ein paar der schönsten Bilder unserer Reise.

Sobibor
Fritz Pleitgen

Sara Omelinska treffen wir zum Frühstück. Gestern Nacht ist sie aus Israel gekommen. Nach der Ankunft in Warschau war sie gleich zu unserem Hotel in Biala Podlaska, 40 km von der polnischen Grenze entfernt, weitergefahren. Sie hatte sich von Annette Dittert überreden lassen, für unseren Film in ihre Vergangenheit zurückzureisen. Weil sie es allein seelisch nicht geschafft hätte, ist ihr Sohn Yossi mitgekommen. Sara Omelinska hatte als Einzige ihrer damaligen Familie im Zweiten Weltkrieg vor der Ermordung durch die deutschen Nazis fliehen können. Nun sitzt sie uns gegenüber, um Deutschen ihre Schreckensgeschichte zu erzählen. Eine bizarre Situation, die wir anfangs alle spüren, über die wir aber hinweggehen.

Dass sie demnächst 80 Jahre alt wird, ist Sara Omelinska weiß Gott nicht anzusehen. Sie ist eine aparte Erscheinung, wirkt sehr lebendig und besitzt einen warmherzigen Humor. Ihr Sohn, ein Computerfachmann, hält sich zurück. Er achtet lediglich darauf, dass sich seine Mutter nicht übernimmt.

Wir berichten von unserer Reise am Bug entlang – von der Quelle in Werchobusch, von der Hochzeit in Derewlany, von unseren Erlebnissen in Lemberg, von den Begegnungen an der Grenze auf ukrainischer und auf polnischer Seite. Sara Omelinska hört uns aufmerksam zu. Der Bug gehört zu ihrer Kindheit. Nicht weit vom Fluss wurde sie geboren, in Wlodawa. Sie verlebte glückliche Jahre, bis die Deutschen kamen. Gleich neben ihrem Heimatort errichteten die Nazis 1942 das Vernichtungslager Sobibor, in dem sie innerhalb von anderthalb Jahren 250.000 Menschen ermordeten. So weit die nüchterne Rückschau!

Wir wollen in unserem Film dieses Kapitel des Judenmordes erzählen, aber nicht mit Archivbildern, sondern mit Hilfe von

Augenzeugen. Doch es gibt nur noch wenige Überlebende. Annette Dittert findet außer Sara Omelinska auch noch Esther Raab. Sie war beim Aufstand in Sobibor dabei, einem historischen Ereignis, das zum Ende des Vernichtungslagers führte. Wir werden sie morgen Vormittag treffen.

Auf den 80 Kilometern von Biala Podlaska nach Wlodawa haben wir keine Augen für die Landschaft, wir hören die Geschichte von Sara Omelinska. Sie entstammt einer wohlhabenden Familie; jedenfalls für die damaligen Verhältnisse in Ostpolen. Ihr Großvater betrieb eine Getreidemühle, ihr Vater war Teilhaber einer kleinen Ölfabrik. Wie ihre beiden Schwestern wurde Sara von ihren Eltern und auch von den Verwandten verwöhnt. Sie alle lebten in eigenen Häusern rund um die Mühle.

Wlodawa liegt scheinbar im Abseits, fernab von den großen Verkehrswegen. Dennoch wurde das Städtchen wiederholt von den Wechselfällen der Geschichte heimgesucht. 1240 zogen hier die Mongolen durch und machten Wlodawa dem Erdboden gleich. Nach den Mongolen kamen die Litauer. Im Laufe ihrer Zeit entstand eine wehrhafte Grenzfestung. Sie war aber nicht stark genug, um 1648 dem Ansturm der Kosaken zu widerstehen. Wieder versank Wlodawa in Schutt und Asche, erholte sich aber erneut. Mit den polnischen Teilungen wechselten die Herrschaften; mal gehörte der Ort zu Galizien, mal zu Russland. Beständig aber blieb der Zuzug der Juden. 1764 errichteten sie ihre große Synagoge. Mit den orthodoxen und katholischen Nachbarn lebten sie in Frieden, besser als sonst in Polen. 1939, als die gute Zeit für Wlodawa zu Ende ging, waren von 9300 Einwohnern zwei Drittel Juden.

Als der Krieg begann, war Sara 15 Jahre alt. Sie führte Tagebuch. Die Zeit war aufregend und Wlodawa voller Menschen; Flüchtlinge und Soldaten. Bomben fielen, und dann waren die Deutschen da. Die Familie hatte sich während des Angriffs im Keller versteckt. Als sie herauskam, sahen sie die fremden Soldaten. Sie wuschen sich auf dem Hof, hatten dafür alles aus dem Haus geschleppt: Töpfe, Kessel, Wannen, Handtücher. Aus dem Gebetsraum hatten sie die Thora geholt und mit den Füßen darauf herumgetrampelt. Die Mutter sah es mit Entsetzen, rollte die heilige Schrift ein und brachte sie in Sicherheit. Die Soldaten begleiteten ihre Flucht mit Gelächter.

Noch geschah der Familie nichts. Aber die Bedrohung wurde immer spürbarer. Aus den Lautsprechern dröhnten die Reden von Hitler und anderen Nazigrößen. »Schluss mit den Juden!«, hörten sie und verstanden, dass es nun um ihr Leben ging. Die jüdischen Männer wurden zusammengetrieben, geschlagen und in die Synagoge gesperrt, ohne Essen und Trinken. Sie sollten bei lebendigem Leib verbrannt werden. Gegen Geld und Wertsachen wurden sie noch einmal freigelassen. Saras Familie wurde aus ihrem Haus geworfen. Sie kam beim Onkel nebenan unter. Bald war auch diese scheinbare Sicherheit vorbei. Sie mussten die Schandebänder, wie sie sie seitdem nennt, mit blauem Davidstern tragen und ins Ghetto ziehen, bevor für sie alle die wahre Hölle begann.

Fröhliche Musik empfängt uns. In Wlodawa findet das 13. Internationale Folklore-Festival statt. Gruppen aus Afrika, Lateinamerika, Asien und Europa sind hier. Wir sehen sie nicht, aber hin und wieder weht der Klang ihrer Musik zu uns herüber. Sara Omelinska schaut sich auf dem Marktplatz um. In der Mitte stehen, im Karree, einstöckige Häuser unter Kastanienbäumen. Sie geht in den Innenhof. »Früher gingen die Geschäfte zum Innenhof, heute nach außen. Ich hatte den Platz größer in Erinnerung. Hier war jeden Donnerstag Markt. Alles jüdische Händler, alles gab es hier zu kaufen.«

Wlodawa verdrängt die Geschichte der Judenverfolgung nicht. Die Menschen hier sind sich der Vergangenheit bewusst und gegenüber Fremden aufgeschlossen. Jedes Jahr im Herbst wird das Festival der drei Kulturen gefeiert, besucht von vielen Menschen aus der Region. Es beginnt am Freitag mit der jüdischen Kultur, wird am Sonnabend mit der orthodoxen und am Sonntag mit der katholischen Kultur fortgesetzt. In Wlodawa gibt es keine antisemitische Stimmung. Weder die Synagoge, sie ist heute ein Museum, noch jüdische Gedenkstätten sind bislang attackiert oder beschmiert worden.

An der Synagoge holt uns eine Polin ein. Es ist Marysia Lukasiewicz, die Tochter von Saras Schulfreundin. Die beiden Frauen begrüßen sich herzlich. Ihre Mutter sei leider vor zwei Monaten gestorben, sagt die Polin. Sie kenne Sara aus den Erzählungen ihrer Mutter. Die beiden hätten als Kinder mit den Schwestern von Sara alles gemeinsam gemacht.

Die Getreidemühle des Großvaters, ein dreistöckiger Backsteinbau, steht und ist sogar noch in Betrieb. Vergeblich hält Sara Omelinska Ausschau nach dem Haus ihrer Eltern. Es wurde von einer Granate getroffen und später abgerissen. Wunderschöne Akazien hätten davor gestanden. Sie holt Fotos aus ihrer Handtasche. »Einmal im Jahr, vor dem Pessah-Fest, wurden wir in Wlodawa zum besten Fotografen geschickt. Er hieß Kalicki. Von ihm wurden wir fotografiert. Danach hat mein Vater die Fotos in alle Welt verschickt, nach Warschau, nach Palästina, nach Belgien, nach Australien. Überallhin, wo wir Verwandte hatten.« So sind die Fotos erhalten geblieben. Für sie ein unbezahlbarer Schatz, sagt Sara. Auf den Bildern sehen wir, wie die drei Mädchen heranwachsen, Sara als mittlere der drei Schwestern. Auf dem letzten Foto schauen uns drei bildschöne junge Frauen an. Die letzte Erinnerung an eine glückliche Zeit.

Der Sohn blickt sich in der Mühle um. Seine Mutter folgt ihm. »Hier innen ist alles neu. Bei uns gab es noch einen alten Lift. Mit dem sind wir als Kinder auf den Mehlsäcken hochgefahren. An den Geruch des Mehls kann ich mich noch gut erinnern, und an das Geräusch der Motoren. Sie waren sehr laut. Wir konnten sie auch nachts hören, denn wir wohnten ja nebenan. Aber das störte uns nicht. Nur wenn es still war, wurden wir alle wach.«

»Woran erinnern Sie sich noch?«

»Alle hatten einen Garten. Es gab Kühe und frische Milch. Es gab Hühner und frische Eier. Brote, Kuchen, Plätzchen wurden selbst gebacken. Es war wunderschön.«

Sara Omelinska fällt auf, dass die Holzhäuser von damals noch existieren, die Steinhäuser offensichtlich zerstört wurden. Gegenüber war das Haus ihrer Tante. Dort hatte sich der Kommandant des Arbeitslagers einquartiert, der den Bau eines Kanals überwachte.

»Was war das für ein Mann?«

»Er war kein schlechter Mann. Bernhard Falkenberg hieß er. Ein Kommunist war er wohl. Später lebte er jedenfalls in der DDR.«

»Wieso war er kein schlechter Mann?«

»Er versuchte seine Zwangsarbeiter zu schützen. Er hat sogar 60 jüdische Mädchen versteckt und dann laufen lassen, bevor die SS kam.«

»War Falkenberg eine Art Schindler?«

»Nicht gleich, aber später, als sie anfingen, die Juden überall zu erschießen. Da hat er die Familie eines Angestellten versteckt. Ich kann mich noch an seinen Namen erinnern. Anton Gruber.«

»Was ist aus Falkenberg geworden?«

»Am Schluss haben sie ihn wohl auch geschnappt. Er soll in Buchenwald gewesen sein. Nach dem Krieg habe ich ihn noch einmal getroffen. Er war, wie ich, Zeuge in einem Prozess gegen den Gestapo-Mann Nietschke. Wir haben uns gesprochen, aber er war schon sehr krank und ist inzwischen wohl schon lange tot.«

Wir sind am Haus Nr. fünf der Uliza Kraschekiego angelangt. Es gehörte früher dem Onkel, bei dem Saras Familie für kurze Zeit Unterschlupf fand, nachdem sie aus dem eigenen Haus hinausgeworfen worden war.

Eine Bewohnerin, Stefania Bajuk, kommt uns entgegen. »Sie sind Sara. Meine jüngere Schwester hat mit Ihnen gespielt.«

»Wo ist Ihre Schwester?«

»In Chicago! Kommen Sie doch herein!«

»Das ist der alte Kachelofen«, stellt Sara fest.

»Wir haben ein bisschen umgebaut. Aber das ist der alte Ofen. Am Samstag wird immer noch das Essen hineingestellt, damit es nicht kalt wird«, erklärt Stefanie Bajuk.

»Können Sie sich noch an die Wohnung erinnern?«

»Nur an den Ofen und an den Garten. Dort wurde Gemüse angebaut. Es gab ja sonst nichts. Davon konnten wir eine kurze Zeit leben.«

Stefania Bajuk zeigt auf den Fußboden. »Hier drunter war ein Versteck und unter der Kammer ein zweites.« Sara ist überrascht. »Das habe ich nicht gewusst. Wer hat sich hier versteckt?«

»Juden haben sich hier vor den Deutschen versteckt.«

Die beiden Frauen tauschen sich über ihre gemeinsame Kindheit aus. Viele ihrer Freundinnen sind gestorben. Alle hatten sie miteinander gespielt, gemeinsam ihre Schularbeiten gemacht. Es gab keine Unterschiede zwischen Juden und Katholiken. Später wurde noch der Religionsunterricht für die Orthodoxen in der Schule eingeführt. Auch das führte nicht zu Abgrenzungen. »Das Zusammenleben war sehr tolerant«, sagen beide. Am Anfang, als die Deutschen Jagd auf die Juden machten, haben die Polen noch ihre Nachbarn versteckt. Doch dann wurden sie mit dem Tod bedroht, und nur wenige Juden fanden Unterschlupf. Alle anderen wurden ins Ghetto gezwungen oder gleich erschossen.

Die Demütigungen begannen bald nach dem Einzug der Deutschen. Die jüdischen Friedhöfe wurden zerstört, die Grabsteine für den Straßenbau verwendet. Juden durften nicht auf den Bürgersteigen gehen. Vor jedem Deutschen mussten sie die Mütze oder den Hut abnehmen. Sie konnten auf offener Straße ohne Grund erschossen werden. Wenn Aktionen gegen die Juden liefen, durfte niemand im Dorf sein Haus verlassen. Aber später konnten die Polen sehen, was ihren jüdischen Nachbarn widerfahren war. Stefania Bajuk sah einen erschossenen Juden in der Straße liegen, ein Stück weiter einen zweiten. »Bei Leitmann sind sie ins Haus rein. Wen sie fanden, haben sie erschossen. Die Leichen wurden aus den Fenstern geworfen und dann auf Pferdewagen weggebracht. Sie haben Juden in einem Versteck gefunden. Als die nicht rauskamen, haben sie eine Handgranate reingeworfen. Einer musste dann die Toten rausholen.« Stefania war damals 14 Jahre alt.

Wer gefangen wurde, musste den Weg zur Bahnstation antreten. Von dort wurden sie in Viehwaggons wenige Kilometer weiter nach Sobibor transportiert. Von Wlodawa aus waren die Rauchwolken über dem Vernichtungslager zu sehen. Furchtbarer Geruch ließ die Menschen ahnen, was dort geschah.

Von der Judenvernichtung in Sobibor hätten sie zunächst nichts gewusst, sagt Sara. Auch die jungen Männer, die das Lager aufbauen mussten, seien ahnungslos gewesen, was sie da errichteten. Dann seien die ersten Gerüchte aufgetaucht. In Sobibor kämen Transportzüge mit vielen Menschen an und führen leer wieder weg. Saras Vater begriff, was geplant war. »Dahinter steckt System. Sie werden uns alle umbringen.«

Ein polnischer Bekannter bot an, für eine der Töchter einen ari-

schen Pass zu besorgen. Aber wer sollte das sein? Die Mutter sah
sich außerstande, eine Wahl unter ihren Kindern zu treffen. Daraufhin
habe der Vater Sara ausgewählt. Dunkelblond und blauäugig
habe sie am ehesten arisch ausgesehen. »Wenn überhaupt jemand
von uns überleben soll, kann keine Rücksicht mehr auf die anderen
genommen werden«, sagte er.

Die Familie hatte eine Unterkunft im Ghetto gefunden. Sara
und ihre ältere Schwester schufteten unter dem Kommando von
Bernhard Falkenberg als Zwangsarbeiterinnen. »Wir mussten
einen Kanal bauen. Jeden Tag von morgens sieben bis abends sieben.
Nur sonntags nicht. Die nasse Erde in den Karren war furchtbar
schwer. Für unsere Arbeit erhielten wir Essensmarken, die
Männer etwas mehr als wir. Wir hungerten. Aber Falkenberg
schützte uns.«

Weil die Deutschen immer wieder Aktionen durchführten,
musste sich der Rest der Familie ständig mit anderen Juden verstecken.
Sie hatten dafür ein Kellerloch im Haus gefunden. 10 Menschen
bot es Platz. 40 hatten sich schließlich hineingezwängt. Der
Vater schob einen Schrank darüber und versuchte, sich woanders
zu verbergen.

Eines Tages half auch der Schutz von Falkenberg nicht mehr. Die
Gestapo nutzte seine Abwesenheit. Kolonnen wurden gebildet.
Statt zur Arbeit führte der Weg nach Sobibor. »Die haben uns richtig
gejagt. Es ging den Berg hinunter. Es regnete. Im Schlamm
stürzten die Menschen übereinander. Meine Schwester und ich
waren mittendrin.«

An der Bahnstation im Nachbarort Orchowek mussten sie sich
aufstellen. 5000 verzweifelte, gedemütigte Menschen warteten auf
den Abtransport. Plötzlich erschien Falkenberg. Er hatte sich die
Genehmigung geholt, 400 Zwangsarbeiter für den Weiterbau des
Kanals auszusuchen. Sara und ihre Schwester waren nicht darunter.
Die beiden Mädchen waren in Todesangst, sie fühlten sich verloren.

»Die Leute sind umgefallen, viele Leichen lagen da, Ukrainer als
Aufpasser nahmen uns das Letzte. Die von Falkenberg ausgesuchten
Zwangsarbeiter standen auf der anderen Seite. Aber wir kamen
nicht dahin. Wer es versucht hätte, wäre erschossen oder von den
Hunden zerrissen worden.«

»Wie sind Sie gerettet worden?«

»Einer der polnischen Gendarmen kannte meine Schwester. Er nahm sie beiseite, aber sie sagte: Ohne meine Schwester gehe ich nicht. Da hat er uns beide zu Falkenbergs Arbeitern gebracht.«

Als sie ins Dorf zurückkamen, sahen sie die Verwüstung. Tote lagen in den Straßen und Häusern. Aber ihre Familie hatte im Versteck überlebt, auch ihr Vater. Später wurde auch er erschossen. Die beiden Mädchen holten ihre Mutter und die jüngere Schwester in das Lager, das Falkenberg für seine Zwangsarbeiter errichtet hatte. Tag für Tag wurden sie zu ihrer schweren Arbeit geführt, bewacht von Ukrainern. Sie spürten das Ende kommen und flüchteten. Zwei Monate schlugen sie sich durch. In einem primitiven Versteck kamen sie unter.

Die Mutter erkrankte an Typhus, die kleine Schwester auch. Zu essen gab es nichts. Mit ihrer Freundin lief Sara los, um Nahrung oder vielleicht auch Geld bei einem Bekannten in der Nähe zu besorgen. Sie hatten keinen Erfolg. Als sie zurückkamen, hörten sie Schüsse und ahnten, was geschehen war. Die Zurückgebliebenen waren von den Deutschen gefunden und auf der Stelle umgebracht worden, ihre Mutter und ihre beiden Schwestern.

Sara Omelinska versagt die Stimme. Ihr Sohn nimmt sie in den Arm. Aber sie will weitersprechen. Wir stehen an dem Kanal, den sie mitgebaut hat. Jetzt ist er halb zugewachsen. Sie schaut zur Stadt auf dem Hügel hinüber, mit der katholischen und der orthodoxen Kirche. »Hier sind wir heruntergejagt worden. Für uns Kinder war das früher ein kleiner Berg gewesen, von dem wir wunderbar Schlitten fahren konnten.« Aus der Ferne klingt die Musik des Folklore-Festivals zu uns herüber.

Die kleine, liebenswürdige Frau sammelt sich. Sie erzählt das Ende ihrer Schreckenszeit. Nachdem ihre gesamte Familie ausgelöscht war, irrte sie durch die Wälder. Mit ihrer Freundin schloss sie sich anderen jüdischen Flüchtlingen an. Nirgends konnten sie bleiben. Jede Nacht liefen sie 20 Kilometer. Völlig ausgehungert, ständig in Angst, total erschöpft lernten sie im Gehen zu schlafen. Manchmal fanden sie Nahrung. Wasser tranken sie häufig aus Pfützen. »Plötzlich stand ich einem Reh gegenüber. Erschrocken schaute es mich an. Mit der gleichen Angst wie ich. Liebes Reh, dachte ich, auch ich werde gejagt, gehetzt, verfolgt wie ein Tier, meiner Menschenwürde beraubt.« Schließlich hieß es, auf der anderen Seite des Bugs hätten sie mehr Chancen, zu überleben. Dort könnten sie Kontakt zu russischen Partisanen aufnehmen. Sie überquerten den Fluss. Dabei wurden sie beschossen. Es gab Verluste, aber die meisten entkamen in die Wälder. Sie trafen auf russische Partisanen, wurden aber von denen nicht akzeptiert. Nur einer traute ihnen, Michail Omelinski, ihr späterer Mann. Auch er hatte schlimme Erfahrungen hinter sich. Er war Jude, hatte in der polnischen Armee gekämpft, war in Kriegsgefangenschaft geraten und sofort daraus geflüchtet. Später fiel er den Deutschen in Brest wieder in die Hände, konnte erneut fliehen und sich russischen Partisanen anschließen. Nun ging er mit der Gruppe jüdischer Flüchtlinge. Sie schafften es, bei der nächsten russischen Partisaneneinheit Anschluss zu finden. »So rettete er mein Leben«, sagt Omelinska heute.

Michail und Sara blieben nun zusammen. Gegen Ende des Krieges begaben sie sich nach Wlodawa. »Wir kamen auf einem Pferdewagen und fuhren zu unserem alten Zuhause. Viele Leute kamen auf uns zu. Sie erkannten mich nicht. In den fünf Kriegsjahren hatte ich mich stark verändert. Und dann trat aus dem Kraftwerk der Mühle der Herr Kaminski. Er war unser Hauptmaschinist. Er sah mich und fragte: Sie leben? Und dann kniete er nieder, küsste meinen Arm und küsste meine Hand. Wir alle haben geweint.«

Michail und Sara heirateten in Wlodawa. Doch das Glück war nur von kurzer Dauer. Andere Polen kamen in die Stadt. Die Stimmung gegenüber den wenigen überlebenden Juden wurde sehr feindselig. So zogen die beiden weiter hinter der Roten Armee her, Richtung Deutschland. Ausgerechnet Deutschland! Doch sie fühlten sich dort im Schutz der alliierten Truppen sicherer. In Stettin wurde ihre Tochter geboren, in München der Sohn. Nach seiner Geburt zogen sie nach Israel. Dort musste sie mit ihrem Mann aus dem Nichts eine neue Existenz aufbauen.

Ihre dramatische Lebensgeschichte interessierte in Israel niemanden. Zu viele ihrer Landsleute hatten ähnlich furchtbare Schicksale erlitten. Jetzt ging es um den Aufbau des Staates Israel.

Die eigene Vergangenheit trat in den Hintergrund. Sie kehrt erst jetzt im hohen Alter immer stärker zurück. Warum hat sie den Schmerz auf sich genommen, uns ihre Leidensgeschichte zu erzählen? »Die Welt soll erfahren, was damals den Juden und anderen geschehen ist. Wir sind das den Opfern schuldig.«

In Okuninka herrscht Hochbetrieb. Der kleine Ort liegt zwischen Wlodawa und Sobibor. Jungen und Mädchen schlendern die Straße entlang, die Badesachen über der Schulter. Es ist schwül. Der kleine See nebenan ist auch für uns eine Verlockung, aber wir haben eine Verabredung. In einem der Ausflugslokale wartet Esther Raab auf uns. Auch sie wird von ihrem Sohn begleitet. Die beiden sind soeben erst aus den USA angekommen; genauer aus Vineland im Staat New Jersey. Trotz der langen Reise ist Esther Raab hellwach. Kaum zu glauben, dass die Frau 82 Jahre alt sein soll! Voller Verständnis verfolgt sie, wie sich die jungen Leute mit ihren dröhnenden Ghettoblastern in Stimmung bringen. Alles, was die Nazis hier nicht kaputtmachen konnten, erfüllt sie mit Genugtuung. Uns fällt die Vorstellung schwer, dass hier in unmittelbarer Nähe ein gigantisches, Menschen vernichtendes Lager war.

Esther Raab möchte draußen sitzen. Die Hitze stört sie nicht. Sie ist hart im Nehmen. Mit ihrer großen Hornbrille wirkt sie wie eine gutmütige, aber resolute Großmutter. Während der Unterhaltung lässt sie sich das Heft nicht aus der Hand nehmen. Sentimentalitäten leistet sie sich nicht mehr. Sie hat ihre »Story« wieder und wieder geschildert, als Verpflichtung gegenüber all den Menschen, die in Sobibor ermordet wurden. »Erzählt unsere Geschichte! Rächt uns!« Diese Aufforderung hat sie auf Zetteln in Kleidungsstücken gefunden, die sie sortieren musste. Esther Raab war Häftling in Sobibor und am größten gelungenen Aufstand in einem Vernichtungslager der Nazis beteiligt.

Heute wird sie ständig zu Vorträgen eingeladen, in Schulen, Vereinen und Organisationen. »Dass ich Kinder, Enkel und Urenkel habe, dass ich die Geschichte von Sobibor erzählen kann, das ist meine Rache an den Nazis.« Ein Buch wurde über die »Flucht aus Sobibor« geschrieben, ein Film danach gedreht. Claude Lanzmann hat den Aufstand in einer großen Dokumentation der Nachwelt erhalten. Esthers Schicksal findet sich in einem Theaterstück und vielen Artikeln wieder.

Esther Raab wurde 1922 im ostpolnischen Chelm geboren. Ihr Vater hatte ein Eisenwarengeschäft. Als 1939 für wenige Tage die Russen in Chelm waren, hatten sie ihn vor den Deutschen gewarnt. Doch wer gibt schon wegen unklarer Warnungen seine Existenz auf! Im Übrigen hatten die Russen bei den Polen einen schlechteren Ruf als die Deutschen. Als die dann im Dezember 1939 vorrückten, war es zu spät. Der Vater wurde getötet. Freunde und Nachbarn halfen der Familie. Ein Ghetto wurde in Zedlice, einem Ort nebenan, gebaut. Deutsche tauchten da zunächst nicht auf. So lebten sie einigermaßen unbehelligt. Esther und ihr Bruder mussten allerdings wie Sklaven schuften. Sie hoben Gräben aus, um sumpfiges Gelände trockenzulegen. Es war Schwerstarbeit mit wenig Essen.

1942 wurde dann auch das Ghetto in Zedlice »judenrein« gemacht. Die Mutter hatte das Gefühl, dass sie ihren Kindern zur Last fiel. Sie ging in die Polizeistation der Deutschen, was gleichbedeutend mit ihrem Todesurteil war. So hatte sie es auch gewollt. Ihre Kinder mussten sich indes auf den Marsch nach Sobibor begeben. Sie wussten nicht, was sie dort erwartete. Deshalb sehnten sie das Ziel herbei, nicht zuletzt weil sie unterwegs unsägliche Demütigungen erdulden mussten. Esthers Bruder hielt es nicht mehr aus. Er flüchtete und wurde dabei erschossen, wie seine Schwester glaubte. Über Schlammwege erreichten Esther und die anderen Häftlinge schließlich völlig verdreckt und erschöpft Sobibor. »Die Deutschen bellten wie Hunde ihre Befehle. Wir waren 800 meist junge Leute. Handwerker wurden ausgesondert. Meine Freundin wurde als Näherin genommen. Sie sagte dem SS-Mann, ich könnte gut stricken. Daraufhin wurde auch ich genommen. Wir erhielten Decken, Kaffee und Brot. Ich dachte, es sei meine letzte Stunde, aber ich irrte mich. Doch alle anderen, die nicht ausgesondert worden waren, wurden sofort getötet.«

Eine Nebenstraße führt uns nach Sobibor, durch Birken- und Fichtenwälder. Die Luft ist voller Vogelgesang. Die Telegrafenmasten sind mit Storchennestern belegt. In den Jahren der deutschen

Besatzung war dies der Vorhof zur Hölle. Kurz vor der Ankunft sehen wir die Eisenbahnlinie, über die die Häftlingstransporte liefen. Die Strecke scheint kaum noch benutzt zu werden. Gras wuchert zwischen den Gleisen. Von weitem sehen wir bereits die berüchtigte Rampe. Sie ist nicht mehr aus Holz, sondern aus Stein. Drei Holzhäuser stehen in der Nähe der Bahnstation, die einen völlig verlassenen Eindruck macht. Das verwitterte Schild mit der Aufschrift »Sobibor«, die Schienen, die leeren Waggons auf dem Abstellgleis – sofort müssen wir an die Häftlingstransporte denken. Doch jetzt ist alles friedlich. Und auch der hohe Holzturm ist kein Relikt aus der schrecklichen Vergangenheit, sondern eine Beobachtungsplattform, um Waldbrände rechtzeitig zu entdecken.

Vom ursprünglichen Lager ist nichts mehr geblieben. Auf Befehl von Himmler wurde es gleich nach dem Aufstand dem Erdboden gleichgemacht. Die Spuren des gigantischen Verbrechens sollten verwischt werden. Auf den Massengräbern wurden Büsche und Bäume angepflanzt. Wie ein normales Waldstück würde das frühere Vernichtungslager heute aussehen, wenn nicht die Gedenkstätte wäre. Eine Tafel am Eingang teilt den Besuchern auf Hebräisch, Jiddisch, Englisch, Polnisch, Holländisch, Deutsch und Russisch mit, dass hier von Mai 1942 bis Oktober 1943 über 250.000 Juden ermordet wurden.

Inzwischen ist auch Sara Omelinska eingetroffen. Die beiden Frauen und ihre Söhne begrüßen sich kurz, dann übernimmt Marek Bem, der Leiter der Gedenkstätte, die Führung. Man merkt ihm an, dass er von seiner Aufgabe erfüllt ist. In der Tat ist nicht zuletzt ihm zu verdanken, dass in Sobibor die Erinnerung an die Leiden der gequälten und gedemütigten Häftlinge wach gehalten wird. Die Zahl der Besucher steige, teilt er uns mit. 15.000 seien es im letzten Jahr gewesen. Die meisten kämen aus Polen, Israel und den USA. Er hofft auf Unterstützung, auch aus dem Ausland. Sein Wunsch ist es, ein Museum auf dem Gelände zu errichten, in dem das Geschehen in und um Sobibor angemessen dargestellt werden könnte.

Die jetzige Unterkunft wirkt in der Tat provisorisch. Hier ist nachzulesen, dass Sobibor neben Belzec und Treblinka zu den

Lagern gehörte, in denen die Juden Ostpolens vernichtet wurden. Doch das war den Nazis nicht genug. Sie wollten aus ihrer Aktion »Reinhard« mehr machen und transportierten zusätzlich Hunderttausende Opfer aus Österreich, Tschechien, Holland und anderen Regionen Europas heran, die in den drei Vernichtungslagern den Tod fanden. Insgesamt 1.750.000 Menschen! Als Deutsche können wir diese schreckliche Zahl nur beschämt zur Kenntnis nehmen.

In Sobibor revoltierte nach einigen Monaten zunächst die Erde gegen die massenhafte Zufuhr an Toten. Der Boden fing an zu gären. Daraufhin befahl die Kommandantur, die Leichen aus den Massengräbern zu holen und zu verbrennen. Seitdem stand eine dunkle Rauchwolke über Sobibor, denn Tag für Tag kamen Züge mit Tausenden Häftlingen, deren Leichen nur kurze Zeit später in Feuer aufgingen.

»Die Nazis legten Wert auf Effizienz«, erläutert Marek Bem. »In weniger als zwei Stunden mussten die Häftlinge eines Transports getötet sein.« In dieser Zeit waren Handwerker wie Tischler, Schneider, Schuster, Goldschmiede, Näherinnen, die man zur Arbeit brauchte, aus der Menge der frisch Angekommenen herausgesucht worden. Die Übrigen traten den Weg in die Gaskammer an; immer noch in der Hoffnung auf einen guten Ausgang. Bei ihrer Ankunft waren sie mit den sarkastisch verlogenen Worten begrüßt worden: »Ihr glaubt, ihr geht in den Tod. Das wird euch nicht gelingen!« Und dann bekamen sie zu hören, alle müssten erst durch die Dusche. Eine Vorsichtsmaßnahme gegen Typhus, wurde ihnen vorgegaukelt. Dazu müssten alle Kleider abgelegt werden.

Esther Raab hat viele dieser Ankünfte miterlebt. Sie hörte die Lügen, konnte aber die Angekommenen nicht warnen. Es hätte auch niemandem geholfen. Die SS-Männer genossen ihre Macht über die hilflosen Opfer. Esther beobachtete, wie ein Oberscharführer namens Karl Frenzel ein kleines Kind vor den Augen der Mutter an den Beinen packte und den Kopf an einer Wand zerschlug.

»Ich habe ihn später vor Gericht erlebt. Er sagte, er habe auf Befehl gehandelt.«

»Wie haben Sie überlebt?«

»Ich musste sauber machen, Socken stricken und die Kleidungsstücke der Ermordeten sortieren. 16 bis 18 Stunden Arbeit am Tag waren normal.«

Nach einiger Zeit sei auch ihr Cousin in das Lager gekommen. »Wir müssen hier ausbrechen«, habe er ihr gleich bei der Begrüßung zugeflüstert. »Aber wie? Hier sind 17 SS-Männer und 120 bewaffnete Hilfskräfte als Wachen«, habe sie zurückgeflüstert. Die Ukrainer seien oft schlimmer gewesen als die Deutschen. Nur ein ukrainischer Wachmann wäre auf Seiten der Häftlinge gewesen, habe die SS gehasst. »Gebt nicht auf! Rächt euch!«, habe er sie aufgefordert. Doch erst nahmen die Deutschen Rache. Sie ließen das gesamte Lager antreten, als sie Häftlinge bei einem Fluchtversuch gefangen genommen hatten. Zur Strafe mussten die gefassten Flüchtlinge Mithäftlinge aussuchen, die mit ihnen zusammen erschossen werden sollten. Die Gruppe wurde vor den Augen aller von einem Maschinengewehr niedergemäht.

Doch der demonstrative Mord schreckte nicht ab, er weckte nur noch mehr Hass. Im Herbst 1943 ahnten die verbliebenen Häftlinge, dass ihr Ende naht. Als letzte Zeugen des Massenmordes in Sobibor sollten nun auch sie beseitigt werden. »Lieber eine Kugel im Rücken bei der Flucht, als ohne Gegenwehr im Gas zu landen«, erklärte Esthers Cousin. Einer der Häftlinge, Leon Feldhendler, übernahm die Initiative. Alle sollten befreit werden, aber nur wenige wurden eingeweiht. Esther gehörte dazu. Messer und Äxte wurden angefertigt. Doch die Häftlinge wären wohl chancenlos geblieben, wenn nicht 16 jüdische Sowjetsoldaten eingeliefert worden wären. Ihr führender Kopf war Leutnant Alexander Petschersky. Er ließ sich sofort für den Plan gewinnen. Seine Leute konnten mit Waffen umgehen. Aber wie war an Waffen zu kommen? Der Plan war einfach. Die gierigen SS-Leute sollten in die Kleiderkammer, in die Schusterei, in Lagerräume und in die Küche gelockt werden, wo ihnen angeblich etwas Wertvolles ausgehändigt werden sollte: Mantel, Jacke, Stiefel und dergleichen. Bei dieser Gelegenheit sollten sie entwaffnet und umgebracht werden. Am 14. Oktober 1943 um 16 Uhr wurde losgeschlagen.

»Warum dieser Tag und diese Uhrzeit?«

»An diesem Tag hatte eine Wachmannschaft Dienst, die sich immer sehr sicher fühlte. Außerdem kamen wir um 16 Uhr noch bei Tageslicht in die Wälder. Danach wurde es schnell dunkel und wir konnten uns besser verbergen.«

»Was war Ihre Aufgabe?«

»Jeder von uns hatte Sand in der Tasche, um ihn den Wachen in die Augen zu werfen und sie dann gemeinsam zu überwältigen. Außerdem lief ich von Gruppe zu Gruppe, um zu melden, was wo passiert war.«

»Und was war passiert?«

»In der Schneiderei wurde einem SS-Mann der Schädel mit einer Axt eingeschlagen. In der Schusterei und in der Küche wurden SS-Leute erstochen. Es war wie eine Befreiung. Wir können uns wehren, spürten wir plötzlich. So brachten wir einen SS-Mann nach dem anderen innerhalb des Lagers um, leider nicht alle; vor allem nicht den schlimmsten, den Frenzel. Er hatte etwas gemerkt und sich versteckt.«

»Wie ging es weiter?«

»Der Aufstand war nicht mehr aufzuhalten. Petschersky und Feldhendel sprangen auf Tische und riefen: Jeder kann sich jetzt retten und jeder, der sich gerettet hat, soll der Welt erzählen, was hier passiert ist.«

»Und wie reagierten die Häftlinge?«

»Einige blieben wie versteinert stehen. Sie hatten keine Kraft mehr. Aber die Masse – es waren 600 Menschen – stürmte auf das Haupttor und die Zäune zu. Wachen töteten viele von uns. Aber sie wurden von den anderen überrannt oder von Petscherskys Soldaten erschossen. Und mit jedem toten Wachmann hatten wir eine Waffe mehr.«

»Wie sind Sie selbst davongekommen?«

»Ich sah, wie hinter der Tischlerei eine Leiter an den Zaun gelehnt wurde. Einer nach dem anderen kletterte darüber. Ich auch. Als ich oben war, wurde ich von einer Kugel am Kopf getroffen. Aber es war nur ein Streifschuss. Ich konnte weiterlaufen.«

»Wie ging es weiter?«

»Hinter dem Zaun wurde es noch gefährlicher. Wir waren im freien Schussfeld und im Minengürtel. Viele von uns kamen auf dieser Strecke kurz vor der Freiheit ums Leben. Aber immerhin, 300 erreichten den Wald.«

»Was war das für ein Gefühl, als Sie so weit gekommen waren?«

»Es war ein unbeschreibliches Gefühl. Wir haben es getan, dachte ich. Wir haben uns gewehrt, wir haben Rache genommen, wir haben sie getötet, wir haben uns befreit.«

»Und die Deutschen?«

»Sie verfolgten uns. Doch es wurde ja bald dunkel. Aber sie haben uns noch lange gejagt, mit Soldaten, mit Hunden und mit Flugzeugen. Viele von uns wurden gefasst. Die meisten hatten ja immer noch keine Waffen. Sie wurden sofort umgebracht. Sascha Petschersky teilte uns in Gruppen zu acht und zu zehnt auf. So kämen wir besser durch, sagte er uns.«

Esther schlug sich zu ihrem Heimatort Chelm durch. Sie hatte einen Traum, erzählt sie uns. Ihre Mutter sei ihr erschienen und habe ihr geraten, in höchster Not Zuflucht bei einem polnischen Kleinbauern zu suchen. Er würde ihnen bestimmt helfen. Sie fand den kleinen Hof und kroch in die Scheune. In diesem Augenblick wurde sie hinten angefallen. »Nun ist alles vorbei«, glaubte sie. Doch der Griff lockerte sich. Es war ihr Bruder. Sie konnte es nicht fassen. Er war nicht, wie sie angenommen hatte, erschossen worden, als er flüchtete. Er war den Verfolgern entkommen. Seit Monaten hatte er sich in der Scheune verborgen. Der Bauer verriet ihn nicht, sondern versorgte ihn mit Nahrung. Nun half er auch Sara. Aber beide mussten noch Todesängste ausstehen, denn die Deutschen waren weiter hinter ihnen her. Doch der Bauer blieb kaltblütig. So überlebten sie.

Die meisten der anderen geflüchteten Häftlinge hatten nicht dieses Glück. Sie fielen entweder deutschen Häschern in die Hände oder sie wurden von polnischen Untergrundkämpfern umgebracht. Nur 50 der geflohenen Häftlinge überlebten den Zweiten Weltkrieg, darunter die beiden Anführer Leon Feldhendler und Alexander Petschersky. Doch das Schicksal nahm noch einmal eine böse Wendung. 1946 wurde Leon Feldhendler von polnischen Antisemiten ermordet.

In dieser Zeit traf Esther einen Freund aus der Kindheit wieder, Isaak Raab. Er war vor den Deutschen nach Russland geflüchtet und nun nach Chelm zurückgekehrt. Er hatte seine ganze Familie verloren. Mit dem Kriegsende war ihre Leidenszeit noch nicht vorbei. Die Juden wurden jetzt von Polen verfolgt. Mit acht anderen jungen Leuten schlugen sich Esther und Isaak nach Berlin durch. Sie heirateten dort. Zur Feier wurden sie in den sowjetischen Sektor eingeladen und dort als Spione verhaftet. Esther wurde freigelassen, Isaak hingegen zum Tode verurteilt und in Torgau ins Gefängnis geworfen. Die junge Frau kämpfte um das Leben ihres Ehemannes. Die Leidenszeit im Lager hatte sie gestählt. Mit starkem Willen, guten Nerven und viel Schläue holte sie ihn zurück. Sie hatte herausgefunden, wer ihr auf russischer Seite helfen konnte. Es war ein Major. Sie besorgte sich 1000 Dollar und bestach mit diesem Geld den russischen Offizier. »I bribed him out«, sagt sie heute cool. Esthers Ehemann wurde an die Sektorengrenze gefahren. Sie führte ihn auf die britische Seite und erst dann ging sie zurück und übergab dem Major das Geld.

Esther Raab, wie sie seit der Heirat heißt, erlebte in Berlin noch einen weiteren großen Triumph. Sie entdeckte den »Gasmeister« von Sobibor. Hermann Bauer, so der Name des Mannes, wurde festgenommen, vor Gericht gestellt und 1950 wegen Verbrechens gegen die Menschlichkeit zum Tode verurteilt, allerdings nach dem Kontrollratsgesetz der Alliierten. Da nach dem deutschen Grundgesetz die Todesstrafe verboten ist, erhielt Bauer lebenslänglich. 1971 wurde er begnadigt.

Während Esther Raab erzählt, fällt mir ein, wie fassungslos ich war, als ich KZ-Wächter in den 60er-Jahren vor Gericht sah. Wie Bestien hatten sie gewütet, ihre Macht über wehrlose Opfer hemmungslos ausgetobt, und nun wirkten sie wie die spießbürgerliche Unschuld. Sie konnten sich entweder nicht erinnern oder sie beriefen sich auf den »Befehlsnotstand«. Die Mehrheit der bundesdeutschen Bevölkerung war auf ihrer Seite. Schluss sollte endlich gemacht werden mit den KZ-Geschichten. Die Verjährungsdebatte lief auf vollen Touren.

Der Sobibor-Prozess 1966 in Hagen förderte den unfassbaren Umfang des Massenmordes an den Juden zu Tage, aber in der gigantischen Zahl gingen die Leiden der Einzelnen unter. Die Schicksale der Zeuginnen und Zeugen wurden von der Presse nicht weiter verfolgt. Es waren Überlebende des Aufstands, die die Schrecken von Sobibor schilderten. Sie wurden von der Verteidigung nicht geschont. Hier und da wurden ihre Aussagen auch von der bürgerlichen Presse in Zweifel gezogen, weil die Überlebenden ihre Beobachtungen nicht hundertprozentig belegen konnten. Dies rettete nicht wenige der Massenmörder, die jetzt als ordentliche Bürger und solide Familienväter in der demokratischen Bundesrepublik »angekommen« waren. Sie kamen entweder mit geringen Strafen oder mit Freispruch wegen Mangels an Beweisen davon. Die Bevölkerung fand das in Ordnung. Ihr Interesse war ohnehin gleich null. An vielen Verhandlungstagen blieben die Zuschauerbänke leer und auch die Presse berichtete nur spärlich. Immerhin der KZ-Mann Karl Frenzel wurde zu lebenslänglich verurteilt.

Zu diesem Zeitpunkt lebte Esther Raab bereits lange mit ihrem Ehemann und den beiden Söhnen im amerikanischen New Jersey. Sie bauten sich zunächst eine Existenz als Hühnerfarmer auf. Dann stellten sie sich um. Sie kauften Hühnchen auf, schlachteten die Tiere und brachten sie als koscheres Fleisch auf den Markt. Bis heute mit großem geschäftlichem Erfolg. Wie Esther scheint auch ihr Mann eine begnadete Gesundheit zu besitzen. Obwohl er 85 Jahre alt ist, lässt er sich die Leitung des Betriebs nicht aus der Hand nehmen. Für die Reise nach Old Europe hat er deshalb keine Zeit.

Esther erbittet von uns den Film, den wir mit ihr drehen. Sie will die Bilder nutzen, um ihre Aufklärung über den Judenmord und den Aufstand in Sobibor fortzusetzen. »Die jungen Menschen sollen und wollen das wissen.« Sie möchte ihnen auch mitteilen, wie es heute in Sobibor aussieht. Zusammen mit Sara Omelinska und Marek Bem, dem Leiter der Gedenkstätte, schaut sie sich das Gelände genau an. Die Orientierung fällt ihr schwer. Die Natur hat die Verhältnisse radikal verändert. Von dem »Schlauch«, dem schmalen Weg zu den Gaskammern, ist nichts mehr zu sehen. »Hier muss die Baracke der Juden gewesen sein, die die Leichen aus den Gaskammern herausholen mussten.« »Das wird wohl so gewesen sein«, meint Marek Bem. »Und dort stand wohl die Baracke des deutschen Wachpersonals. Sie hatte Wasser, Strom und Ofenheizung, im Gegensatz zur Baracke der Häftlinge.«

Esther entdeckt Bäume, die nicht wachsen wollen. »Vermutlich stehen die auf Massengräbern.« »Da wächst nur Gras«, erklärt der Gedenkstätten-Leiter und fügt hinzu: »Hier nebenan stand die Gaskammer. 500 Leute konnten hineingepfercht werden. Die Untersuchungen haben das ergeben.« Sachlich absolvieren sie ihre Tour durch die grauenhafte Vergangenheit. Nüchtern sprechen sie über sieben Massengräber, deren Lage für Besucher dokumentiert werden müsste.

Esther Raab blickt auf ein Denkmal, das eine gequälte, aber ungebrochen aufrecht stehende Frau mit ihrem Kind zeigt. Unsere Zeitzeugin lässt sich davor filmen. Es wird ihr nicht zu viel, vor verschiedenen Bildkulissen Rede und Antwort zu stehen. Nur einmal muss auch sie aufgeben. Bereitwillig war sie in den Wald gegangen, um zwischen den Bäumen ihre Flucht zu schildern, als sich Millionen Mücken auf sie stürzen. Während das Kamerateam um sich schlagend davonrennt, tritt Esther Raab gemessenen Schrittes den Rückzug an. Sie will auch hier den Nazis zeigen, dass sie ihr Leben und ihre Mission bis zum Schluss im Griff behält.

Die Bahnstation hat sich belebt. Vier Waldarbeiter verladen Holz auf die Waggons. Es sind Birkenstämme. »Woher kommt das Holz?«

»Von hier! Birken wachsen schnell. Sie wurden angepflanzt, um die Vergangenheit zu überdecken.«

»Wie ist die Arbeit für Sie? Sie arbeiten ja eigentlich auf einem riesigen Friedhof.«

»Der Mensch gewöhnt sich an alles. Aber manchmal habe ich schon das Gefühl, über einen Friedhof zu gehen.«

»Wissen Sie, was hier geschehen ist?«

»Ja, hier wurden Juden vergast, aber auch Russen. Die Leichen wurden verbrannt. Der Gestank muss unwahrscheinlich gewesen sein. Bis hinter den Bug reichte der Geruch. Keiner in der Umgebung konnte dem entgehen.«

Die Arbeiter zeigen auf das Gebäude, wo früher das Lager gestanden hatte. »Was da wächst, das wächst auf Knochen. Auf Asche und Knochen. Bei Probebohrungen wurden Schuhe und andere Sachen entdeckt. Der Boden konnte das noch nicht verkraften.«

»Warum haben die Deutschen diese Stelle ausgesucht?«

»Das war damals das Ende der Welt. Man sagt sogar, dass hier die letzten Vögel umkehren. Am Ende der Welt konnten die Deutschen das Lager gut verstecken.«

»Was glauben Sie, warum die Deutschen die Juden umgebracht haben?«

»Es geht immer um Macht und Geld. Geld regiert die Welt. Die Juden hatten Banken, sie hatten Einfluss. Deshalb mochte man sie nicht. Bei uns gibt es auch immer noch diesen Antisemitismus. Die Alten sagen: Wir haben Häuser und Straßen. In den Häusern sitzen die Juden, in den Straßen leben wir.«

»Und die Polen wussten doch, was mit den Juden geschah?«

»Ja! Nach dem Krieg haben einige Polen in den Gräbern nach Geld und Gold gesucht, wie die Hyänen. Sie haben sogar die Knochen im Wasser gespült, um ein kleines Stück Goldzahn herauszuholen. So sind sie, die Menschen.«

»Und was ist mit der Eisenbahn?«

»Heute kommen Waggons mit Holz. Früher kamen Waggons mit Menschen, geschlossene Viehwaggons, mit Wachen drauf.«

Die Waggons, die wir sehen, sind beladen, die kurz geschnittenen Birkenstämme sauber aufgeschichtet, wie mit dem Lineal gezogen. Die Waggons bieten ein Bild der Akkuratesse! Und wieder melden sich die Bilder von den Häftlingstransporten zurück.

Wie kann man hier leben?, fragen wir uns. Hinter den Bahngleisen spaltet ein Mann Holz für den Ofen. Schlank, Ende 60, ein Glencheck-Hütchen auf dem weißen Schopf, blaues Hemd, verblichene grüne Hose. Er lässt sich von uns nicht stören, hackt weiter und antwortet dabei auf unsere Fragen; sehr knapp allerdings. Sein Name ist Josef Tomczak. Seit wann lebt er hier? Seit 1946! Wusste er damals, was hier war? Ja! Von wem? Von seinen Eltern! Schreckt ihn die Umgebung? Nein! Warum haben die Deutschen die Juden umgebracht? Er weiß es nicht. Er weiß auch nicht, warum die Ukrainer die Polen umgebracht haben.

Diese Gegenrechnung hat mit der Familiengeschichte von Josef zu tun. Er stammt aus Wlodzimierz, einem kleinen Ort 300 km östlich vom Bug in Wolhynien. Das Gebiet gehörte vor 1939 zu Polen. Die Menschen lebten lange problemlos miteinander, waren befreundet und respektierten den anderen – Polen, Ukrainer und Juden. Doch dann kam der Hitler-Stalin-Pakt und mit ihm die Gewalt. Die Sowjets rückten ein, mussten aber bald den Deutschen weichen. Jeder Machtwechsel war mit Blutvergießen verbunden. Die Sitten verrohten, Bindungen gingen verloren. Wer bekommt die Macht im Land? Das war nun die alles entscheidende Frage. Im Schatten des großen Krieges zwischen Sowjets und Nazi-Deutschland entbrannte ein anderer Krieg, der Krieg zwischen Ukrainern und Polen.

Josef hat inzwischen das Holzhacken eingestellt. Er ist jetzt zu längeren Auskünften bereit. »Die Ukrainer kamen am helllichten Tag zu uns. Mit Messern, Sensen und Sägen. Sie haben alle umgebracht. 11 Personen. Meine Großmutter haben sie in zwei Stücke gesägt. Nur meine Mutter, meine Schwester und ich konnten flüchten.«

»Warum nur Sie drei?«

»Mein Vater, mein Onkel, meine Brüder hatten es nicht glauben wollen und sind nicht geflüchtet. Die Mörder waren ja Nachbarn, Arbeitskollegen. Warum sie plötzlich über unsere Familie hergefallen sind, weiß ich nicht. Aber es war nicht nur bei uns so. Die Ukrainer sind von Dorf zu Dorf gezogen und haben überall den Polen die Kehle durchgeschnitten. Alles von heute auf morgen! Es waren immer Nachbarn. Unvorstellbar! Vorher konnte ich als Pole eine Ukrainerin und ein Ukrainer eine Polin heiraten. Plötzlich waren wir Todfeinde.«

»Wie konnten Sie sich retten?«

»Meine Mutter ist zu den Deutschen gelaufen. Die haben uns und andere über den Bug gebracht. Ich kann über die Deutschen nicht schlecht sprechen. Sie haben uns verteidigt. Mit Gewehren haben sie auf den Waggons gesessen. Im Wald vor dem Bug wurden sie und wir im Zug beschossen. Die Deutschen haben zurückgefeuert und auch ein paar Ukrainer erwischt.«

Über 50.000 Polen wurden 1943 in den »roten Nächten« von Wolhynien massakriert, was bis heute nicht vergessen ist. Die Polen haben sich revanchiert. Den Rache-Akten fielen wieder viele Tausend ukrainische Zivilisten zum Opfer. Danach schien ein Zusammenleben unmöglich zu sein. Im Jalta-Abkommen sollte gleichzeitig mit der Westverschiebung Polens die ukrainische und die polnische Bevölkerung entflochten werden. So wurde am Kriegsende eine Million Polen aus Galizien und Wolhynien umgesiedelt, meist an die neue polnische Westgrenze. Umgekehrt wurden 150.000 Ukrainer, die in Südostpolen lebten, mit der Operation »Weichsel« aus ihren alten Siedlungsgebieten entweder in die Oder-Neiße-Grenzregionen oder in die Ukraine deportiert. Wegen dieser Gewaltaktionen sind die Wunden auf beiden Seiten noch nicht vernarbt.

Nach einer Irrfahrt durch Deutschland und Polen kam Josef mit seiner Mutter, Schwester und seinem Stiefvater in Sobibor an. »Wo ist das Dorf?«, fragte er. Das Dorf liegt fünf Kilometer weiter, wurde ihm gesagt. Hier sei nur die Bahnstation. Die Familie bezog dieses kleine leer stehende Stationsgebäude, vor dem wir jetzt stehen. Der Stiefvater arbeitete zunächst beim Bauern, dann betrieb er eine eigene kleine Landwirtschaft, mit vier Pferden und vier Kühen. Leider sei er früh gestorben.

Anfangs sei ihm die Nachbarschaft unheimlich gewesen, bekennt Josef. Mit Freunden habe er sich angeschaut, wo die Leichen verbrannt worden seien. Nun habe er sich an die Umgebung gewöhnt. Die Natur habe sich ja inzwischen auch den Wald zurückgeholt. Später, als er bei der Bahn anfing, sei das Haus hier zu einer Dienstwohnung geworden. Warum sei er hiergeblieben? »Etwas anderes konnten wir nicht finden«, sagt er lakonisch.

Josef stützt sich auf seine Axt. »Schauen Sie nach da drüben. Da wohnt mein Nachbar, praktisch auf dem Gelände des Lagers. In seinem Haus hat die SS Leute erschossen. Da möchte ich nicht wohnen.« Thema erledigt. Aber nicht für seine Frau. Sie leidet unter der Nähe des Todeslagers. Doch reden will sie nicht darüber. Als wolle sie eine Gegenwelt zu der riesigen Gruft gegenüber schaffen, hat sie hinter dem Haus eine blühende Blumenlandschaft angelegt. Merkwürdigerweise wollen die Blumenbeete vor dem Haus, die zum Lager hin liegen, trotz aller Pflege nicht so recht gedeihen. Josef sieht darin kein Zeichen des Himmels. Stoisch nimmt er das Leben hin. In früheren Jahren hatte er an Grabungen im Vernichtungslager teilnehmen müssen. Ganz heiß sei ihm geworden, wenn er auf Schuhe und andere Dinge gestoßen sei. Eine andere Gruppe habe zwei neue Massengräber entdeckt. Ein Massengrab sei 50 Meter lang, 30 Meter breit und sechs Meter tief. Die anderen seien etwas kleiner. Dennoch unvorstellbar, dass diese Riesenlöcher mit menschlicher Asche gefüllt sind!

»Stören Sie die Besucher?«

»Nein, es kommen ja nicht so viele. Meist sind es Polen und Juden aus Israel, USA und Deutschland. Wenn sie singen und beten, dann stelle ich meine Kreissäge ab. Warum sollte ich sie stören!«

»Haben Sie Mitleid mit diesen Besuchern?«

»Natürlich, meine Familie wurde ja auch ermordet. Man muss mit ihnen Mitleid haben – mit den Juden, Ukrainern, Polen und Deutschen. Sie sind alle irgendwo Opfer geworden und sie sind alle Menschen, egal welcher Nationalität. Und wenn einige, vielleicht sogar viele, schlecht sind, dann sind längst nicht alle schlecht. Es haben ja auch Polen Juden umgebracht oder denunziert. Das verurteilt ja doch nicht alle Polen.«

»Wie lange gibt es eigentlich keinen Personenverkehr mehr hier?«

»Seit zwei Jahren! Es hat sich nicht mehr gelohnt. 25 Jahre habe ich bei der Bahn gearbeitet. Es ist nicht angenehm zu sehen, wenn alles verfällt. Früher war das die schönste Bahnstation weit und breit. Und jetzt ist das vorbei.«

»Wie viel Fahrgäste hatten Sie früher?«

»300 pro Tag. Sie fuhren nach Chelm zur Arbeit oder sie kamen hierhin, um Pilze und Waldbeeren zu sammeln. Jetzt kommt keiner mehr. Wenn der Nachbar sein Haus nicht verlässt, sehe ich den ganzen Tag niemanden.«

»Was bedeutet für Sie der Bug?«

»Vor dem Krieg war das ein ganz normaler Fluss. Heute ist er die Grenze zur Ukraine und zu Weißrussland. Jetzt brauche ich einen Pass, um auf die andere Seite zu kommen.«

»Wollen Sie denn auf die andere Seite, zurück in Ihr Dorf?«
»Nein! Dort wurden meine Familienangehörigen ermordet. Ich
habe alles noch vor Augen. Ich weiß nicht einmal, wo sie begraben
sind. Wozu die alten Wunden aufreißen? Soll ich die treffen, die
meine Familie ermordet haben? Ich könnte etwas sagen, was ich
später bereuen würde. Nein, das ist vorbei. Das ist Geschichte.«

Das Kloster von Jableczna
Annette Dittert

Wenn es regnet – und es regnet oft in diesem Sommer –, wird der Bug zu einer schlammigen Angelegenheit, der man nur mit Mühe schöne Bilder abringen kann. Graugrün ist das Wasser dann vor einem papiernen Himmel, und die endlose flache Uferlandschaft kann einem an solchen Tagen ausgesprochen aufs Gemüt schlagen. Heute war ein solcher Tag und wir standen schon seit einer Stunde am Flussufer – auf der anderen Seite blicken wir jetzt auf Weißrussland –, in der Hoffnung, der Himmel möge doch endlich aufklaren. Was er aber nicht tat. Stattdessen beobachtete uns aus circa 10 Metern Entfernung missmutig eine alte Anglerin mit einem abgeschabten Stoffhut, der wie ein Topf auf ihrem Kopf saß. Ab und zu warf sie uns böse Blicke zu. Wir würden die Fische verjagen, rief sie schließlich in unsere Richtung, als sie merkte, dass ihre Blicke allein nicht halfen. Sie war nicht die erste Anglerin auf unserer Flussreise, deren Tag wir verdorben hatten.

Ich sage also freundlich, dass wir einfach nur auf eine kurze Aufhellung warteten, um an dieser Stelle Aufnahmen vom Bug zu machen, ernte aber nur eine hässliche Geste. »Das könnt ihr doch woanders tun, der Fluss sieht doch überall gleich aus.« Das können wir eben nicht, will ich ihr erklären, da wir hier an einer besonders wichtigen Stelle des Flusses stehen, aber da packt sie fluchend ihren Klappstuhl, ihre Angel und die Würmerdose und zieht von dannen.

Die Regentropfen klatschen einzeln auf die Wasseroberfläche und formen kleine Kringel, die sich in der Strömung wieder verlieren. Wenn sie nicht so auf ihre Fische fixiert gewesen wäre, hätte ich ihr gerne erklärt, dass wir deshalb hier standen, weil irgendwann im 15. Jahrhundert genau hier der heilige Eunufrius ihren damaligen Anglerkollegen erschienen sein soll. Dem Wasser soll er entstiegen sein und die Angler aufgefordert haben, in Zukunft an dieser Stelle des Bugs seinen Namen zu preisen. Am nächsten Morgen sei dann eine Ikone mit seinem Bildnis am Flussufer angeschwemmt worden. Vielleicht für die Ungläubigen unter den Fischern, die sein persönliches Erscheinen nur für eine Fata Morgana gehalten haben mochten. Die heilige Ikone jedenfalls wurde von den Anglern umgehend ins nächstgelegene Dorf gebracht. Nach kurzer Beratung entschied man sich, an dieser Stelle eine Kapelle zu bauen, um die Ikone darin aufzubewahren. Die Männer, die sie gefunden hatten, blieben fortan bei ihr, um sie zu bewachen, und so wurden sie Mönche. Das ist die Legende. Das Kloster, das so entstand, gibt es heute noch.

Es ist das Kloster von Jableczna, das älteste orthodoxe Kloster Polens. Und die kleine Kapelle, die damals, ein paar Meter vom Fluss entfernt, gebaut wurde, steht ebenfalls noch an derselben Stelle. Vom Bug aus ist sie heute kaum mehr zu sehen, so dicht ist sie von dunkelgrünen Laubbäumen umgeben. Nur die blaugrüne oberste Kuppel, gekrönt von einem orthodoxen Kreuz, ragt knapp oberhalb der Baumwipfel in den Himmel.

Unten vor der kleinen Treppe, die zu ihr hinaufführt, steht heute Morgen Vater Gregor in der traditionellen, schwarzen Mönchskluft, mit wild wucherndem Bart und einem Besen in der rechten Hand, mit dem er ungeduldig im Boden herumstochert. Vater Gregor ist seit 32 Jahren im Kloster von Jableczna. Ein Mönch, wie man ihn sich vorstellt, mit rosa Wangen, dicken kindlichen Lippen und einem offenen sorglosen Blick. Ein Gesicht, das jederzeit ohne Vorwarnung in lautes Gelächter ausbrechen kann. Viele Jahre lang war er der einzige Mönch, der hier die Stellung hielt. Heute hat er wieder Gesellschaft, denn heute erlebt das Kloster, wie die orthodoxe Kirche in Polen generell, fast so etwas wie eine Renaissance. 12 Mitbrüder hat Vater Gregor jetzt und einen Novizen gibt es auch. Pawel heißt er und auf den wartet er gerade. »Der musste noch einmal zurück zum Haupthaus, nach oben, weil er den Schlüssel vergessen hatte.«

Vater Gregor zeigt mit dem Besen auf einen Hügel Richtung Westen. »Da steht die Hauptkirche, einen knappen Kilometer von hier, und da wohnen wir auch. Die Kapelle ist nur ein Andenken an die Erscheinung der Ikone damals und wir benutzen sie auch nur zu besonderen Feiertagen.« Aber putzen müsse er sie natürlich trotzdem regelmäßig und lüften, damit es drinnen nicht zu feucht werde, so nah am Bug, wie sie nun einmal stehe. »Den Schlüssel bewahren wir aber oben in der Hauptkirche auf, genau wie die heilige Ikone. Das ist sicherer.« Er klopft wieder mit dem Besen auf den Boden. »Pawel, unser Novize, ist erst ein paar Monate hier. Er ist manchmal noch ein bisschen langsam, noch nicht ganz trocken hinter den Ohren.« Vater Gregor lacht dazu, warm und freundlich, kann aber eine gewisse Ungeduld nicht verbergen. Er war hier eben lange allein und muss sich offenbar erst wieder daran gewöhnen, auf jemanden zu warten. »Aber es ist natürlich wunderbar, dass jetzt wieder Leben im Kloster ist. Ein Soldat alleine kann den Krieg nicht gewinnen. Eine ganze Armee schon. Anders ist das auch bei uns nicht. Ich konnte die Stellung eine Weile halten, aber auf Dauer wäre das nichts gewesen. Ich wäre irgendwann gestorben und das Kloster damit auch.«

Er zeigt auf die wild wuchernden Wiesen rings um die Kapelle, die sich bis zum Flussufer hinunterziehen. »Früher war das nicht so grün und wild, da standen hier überall Kühe, über 200 Stück. Denn das war mal eine LPG hier. Das Land hat uns der Staat abgenommen, damals im Kommunismus, und die Kühe haben dann alles weggefressen.« Heute seien die Leute aus dem Dorf stattdessen arbeitslos. »Auch nicht gut«, meint er und schaut wieder ungeduldig in Richtung Hauptkirche, aus der sein Novize kommen müsste. Aber es sei so trotzdem immer noch besser als Kühe auf der Treppe zur heiligen Kapelle. Das Land hier am Bug gehöre jetzt wieder dem Kloster, der Staat habe es ihrem Kloster nach der Wende zurückgegeben und vorläufig dürfe es ruhig verwildern.

»Wir schaffen es nicht, es zu bewirtschaften, und die paar Bauern, die hier in der Gegend noch leben, die wollen es auch nicht pachten. Die bewirtschaften ja nicht mal ihr eigenes Land. Wozu auch? Lohnt sich ja sowieso nicht. Und deshalb wächst es hier jetzt, wie es wachsen will.«

Derart hoch steht das Gras, dass wir die kleine schwarze Gestalt fast übersehen hätten, die von weitem jetzt sehr langsam näher kommt. »Da ist er doch schon, Novize Pawel, ich hab's ja gesagt, dass er kommt.« Gregor grinst, ein bisschen gereizt begrüßt er ihn aber dennoch, wieso das denn so lange gedauert habe. Aber Pawel, ein blasser, schmaler Junge mit einem dünnen Pferdeschwanz, ignoriert den leisen Vorwurf genauso wie uns, reicht ihm stattdessen nur wortlos den Schlüssel.

Die Kapelle ist ganz aus hell gestrichenem Holz gebaut, mit großen, bogenförmigen Glasfenstern an der Seite und einem riesigen Portal, das sich fast über die ganze Frontseite erstreckt. Das Schloss ist ziemlich eingerostet, und als sie es mühsam geöffnet haben, beginnt der noch schwierigere Teil der Prozedur. Die überdimensionalen Holztüren des Portals, die sich durch die Feuchtigkeit verzogen haben, müssen zur Seite geklappt werden. Kein einfaches Unternehmen, das auch nur dank unserer Hilfe einigermaßen gelingt. Zu zweit hätten sie damit sicher den halben Vormittag verbracht. Ansonsten stören wir eher, wie meist. Für die Kamera muss nämlich das ganze Procedere noch einmal wiederholt werden, womit sich das mit der gesparten Zeit auch erledigt hätte.

Am meisten aber stören wir den Novizen Pawel, der konsequent an mir vorbei auf den Boden schaut, als er jetzt beginnt, Teppiche und Kerzenständer in den vorderen Raum der Kapelle zu holen, und der auch sonst sein Missvergnügen über unsere Anwesenheit mit jeder Geste ausdrückt.

Als ich ihn frage, warum er das tut, beginnt er einen Dialog mit dem Teppich, den er gerade auszurollen versucht.

»Ein Mönch darf niemandem in die Augen schauen, einer Frau schon gar nicht. Es geht darum, dass man keine Bilder im Kopf haben soll, die einen nachts verfolgen, wenn der Geist unreine Gedanken hat«, erklärt er dem Teppich. »Die heiligen Väter sagen das immer wieder, dass man nie jemandem direkt in die Augen sehen darf, vor allem den Frauen nicht.« Da hatte aber Vater Gregor offenbar andere Lehrmeister, erkläre ich dem Teppich, meinen Blick ebenfalls nach unten gerichtet. Der hätte mich nämlich durchaus angesehen, sogar ziemlich genau. Gregors Stimme tönt denn auch sofort aus dem hinteren Raum der Kapelle: »Ich habe das doch schon längst alles hinter mir, in meinem Alter ist das völlig egal, da regt sich nicht mehr viel. Ich gehe auf den Sonnenuntergang zu, da kann man sich ruhig vorher noch ein bisschen umsehen in der Welt.« Und er lacht, bis es durch die ganze Kapelle schallt. Pawel lacht nicht, lächelt nicht einmal. Er hat es mit Mühe geschafft, den schweren Teppich auszurollen, und fegt ihn jetzt, stumm und konzentriert. Ich versuche es noch einmal. Was ihn denn bewogen habe, hier ins Kloster zu kommen, so jung wie er sei? »Die Ruhe, die heilige Ikone, die ganze Heiligkeit des Ortes.« Er bearbeitet den vorderen Teil des Teppichs. Ob das nicht schwer sei, so plötzlich alles hinter sich zu lassen? »Der, der seine Eltern und Geschwister mehr liebt als mich, hat Gott gesagt, der ist meiner nicht wert. Die Heiligen haben ihre Familien vergessen und sind in die Wüste gegangen«, nuschelt er und dreht mir den Rücken zu, weil er jetzt den hinteren Teil des Teppichs fegen will. Wir folgen ihm. Ich habe mich mittlerweile daran gewöhnt, der Teppich zu sein.

Ob das nicht manchmal schwer für ihn sei, so ganz ohne seine Familie hier zu leben, will ich weiter wissen, und er erzählt immer noch widerstrebend, aber allmählich flüssiger. Ab und zu bekomme er Briefe von seinen Eltern, er sei jedoch bis jetzt standhaft geblieben und habe nicht geantwortet. »Traurig ist das schon, aber wenn der Mensch nicht alles hinter sich lässt, kann er sich nicht auf seine Erlösung konzentrieren. Mehr kann ich Ihnen nicht sagen, ich bin schließlich erst ein paar Monate hier.«

Er wird wieder stumm und blickt unglücklich Richtung Bug. Den Teppich hat er nicht wirklich gut gefegt, so wie wir ihn in die Ecke gedrängt haben, und auf seine Erlösung kann er sich so natürlich auch nicht konzentrieren. Für den Moment gebe ich es auf, ziemlich ratlos, was diesen Jungen wohl wirklich hierher getrieben haben mag. Wir müssen das Interview mit ihm noch einmal woanders versuchen. Denn da steht auch schon Vater Gregor wieder vor uns, mit seinem Besen, mit dem er jetzt gen Himmel zeigt: »Gleich wird es hier richtig losgehen, mit dem Regen. Den schickt mal wieder Lukaschenko, der Präsident von Weißrussland. Das schlechte Wetter kommt immer aus Weißrussland, aus dem Osten, aus der Gegend hinter dem Bug.«

Ein Motorrad biegt um die Ecke. Grenzschützer. Vater Gregor stürzt auf sie zu. Anders als sein Novize freut er sich offensichtlich über jede Ablenkung. Sieben- bis achtmal am Tag kämen die vorbei, erklärt er uns, als sie mit einem gewagten Linksschwung direkt vor unseren Füßen parken. Was denn hier los sei? »Alles in Ordnung«, erklärt ihnen Gregor, das sei nur das deutsche Fernsehen, ansonsten sei alles ruhig und wie immer.

Ob die Mönche mit ihnen zusammenarbeiten, will ich wissen. »Klar, wenn Vater Gregor verdächtige Menschen sieht oder seltsame Geräusche hört, dann ruft er an. Er hat unsere Handynummer und wir kommen dann. In letzter Zeit ist es selten passiert, hier kommt fast nie jemand vorbei, noch nicht einmal illegale Flüchtlinge.« – »Ich bin trotzdem froh, dass es euch gibt«, wirft Gregor ein, für ihn sei das beruhigend, »schließlich steht unser Kloster direkt an der Grenze und so ganz geheuer ist mir das oft nicht, vor allem damals nicht, als ich noch alleine hier war.« Das letzte Mal seien vor einem Jahr Flüchtlinge hier gewesen, aber die weißrussische Seite habe sie zu spät informiert und da seien sie entwischt, meint einer der beiden Grenzschützer und zuckt ratlos mit den Achseln. Sie seien hier einfach viel zu wenig Leute und die technische Ausrüstung, die man ihnen versprochen habe, sei auch immer noch nicht gekommen. »An der deutsch-polnischen Grenze, da haben sie es viel besser, da haben die sogar richtige Überwachungskameras, und solche, die nachts sehen können, Wärmekameras.«

Die beiden Grenzschützer haben ihre Helme abgenommen und in diesem Moment geht das Gewitter los. »Lukaschenko, ich habs doch gesagt«, ruft Gregor, nimmt sich einen der grünen Grenzschutzhelme als Regenschutz und läuft hoch in die Kapelle, in der der Novize noch immer seinen Teppich fegt. Die beiden Grenzschützer hinter ihm her. Der Novize wird sich freuen. Schon wieder neue Gesellschaft. Dann beginnt es so zu schütten, dass wir im Teamwagen unterkriechen müssen. Da wir schon einmal im Auto sitzen und der Regen nach einer dauerhaften Veranstaltung aussieht, lassen wir die Grenzschützer, Vater Gregor und den Novizen allein und fahren hoch zum Kloster.

Oben in der zentralen Klosterkirche bereiten mehrere, in ihre traditionellen schwarzen Gewänder gekleidete Mönche den Abendgottesdienst vor. Einer von ihnen spreche Englisch, hatte uns Vater Gregor zuvor erzählt, der werde uns gerne herumführen und uns die Geschichte des Klosters erklären. Es ist Vater Abraham. Ein großer, schlanker, asketischer Mann mit fein geschnittenen Gesichtszügen, einer sehr spitzen Nase und weißem Bart. Zu unserem Erstaunen spricht er mehr als Englisch, er spricht Britisch. Mit einer hohen, dünnen Stimme, die genauso wenig zu ihm passt wie seine ganze Erscheinung zu dieser Umgebung. Ein aristokratisch wirkender Brite mit langem, weißen Bart in einem orthodoxen Kloster an der polnischen Ostgrenze zu Weißrussland.

Später wird sich herausstellen, dass seine persönliche Geschichte mindestens so interessant wie die des Klosters ist. Aber zunächst bittet er uns in die Klosterkirche, in der heute die damals am Bug angespülte Ikone des heiligen Eunufrius aufbewahrt ist. Links vorm Altar hängt sie, die gut einen Meter hohe Abbildung eines langen, dünnen Mannes mit einem Bart, der ihm bis zu den Knien reicht. Um ihn herum ist die Ikone von einem silbernen Mantel bedeckt, in den stilisierte Bäume eingraviert sind. Historiker schätzen, dass sie aus dem 12. oder 13. Jahrhundert stammt, erklärt Vater Abraham.

Dieser heilige Eunufrius war ein frommer Eremit, der Anfang des vierten Jahrhunderts in der ägyptischen Wüste gelebt habe und dort fernab von allem weltlichen Tun betete und meditierte. Einer der ersten Mönche, wenn man so will. Denn dort in der Wüste versammelte er weitere Jünger um sich, die mit ihm in der Abgeschiedenheit beteten und so Gott näher kommen wollten. Daneben, auf der anderen Seite des Altars, hängt eine zweite Ikone, in derselben Größe, die heilige Ikone der »Muttergottes von Jableczna«. Sie sei wohl aus derselben Zeit, zumindest sei das die Überzeugung verschiedener Wissenschaftler, die beide Ikonen untersucht hätten. Insofern seien sie nicht nur für das Kloster aus spirituellen Gründen von ungeheurem Wert, sondern auch als historische Kunstwerke von Bedeutung.

Vater Abraham streicht mit seinen langen dünnen Fingern durch seinen langen dünnen Bart und sieht dem heiligen Eunufrius, jetzt wo er neben ihm steht, plötzlich ziemlich ähnlich. Viele Katastrophen habe das Kloster überlebt, die meisten wie durch ein Wunder, aber die größte Katastrophe sei 1990 passiert. Damals waren mit Vater Gregor erst drei andere Mönche im Kloster und in einer regnerischen Herbstnacht wurde die Klosterkirche überfallen, die Ikonen geraubt. Vier Jahre habe es gedauert, bis man sie auf abenteuerliche Weise wiederbekommen habe.

Nachdem die Polizei die Kirche untersucht hatte, in den darauf folgenden Monaten aber nichts geschah, setzte der Erzbischof von Lublin einen Finderlohn von 10.000 Zloty aus. Vier Jahre lang hörte man nichts, das Kloster stand leer, ohne sein zentrales Heiligtum, die Mönche waren verzweifelt. Bis 1994 eines Tages plötzlich das Telefon im Büro des Erzbischofs klingelte. Ein Mann war in die Leitung, der unverhohlen erklärte, die Ikonen nicht losgeworden zu sein, und dass er sie gerne dem Kloster zurückgeben wolle. Nur der Preis sei ein bisschen niedrig. Nach einigem Hin und Her einigte man sich auf die doppelte Summe, auf 20.000 Zloty. Der Entführer diktierte dann den genauen Ablauf der Übergabe. Das Geld sollte in einer Dose in der Nähe des Bischofssitzes deponiert werden, daraufhin werde er sich wieder telefonisch melden und den Ort preisgeben, an dem die Ikonen zu finden seien. Auf eigene Faust, ohne die Polizei einzuschalten, riskierte der Erzbischof den angebotenen Deal. Das Geld verschwand, von dem Entführer hörte er vier lange Tage nichts.

Es müssen schreckliche Tage gewesen sein, 20.000 Zloty ist eine ungeheure Summe für die orthodoxe Kirche in Ostpolen, die nicht gerade im Geld schwimmt. Erst am vierten Tag kam der erlösende Anruf. In einem Holzhäuschen neben einer verlassenen Bushaltestelle solle er nach den Ikonen suchen. Und da wurden sie dann auch gefunden. Vater Abraham, der während dieser Erzählung die beiden Ikonen nicht aus den Augen gelassen hatte, lächelt jetzt milde und dreht sich wieder zu uns. Der Bischof sei damals überglücklich gewesen, die örtliche Polizei hingegen ziemlich ungehalten über ihn und das eigenmächtige Vorgehen der Klostergemeinde. Die anschließende Fahndung hätte dann auch nichts mehr ergeben. Vater Abraham lächelt wieder milde, das sei dann wohl Gottes Wille gewesen.

Die andere große Katastrophe für das Kloster war der Zweite
Weltkrieg und seine Folgen. Im August 1942 brannten Soldaten
der Deutschen Wehrmacht die Wohnhäuser, die Bibliothek und
die Wirtschaftsgebäude des Klosters nieder. Nur die Kirche überlebte die Verwüstungen. »Und wissen Sie warum? Wegen dieser
Kreuze hier.« Vater Abraham zeigt auf die bunte Wandbemalung
an den Seiten des Altars, auf eine ganze Schnur von Kreuzen, die
die Szenen mit unterschiedlichen Heiligen voneinander trennen.
»Sehen aus wie Hakenkreuze, nicht? Aber das sind einfach nur
arische Kreuze, die gab es schon Jahrhunderte vor den Nazis in
Indien und Persien. Aber die Deutschen dachten offenbar, das
seien Hakenkreuze, und beschlossen deshalb, die Kirche für Pro-
pagandazwecke zu erhalten. Wenn man genau hinsieht, dann
sieht man, dass es gar keine Hakenkreuze sind. Die Zacken dieser
Kreuze gehen in die andere Richtung. Hitler hatte ja das alte arische Kreuz umgedreht. So wie der Teufel das Christentum hasst
und das Kreuz umkippen muss. So genau haben die deutschen
Soldaten, die damals hier waren, jedoch offenbar nicht hinge-
guckt.«
Befriedigt über diese Pointe streicht er wieder über beide Enden
seines Barts, als ob er ihn zusammenhalten müsse. So ganz sicher
sei er sich auch nicht, ob das nun wirklich der Grund gewesen sei.
Aber so erzähle man es hier und fest stehe auf jeden Fall, dass es
ganz offenbar Gottes Wille gewesen sei, dass die Kirche des Klosters und die heiligen Ikonen über die Jahrhunderte nicht zerstört
worden seien.

Es hat aufgehört zu regnen. Als wir aus der dunklen Klosterkirche
treten, scheint draußen die Sonne. Eigentlich müssten wir schnellstens runter zum Fluss, um endlich die Flussbilder in einem brauch-
baren Licht zu drehen, außerdem wollte ich noch mit Vater Abraham über sein Britisch und seine persönliche Geschichte sprechen.
Aber wir sind im Haupthaus mit dem Abt verabredet, der nach
Warschau muss und nicht mehr warten kann. Ich bin mir sicher,
dass es danach wieder regnen wird. So ist das immer. Wir bitten
Vater Abraham, einen Moment auf uns zu warten, und ich schicke
ein Stoßgebet zum Himmel.

Im Büro des Abtes Jerzy sirrt ein Fax. Seltsame Hieroglyphen spuckt der Drucker aus, Seite um Seite. Altslawisch, die Sprache, in der die Orthodoxen hier immer noch ihre Messe lesen. Der Abt lädt uns an seinen Schreibtisch. Es ist eng in seinem Büro und das Licht ist grässlich. Janek flucht. Ich entschuldige mich beim Abt dafür. Dann stolpert Michal, der Tonmann, über die Lampe, die wir aufgestellt haben. Um ein Haar wäre sie am Faxgerät des Abtes zerschellt. Oder sein Faxgerät an unserer Lampe. Ich entschuldige mich noch einmal. Der Abt meint, er habe wirklich nicht viel Zeit. Michal stellt die Lampe wieder hin und ich habe vergessen, was ich fragen wollte. Der Abt mustert mich freundlich und fragt mich, was ich denn wissen wolle. Als ich meine erste Frage stellen will, irgendeine erste Frage, um einfach einen Anfang zu machen, unterbricht Michal und erklärt, er könne das Interview nicht aufzeichnen, solange das Fax laufe. Das Sirren sei zu laut. Die Faxübertragung kann man aber nicht abbrechen, da es sich um einen liturgischen Text für eine der nächsten Messen handelt. Orthodoxe Messen sind lang und das Fax hatte gerade erst begonnen zu drucken, als wir hereinkamen. Der Abt, der jetzt gehetzt wirkt, erklärt, dass es auch technisch schwierig sei, ein eingehendes Fax zu stoppen. Egal, sage ich, dann sirrt es eben im Hintergrund. Michal ist nicht zufrieden, aber sagt nichts mehr. Janek dreht und das nun folgende Interview ist kurz, aber dank der nicht zu erschütternden Freundlichkeit des Abtes und seiner sehr tiefen, klingenden Stimme, die das Fax einfach übertönt, hinterher doch brauchbar:

»Kann man heute tatsächlich von einem Wiederaufblühen der orthodoxen Kirche hier im Osten Polens sprechen?«

»Ja, ganz sicher, ich würde es eine Renaissance nennen. Viele sagen sogar, dass das 21.Jahrhundert das Jahrhundert der russischorthodoxen Kirche in Polen sein wird. So groß ist das Interesse an ihr.«

»In Jableczna leben heute zwölf Mönche und ein Novize. Ist das wirklich eine Renaissance? Verglichen mit den katholischen Klostern in Polen ist das doch eher eine kleine Gemeinschaft?«

»Sicher, Anfang des Jahrhunderts lebten hier fast 400 Mönche. Aber sie dürfen das nicht nur an den Mönchen messen. Obwohl

12 schon eine enorme Zahl ist, wenn man bedenkt, dass Bruder Gregor hier über Jahre ganz alleine war. Und sehr wichtig ist, dass die meisten der neuen Mönche sehr jung sind.«

»Was sind denn eigentlich heute die Motive z. B. eines Achtzehnjährigen, ins Kloster einzutreten?«

»Das ist schwer zu sagen, mit Sicherheit die innere Stimme. Aber auch der Zustand der Welt da draußen ganz allgemein. Diese totale Verweltlichung, in der man keine Antwort mehr auf geistige Fragen bekommt. Und gerade junge Leute suchen nach Antworten. Hier bekommen sie sie eher als draußen. Und dennoch, ich weiß, wie schwer diese Entscheidung ist, das ist ja keine Entscheidung für ein paar Jahre, sondern für das ganze Leben. Deshalb drängen wir auch niemanden, sondern warten in Ruhe ab. Das Noviziat zum Beispiel soll in Zukunft von einem auf drei Jahre erweitert werden.«

»Aber noch einmal die Frage, wie kann man bei 12 Mönchen von einer Renaissance sprechen?«

»Es ist ja nicht nur die Zahl der Mönche, insgesamt entwickelt sich das Leben der orthodoxen Gemeinden und das des Klosters jetzt wieder. Wir schätzen die Zahl unserer Gemeindemitglieder in ganz Polen jetzt auf wieder 800.000 Menschen. Und es gibt zum Beispiel sehr viel mehr Besucher, die zu uns kommen. Neugierige, Touristen, Gläubige. Außerdem haben wir – seit die Grenzen wieder offen sind – eine sehr lebendige Zusammenarbeit mit orthodoxen Jugendlichen aus der ganzen Welt. Im Sommer, wenn unsere wichtigste Pilgerfahrt, die nach Grabarka, beginnt, kommen Zehntausende von überall her, um mit uns zu unserem heiligen Berg zu pilgern. Das alles gab es früher so nicht. Wir haben heute die Möglichkeit, die heiligen Stätten im heiligen Land zu besuchen. Und wir haben einen ganz anderen rechtlichen Status als vor 1989.«

»Wie hat sich das verändert, das Verhältnis zwischen dem polnischen Staat und Ihrer Kirche?«

»Seit 1989, seit dem Ende des Sozialismus, können wir wieder freier atmen. Vieles hat sich seitdem verändert. 1991 zum Beispiel wurde ein Gesetz unterzeichnet, mit dem die Beziehungen zwischen dem Staat und der polnisch-orthodoxen Kirche geregelt wurden. Das sichert uns bestimmte Rechte zu, die wir vorher nicht hatten. Zum Beispiel, dass wir wieder orthodoxen Religionsunterricht in den Schulen abhalten dürfen.«

»Es gibt keine Kirchensteuer in Polen, wie finanzieren Sie sich eigentlich?«

»Nein, von so etwas wie einer Kirchensteuer können wir nur träumen. Die orthodoxe Kirche in Polen erhält sich ausschließlich aus Spenden und den Gaben ihrer Gläubigen. Und das ist schwer, denn nach dem Zweiten Weltkrieg wurden viele unserer Gemeindemitglieder in der so genannten »Weichsel-Aktion« verfolgt und nach Westpolen umgesiedelt. Und das Kloster hat immer nur zusammen mit seiner Gemeinde leben können. Damals nach diesen Umsiedelungen blieben von vielleicht 1500 Gläubigen hier in der Gegend gerade noch 80 übrig. Und das Kloster verarmte natürlich. Heute ist die finanzielle Situation der Menschen in Ostpolen generell schwierig, da können wir nicht viel erwarten, aber dennoch, so viel die Menschen geben können, so viel geben sie uns. Ansonsten sind wir auf Spenden aus dem Ausland angewiesen. Es gibt zum Beispiel eine deutsch-polnische Stiftung, die uns Geld zukommen ließ, als Wiedergutmachung für das im Zweiten Weltkrieg zerstörte Wohngebäude. Aber wir bekommen auch private Spenden aus dem Ausland. Und so können wir das Kloster erhalten.«

Meine letzte Frage gilt seinem Gewand. Das wollte ich schon immer mal wissen. Warum diese hohe Kopfbedeckung, die hinten mit einem langen Schleier über den Rücken endet? »Sie nennt sich ›Klobuk‹ auf Altslawisch«, erklärt er, »und hat eine sehr wichtige symbolische Bedeutung. Vor allem der Schleier. Der nämlich steht dafür, dass ein Mönch nie in seine Vergangenheit zurückschauen darf, sich nicht umdrehen soll, sondern nach vorne, den Weg zur Erlösung beschreiten möge.«

Und den Frauen nicht in die Augen schauen möge, dachte ich, denn mir war während des Gesprächs immer wieder der kleine Novize eingefallen. Ob es bei ihm die innere Stimme war? Oder war er einfach nur verunsichert von der Welt da »draußen«? Wir würden den Novizen noch einmal suchen müssen, jetzt, da das Interview mit dem Abt zu Ende war. Der steht schnell, bestimmt und deutlich erleichtert vom Schreibtisch auf, jetzt müsse er wirk-

Die polnisch-orthodoxe Kirche

Polen gilt heute als *das* katholische Land Europas. Tatsächlich sind gut 95 Prozent der Bevölkerung katholisch getauft. Die Orthodoxen sind heute eine – wenn auch wieder wachsende – deutliche Minderheit. Die Dominanz der römisch-katholischen Kirche wurde jedoch erst durch den Zweiten Weltkrieg und seine Folgen geschaffen. 1918, als Polen unabhängig wurde, waren fast 40 Prozent der Bevölkerung anderer Religion und Volkszugehörigkeit. Juden, griechisch-katholische und orthodoxe Ukrainer lebten auf polnischem Staatsgebiet, orthodoxe Weißrussen, protestantische Deutsche. Die Orthodoxen waren nach den Juden die zweitgrößte Gruppe auf polnischem Territorium. Und auch sie wollten, wie der polnische Staat, mit der Sowjetunion möglichst wenig zu tun haben. 1922 erklärte in Warschau eine Synode die Autokephalie, also die Unabhängigkeit der polnisch-orthodoxen Kirche vom Moskauer Patriarchat, wogegen die russisch-orthodoxe Kirche Protest einlegte.

Diese neue Freiheit währte nicht lange. Mit dem Hitler-Stalin-Pakt 1939 fielen die Ostgebiete Polens wieder an die Sowjetunion, und so kamen die meisten Orthodoxen wieder unter die Kontrolle der russischen Kirche. Auf dem verbliebenen polnischen Gebiet lebten nach Ende des Zweiten Weltkriegs nur noch ein paar Hunderttausend Orthodoxe, viele von ihnen Ukrainer, die ab 1947 im Rahmen der so genannten »Weichsel-Aktion« nach Westen vertrieben und umgesiedelt wurden. In alle Richtungen zerstreut, konnten sie ihren Glauben nur schwer weiter praktizieren, was durch die kommunistische Machtübernahme noch erschwert wurde. 1948 wurde das Oberhaupt der polnisch-orthodoxen Kirche, der Metropolit Dionisi, abgesetzt. Für die in Polen gebliebenen orthodoxen Gläubigen begann eine schwierige Zeit.

Heute ist die Eigenständigkeit der polnisch-orthodoxen Kirche vom Moskauer Patriarchat wieder anerkannt. Sie ist nach der römisch-katholischen Kirche wieder die zweitstärkste Glaubensgemeinschaft in Polen und zählt mehr als 600.000 Mitglieder in über 250 Pfarreien. Seit 1991 ist sie überdies juristisch anerkannt. Ein Gesetz regelt die Beziehungen des Staates zur orthodoxen Kirche und erlaubt orthodoxen Religionsunterricht in staatlichen und privaten Schulen.

lich los, und verabschiedet sich. Sein schwarzes Gewand und der lange Schleier gegen die Vergangenheit wehen im Wind, als er über den Hof hinaus auf die Straße eilt, wo sein Wagen wartet, der ihn nach Warschau bringen wird.

Als wir in den Vorhof der Klosterkirche zurückkehren, ist die Sonne weg. Das war klar. Und statt des britisch sprechenden Vater Abraham empfängt uns ein ausgesprochen fröhlicher Vater Gregor. Die Kapelle sei geputzt, der Novize irgendwohin verschwunden, und er, Gregor, habe jetzt bis zum Abend nur noch seine Bienen, um die er sich kümmern müsse. Und wenn wir wollten, würde er sie uns gerne vorstellen. »Sie haben es nämlich gut hier, meine Bienchen«, lacht er, »denn hier am Bug ist die Natur noch sauber, und die Bienchen brauchen ja keinen Pass, die können hin und her, rüber über den Bug und zurück. Und bei Lukaschenko gibt's ja noch die LPGs, da blüht so einiges, zumindest auf den Feldern ...«

Aber Vater Abraham, der asketische Brite, hat jetzt Vorrang vor Gregor und seinen Bienen. Nach kurzem Suchen finden wir Abraham tatsächlich, allerdings wieder in der Kirche. Und hier erklärt er uns, könne er mit uns nicht über seine persönliche Geschichte sprechen. Die sei zu profan. Also wo dann? Draußen wird es jeden Moment wieder zu regnen beginnen, in seine Zelle darf ich als Frau nicht hinein. Bliebe die Bäckerei, wo er gleich das Brot für die Hostien backen muss, da ist aber der Teig noch nicht fertig.

Also versuchen wir es in der Winterkapelle im Haupthaus. Eine kleine Kapelle, die nicht ganz so heilig ist wie die Hauptkirche und die deshalb so heißt, weil sie nur dann benutzt wird, wenn es im Winter in der Hauptkirche, die keine Heizung hat, zu kalt wird. Und es kann sehr kalt werden im Winter in Ostpolen. Vater Abraham schließt die Tür hinter sich und zündet ein paar Kerzen auf dem kleinen Altar an. Er will nur ungern über seine Vergangenheit sprechen, ein Mönch soll schließlich nicht zurückblicken, fiel mir das Interview mit dem Abt ein, und unser Gespräch ist am Anfang denn auch ein mühsames Unternehmen.

Dabei ist seine Geschichte wirklich verblüffend. In der englischen Grafschaft Dorset wurde er geboren, vor 55 Jahren, als Sohn einer polnischen Flüchtlingsfamilie. Sein Vater hatte gegen die

Nazis gekämpft und war von ihnen in das norddeutsche Konzentrationslager Bergen-Belsen verschleppt worden, das er überlebte. Von dort emigrierte die ganze Familie nach England. Erst auf der Schule begann er Englisch zu sprechen, vorher hatte er ganz im Milieu der polnischen Exilgemeinde gelebt. »Ich hatte sehr große Sehnsucht nach Polen, das ich ja gar nicht kannte, und ich wollte Teil am Wiederaufbau des Landes haben. Denn so wurde ich erzogen, das war der Traum meiner Eltern.« Er streicht über seinen langen, dünnen Bart, zögert ein bisschen und zündet dann noch eine Kerze an.

Und dann? »And then I became a banker.« Ein Banker? Ja, nach London sei er gegangen und habe bei einer großen österreichischen Bank gearbeitet. Aber das alles habe ihn überhaupt nicht befriedigt. Immer sei er auf der Suche nach einer tieferen spirituellen Erfahrung gewesen, auch in der Zeit, als er als Banker gearbeitet habe, das schließe sich gar nicht aus. Aber noch unbefriedigender als der Job sei für ihn der Katholizismus gewesen. Denn zunächst war er ja wie jeder anständige Pole als Katholik erzogen worden. »Aber die katholischen Gottesdienste waren mir zu nüchtern, die wirkten auf mich immer eher wie ›business meetings‹. Und so entschied ich mich, zunächst diese Kirche und dann auch meinen Beruf zu verlassen.«

Noch in London trat er zur orthodoxen Kirche über, 1995 schmiss er seinen Beruf als Banker und ging nach München, in das russisch-orthodoxe Kloster nach Obermenzing, in dem er zwei Jahre später sein Gelübde ablegte. »Ja und dann ging es ziemlich hin und her, über Berlin nach Chicago, wo ich immer wieder in verschiedenen Pfarreien arbeitete. Eigentlich aber war ich ja Mönch und ein orthodoxer Mönch sollte sein Leben in dem Kloster leben, in dem er sein Gelübde abgelegt hat. Davon aber war ich sehr weit weg, alle zwei Jahre fand ich mich woanders wieder. Das beunruhigte mich sehr und dann wurde ich lange krank.«

Vater Abraham nimmt die Kerzen, die noch unangezündet auf dem Altar liegen, und räumt sie sehr sorgfältig zur Seite, wo er sie zu einem kleinen Stapel schichtet und sich dabei von uns abwendet. Jetzt schweigt er. Seine Stimme ist hoch und seltsam monoton, fällt mir auf, als es plötzlich still geworden ist. Ein seltsamer Singsang. Ich kann mir diesen Mönch beim besten Willen nicht als Banker vorstellen, noch nicht einmal als Passagier in einem Flugzeug. Er dreht sich wieder zu uns um und erzählt weiter. »Ja, und dann lernte ich durch einen Zufall in Berlin den Erzbischof Sawa, den Erzbischof der polnisch-orthodoxen Kirche, kennen. Und der schlug mir vor, dass ich als Pole doch vielleicht in Polen leben sollte. Ich entschied mich das zu tun, und dann schickte er mich hierher, nach Jableczna.«

Er hält einen kurzen Moment inne, als ob er nun genug habe von uns, fährt dann aber doch fort. »Was der Erzbischof nicht wusste, war, dass mein Vater nur 15 Kilometer von hier entfernt geboren ist. Ich war noch nie hier gewesen, aber als ich das erfuhr und hier ankam, habe ich mich sofort in diesen Ort verliebt.« So sei eben Gottes Wille. Und jetzt sei es genug mit dem Interview, er habe Wichtiges zu tun, das Brot für die Hostien müsse er heute backen, dabei könnten wir ihn später gerne filmen. Der Teig für die Hostien sei ein Sauerteig, der verderbe sonst, und das brächte ihn endgültig aus der Ruhe.

Vater Gregor, der sich so schnell nicht aus der Ruhe bringen lässt, von uns schon gar nicht, hat seine Bienenzucht auf der Rückseite des Klosters angelegt und freut sich, dass wir kommen. Im Schatten der Kirche stehen an die 40 kleine bunte Bienenhäuschen im Kreis, jedes in einer anderen Farbe, dahinter eine Holzbude, offenbar seine Werkstatt, vor der ein altertümlicher Liegestuhl steht, sein Lieblingsplatz. »Hier sitze ich oft stundenlang, schaue auf die Bienchen und in den Himmel und bin einfach zufrieden, dass ich das Schlimmste schon hinter mir habe.« Was denn so schlimm gewesen sei, wollen wir wissen. »Die jungen Jahre, natürlich. Was meinen Sie denn? Man ist jung und kommt auf dumme Gedanken. Der Körper hat schließlich auch so seine Vorstellung vom Leben.«

Er nimmt einen der vielen Holzrahmen, die in einem wilden Durcheinander aufgetürmt vor seiner Werkstatt liegen, offenbar Rahmen für die Waben, und beginnt ihn zu reparieren. »Es gab schon Zeiten, in denen das ganz schön schwer war und in denen ich mich auch einsam gefühlt habe, vor allem, als ich hier noch ganz alleine im Kloster war. Und ich hatte unglaublich viel zu tun, von morgens bis abends habe ich gearbeitet, wie am Fließband.« Das wiederum sei gut gewesen, Vater Gregor kratzt sich kurz am Kopf, bevor er weiter an seinem Holzrahmen rumschraubt, denn da habe er so viel gearbeitet, dass er sie eben kaum gehabt hätte, die dummen Gedanken. Stattdessen sei er abends todmüde ins Bett gefallen.

»Die allerschlimmste Zeit war aber die, als die Ikone des heiligen Eunufrius gestohlen wurde. Die Polizei hatte ja keine Ahnung, um was es für uns ging. Ich bin immer wieder zu ihnen hingefahren und habe ihnen gesagt, dass sie das nicht so leicht nehmen sollten, dass ich mein Leben für die Ikonen opfern würde. Dass das ganze Kloster ohne die Ikone nichts wert sei. Dass der Erzbischof in Lublin die Ikonen schließlich auf eigene Verantwortung von dem Entführer zurückgekauft habe, das sei doch die einzige Lösung gewesen. Das Erzählen dieser Geschichte hat ihn nun doch sichtlich aufgeregt, die Farbe seiner rosa Wangen hat jedenfalls einen Hauch ins Rötliche gewechselt. Er lehnt sich zurück in seinen Liegestuhl und atmet tief aus.

»Und jetzt bin ich alt und erschöpft und möchte nirgendwo anders mehr hin. Bin froh, dass ich mich nur noch um die Bienchen kümmern muss.«

Es summt um uns herum und ich habe das Gefühl, dass es immer mehr Bienen werden, die kreuz und quer durch die Luft schwirren. Irgendwie liegt Unfrieden in der Luft. Mit Hinweis auf meine Bienengiftallergie, die ich tatsächlich habe, ziehe ich mich vorsichtig zurück und überlasse den anderen das Feld. Irgendetwas ist nicht in Ordnung mit den Bienen, sie sind eindeutig aufgeregt. Denn auch Vater Gregor springt plötzlich auf, ziemlich schnell und behende, nimmt sich seinen selbst gebastelten Imkerhut und läuft zu einem seiner Bienenhäuschen. Den Rest verfolge ich aus sicherer Entfernung. Und schaue es mir später – noch sicherer – im Schneideraum an.

Ich sehe einen konzentriert, aber sehr schnell agierenden Mönch mit Netz um den Kopf, viele Bienen und hektische Schwenks. Ab und zu eins der Teammitglieder, von denen in regelmäßigen

Abständen immer wieder eines fluchend das Weite sucht. Eine neue Königin war gerade geschlüpft, der Schwarm war im Begriff, sich deshalb zu teilen, womit Vater Gregor nicht gerechnet hatte. Und das war ganz offensichtlich eine Krisensituation. Für die Bienen und für unser Team. Denn Bienen sind in solch einem Moment sehr aggressiv gegen alles, was sie nicht kennen, erklärt Vater Gregor, während er versucht, die aufgeregten Tiere mit einem Holzrahmen in einen leeren Kasten zu manövrieren. »Mich und meinen Geruch kennen die, mich würden sie noch nicht einmal stechen, wenn ich die Imkerhaube abnehmen würde.« Er lacht, die Kamera schwenkt Richtung Boden. Denn Janek, Michal und Mariusz kannten die Bienen nun einmal nicht.

Erschwerend komme hinzu, wie Vater Gregor erklärt, dass in dem Moment, in dem eine Biene einen vermeintlichen Feind gestochen habe, sie dessen Geruch in den Stock zurücktrage. Und das sei eine direkte Aufforderung für alle anderen, den so riechenden Gegner ebenfalls zu attackieren. Das war der letzte O-Ton auf dem Band. Janek, der gerade gestochen worden war, hatte nach dieser Information offensichtlich beschlossen, endgültig zu flüchten. Wir mussten das später dann noch einmal nachdrehen. Die Bienen waren beim zweiten Mal zwar ruhiger, Janeks Geruch war aber offenbar tatsächlich bei ihnen gespeichert, er wurde erneut gestochen. Danach musste ich versprechen, dass das Thema Bienen für ihn für alle Zukunft erledigt sein würde.

Wesentlich ruhiger verlief unser letztes Interview im Kloster von Jableczna. Das Interview mit Vater Abraham, dem asketischen Briten, beim Brotbacken. Aus dem nichts wurde. Denn Vater Abraham wollte beim Brotbacken nicht sprechen. Das sei nun einmal eine spirituelle Angelegenheit. Ein fast mystischer Vorgang und dem müsse er sich mit seiner ganzen Seele hingeben. Das tat er denn auch, und wir filmten ihn dabei, ebenfalls schweigend. Zu diesem Zeitpunkt hatte sich die klösterliche Ruhe dann auch auf uns ausgewirkt. Sehr geordnet und sehr ruhig machten wir noch einige Außenaufnahmen von Mönchen, die den Rasen mähten oder an der einzigen klösterlichen Telefonzelle wortlos Schlange standen, und traten dann den Rückzug an.

Den schüchternen Novizen trafen wir kurz vor unserer Abfahrt vor dem Glockenturm. Die Messe beginne gleich, meinte er, den Blick zum Boden gewandt, aber wenn wir wollten, könnten wir ihn gerne dabei drehen, wie er die Glocke läute. Es war ein kleiner Glockenturm und eine große Glocke, die er schlug. Die Schallwelle oben im Turm war ohrenbetäubend. Wenn mir je der physische Kern dieser Redewendung klar geworden ist, dann in diesem Moment. Pawel hingegen stand ganz still, ganz versunken in dem großen Klang, ganz hingegeben, konzentriert, und hörte ihm nach, bis sich der Aufruhr allmählich legte und wieder Stille einkehrte. In diesem Moment verstand ich, worum es ihm ging, ohne dass ich es in Worte hätte fassen können. Das Bild des jungen, schüchternen Novizen haben wir dem Film später als erste Szene vorangestellt. Ohne jeden Kommentar.

Brest

Fritz Pleitgen

Der Kreis schließt sich. Wie 1970 fahre ich auf derselben Straße an den Bug, von Biala Podlaska nach Terespol. »Diesmal werden Sie bessere Erinnerungen mitnehmen als damals«, muntert mich Annette Dittert auf; immer bemüht, ihr Polen bei mir im schönsten Licht erstrahlen zu lassen. Allein schon das sonnige Sommerwetter sorgt für ein freundlicheres Bild, als es jener trübe Dezembertag anno 1970 bieten konnte. Mit uns im Auto sitzt ein Mann, dessen Erinnerungen noch wesentlich weiter zurückreichen als meine. Heinz Werner Hübner lernte diese Straße im Sommer 1941 als blutjunger Soldat kennen; voll dunkler Ahnung, dass bald ein großer Krieg ausbrechen würde.

Die Anzeichen waren nicht zu übersehen. Gewaltige Militärkolonnen rollten Richtung Bug. Von hier wollte der selbst ernannte Führer des deutschen Volkes, Adolf Hitler, seine Heerscharen auf die Sowjetunion loslassen. Seine Absicht stand im Gegensatz zu einem Abkommen, das erst zwei Jahre alt war. 1939 hatte Hitler mit seinem sowjetischen Gegenüber Josef Stalin einen Nicht-Angriffs-Pakt geschlossen. Bei dieser Gelegenheit teilten sie auch noch Polen auf. Beide Seiten rückten daraufhin bis zum Bug vor. Da es Diktatoren nicht einmal als Kavaliersdelikt betrachten, Verträge zu brechen, konnte Hitlers Angriff nicht überraschen. Stalin soll angeblich ähnliche Pläne gehabt haben. Bewiesen ist es nicht. Tatsache ist hingegen: Was damals vom Bug ausging, hat Abermillionen Menschen das Leben gekostet und große Teile Europas in Schutt und Asche gelegt.

Die Straße, über die wir heute fahren, hat dabei viel aushalten müssen. Mal hatte sie die Truppen zu ertragen, die den Osten erobern wollten; mal musste sie die Armeen verkraften, die den Angreifer nach Westen zurückdrängten. Für diese Zwecke war sie eigentlich nicht gebaut worden. Sie sollte als Handelsweg zwischen Ost und West dienen. Fünf Jahre wurde daran gebaut. Dann stand die Verbindung Brest-Terespol-Warschau. 1823 war das. Für die Polen war es der »Brester Weg«, später wurde daraus der »Brester Trakt«. Auch heute noch wird er so genannt, obwohl die offizielle Bezeichnung als »Europastraße 30« viel mehr hermacht.

Die »E 30« nimmt unter ihresgleichen eine herausragende Stellung ein. Sie verbindet Weltstädte wie Paris, Berlin, Warschau und Moskau miteinander. Anzusehen ist ihr das nicht. Wie eine ganz gewöhnliche Landstraße bahnt sie sich ihren Weg durch flaches Land, Dörfer und kleine Städtchen. Ihr Zustand ist ordentlich, was Heinz Werner Hübner und mich zu Vergleichen in üblicher Veteranenmanier veranlasst. Wir erinnern uns an ihren runden Buckel, das holprige Kopfsteinpflaster und die kleinen Pferdewagen. All das sehen wir heute nicht. Wenigstens ein paar alte Holzhäuser, die stets unsere westlichen Herzen rühren, entdecken wir am Wegesrand. Im schrillen Gegensatz dazu stehen Errungenschaften unserer Zivilisation; Supermärkte, weit ausladende Tankstellen und vor allem jede Menge Reklame.

Wir kommen an Ortschaften mit klangvollen Namen vorbei, wie Woskrzenice Duze und Kloda Mala. Duze bedeutet groß, Mala bedeutet klein und Wolka steht für Dörfchen, lerne ich dazu. Die Menschen hier müssen eiserne Nerven haben, um den unaufhörlichen Strom von schweren Lastkraftwagen und rasenden Personenautos zu ertragen. 14 Kilometer vor der Grenze wird der Verkehr entzerrt. Bei Wolka Dobrynska scheren die Lkw aus, für sie wurde eigens der Grenzübergang Kukuryki-Kozloviey eingerichtet. »Viel Glück«, wünschen wir den Lkw-Fahrern. Die Wartezeit dort kann sehr lang werden.

Wir nähern uns Terespol. Die uns so ans Herz gewachsenen Holzhäuser säumen nun dichter unsere Straße, viele wirken verwahrlost und unbewohnt. Romantische Gefühle verbreiten sie nicht. Vom alten Glanz ist Terespol ohnehin nichts geblieben. Ein Königsdorf stand hier einmal. Sein Name Blotkowa. Ein schöner Palast bot gekrönten Häuptern auf der Durchreise nach Litauen oder Brest angenehmen Platz für Rast und Übernachtung. Der Ort entwickelte sich. Deutsche Siedler fanden Gefallen daran und ließen sich hier nieder. Die Österreicher übernahmen für kurze Zeit die Macht. Als nach Napoleons Niederlage Europa wieder neu geordnet wurde, kam Terespol 1815 zurück ins Königreich Polen. Seit 1867 führt die Eisenbahn hierhin. Aber so richtig groß herausgekommen ist Terespol bislang nicht. Doch nun winkt die große Chance, als »Osttor Europas« zu prosperieren. Was dahinter liegt, wird als nicht mehr so richtig zugehörig zu unserem Kontinent betrachtet. So ist sie nun einmal, die Sicht der Europäischen Union!

Wir suchen einen Weg zum Bug und rumpeln durch die Felder und Wiesen zum Fluss hinunter. Uns interessiert die Eisenbahnbrücke, die es in der Kriegsgeschichte zu einer gewissen Bekanntheit gebracht hat. Am 22. Juni 1941 verzögerten die Deutschen ihren Angriff auf die Sowjetunion um einige Minuten, um noch einen Getreidezug auf die eigene Seite zu lassen. So viel menschliche Rücksichtnahme zum eigenen Vorteil verdient eine gebührende Würdigung in den Geschichtsbüchern.

Leider zeigen die polnischen Posten auf der Brücke kein Verständnis für unser Interesse an der Historie. Als wir uns durch das struppige Gebüsch vorarbeiten, stoppen sie uns mit der barschen Aufforderung, eine Drehgenehmigung vorzuweisen. Da wir mit einem solchen Papier nicht dienen können, müssen wir den Rückzug antreten. Doch Aufgabe kommt nicht in Frage. Gut getarnt durch Sträucher gelingen uns die Bilder, die wir haben wollten. Heinz Werner Hübner inspiziert inzwischen das Gelände. Wir stehen am Bug. Auf der anderen Seite dehnt sich ein Sandstrand aus. Kein Mensch zu sehen! 500 Meter weiter flussabwärts überspannt eine weitere Brücke den Bug.

Besonders gerne redet unser Zeitzeuge über den Krieg nicht. Erfreuliches gibt es da auch kaum zu berichten. Mit 19 Jahren wurde Heinz Werner Hübner eingezogen und bereits vier Monate später nach Ostpolen versetzt. Die ganze Gegend erschien ihm wie ein einziges Militärlager. Schweres Gerät rollte hin und her. Geschütze wurden in Stellung gebracht, unentwegt trafen Truppen ein. Hübner kann bis heute nicht glauben, dass dieser Aufmarsch, der sich über Wochen vollzog, der Gegenseite verborgen bleiben konnte. Er selbst war bei der Artillerie, eingesetzt als Beobachter. Seine Aufgabe war unangenehmer, als sie klingt. Um das Feuer der eigenen Seite zu dirigieren, mussten Beobachter oft vorgeschobene Positionen einnehmen. Da der Feind aus eigener Erfahrung ausrechnen konnte, von welchem Hügel oder Gebäude der Granathagel geleitet wurde, gerieten die Beobachter nicht selten unter konzentrierten Beschuss der Gegenseite. Doch noch hatte der Krieg hier nicht begonnen.

Hübners Batterie war etwas weiter hinten in Stellung gegangen. Er selbst gehörte einem Vorkommando von fünf Mann an. Sie postierten sich auf einem kleinen Hügel bei Terespol, von wo sie, über den Bug hinweg, tief auf die andere Seite schauen konnten. Dabei entdeckten sie etwa 50 Batteriestellungen der Roten Armee. »Einige mögen Scheinstellungen gewesen sein, aber die meisten waren echt.«

»Wie sah es hier aus?«

»Das ganze Grenzgebiet, 20 km nördlich und südlich von Terespol, war voller Truppen. Die Wälder und Dörfer steckten voll mit Soldaten aller Gattungen. Infanterie, Panzer, Flugabwehr. Auf den Waldwegen und zwischen den Bäumen standen riesige Stapel von Munition. Jeder konnte sich ausrechnen, dass hier irgendwann etwas passiert.«

»War das die allgemeine Einschätzung?«

»Ja! Ich kann zwar nicht für alle sprechen, aber in meiner Batterie herrschte große Gewissheit, dass bald etwas losgeht. Man kannte nicht den Tag und nicht das Ziel. Viele Gerüchte waren in der Luft. So wurde davon geredet, dass durch Russland ein Korridor nach Persien und Indien gezogen werden sollte, um das Britische Weltreich von hinten aufzurollen.«

»Wie war die Stimmung unter den Soldaten?«

»Von Euphorie konnte keine Rede sein. Es herrschte ein Gefühl der Bedrückung und Unsicherheit. Man hatte ein ungutes Gefühl rüberzugehen. Der Gegner war schließlich Russland. Nicht jeder hatte Napoleon vor Augen, aber es gab da eine Ahnung, dass ein Feldzug in Russland schlimm ausgehen kann. Alle wussten auch, dass es länger als 14 Tage dauern wird, länger also als der Polen-Krieg.«

Von seinem Beobachtungshügel aus konnte Heinz Werner Hübner auch die Brücke sehen. Sie lag etwa anderthalb Kilometer entfernt. Jeden Tag wurde sie zweimal zu einer festen Uhrzeit von russischen Güterzügen mit Getreide überquert, 30 bis 40 Waggons. Außerdem kam einmal in der Woche ein Zug mit so genannten Hilfsgütern, wie Zink, Kupfer, Teeballen und Kaffee in Säcken. »Also alles, was in Deutschland nicht mehr importiert werden konnte«, resümiert Hübner trocken.

Abends am 21. Juni kam dann der Befehl für seine Batterie, mit den Geschützen aus dem Wald ins Feld vorzurücken, knapp zwei Kilometer vom Fluss entfernt. Jetzt verstanden alle, dass es gleich losgehen wird. Um drei Uhr morgens, es begann zu dämmern, mussten sie antreten. Ein Oberleutnant verlas den Hitler-Befehl. Die Sowjetunion werde angegriffen, um die bolschewistisch-jüdische Weltrevolution zu bekämpfen, hieß es. Noch allerhand mehr wurde gesagt. Etwa acht Minuten dauerte das. Danach gingen die Kanoniere an ihre Geschütze und die Fahrer an ihre Fahrzeuge. Jeder bezog seine Stellung und wartete auf den Feuerbefehl. Da kam, pünktlich wie immer, der Güterzug. Tausende Augenpaare richteten sich auf die Szene. Kaum hatte die Bahn die Brücke überquert, ging das Trommelfeuer los. Um 3.22 Uhr.

»Es war ein ohrenbetäubender Lärm. Die schweren Geschütze feuerten unentwegt. Ohne Pause wurde nachgeladen. Pro Geschütz wurden 500 Stück Munition verschossen. Eine unglaubliche Zahl für einen Tag! Später hat dann die Munition gefehlt. Na ja!«

»Wie lange wurde geschossen?«

»Bis neun Uhr! Dann hörte es schlagartig auf. Wir waren wie betäubt. Das Gefühl hielt noch Stunden an.«

»Welche Gedanken sind Ihnen durch den Kopf gegangen? Haben Sie auch an die Gegenseite gedacht?«

»Was denkt ein Soldat im Kampf? Er denkt ans Überleben. Er ist froh, wenn eine feindliche Stellung niedergekämpft ist. Wir hörten das Dröhnen, wir sahen das rasende Blitzen und wir warteten auf das Gegenfeuer. Aber es kam nicht. Kein einziger Schuss. Die feindlichen Batterien waren – wie man im Militärjargon sagt – mit dem ersten Schlag ausgeschaltet worden. Die Russen wurden offensichtlich völlig überrascht. Sie sind gar nicht mehr an ihre Geschütze gekommen.«

Wir unterbrechen unser Gespräch, um auf die andere Seite nach Brest, in das heutige Weißrussland, zu fahren. Der Weg führt uns bei Tadeusz Trochimiuk vorbei. Er wohnt am Stadtrand, wo er eine kleine Landwirtschaft betreibt. Sein Hund gerät vor Zorn außer sich, als wir den Hof betreten. Zum Glück liegt er an der Kette, sonst hätten wir kein Wort mit dem Bauern wechseln können. Tadeusz Trochimiuk, Jahrgang 1927, hat den Tag, als Hitler den Angriff auf die Sowjetunion befahl, noch genau in Erinnerung. Er führt uns an verfallenen Stallungen vorbei durch ein kleines Gehölz auf ein Feld.

»Was war hier?«

»Hier hatten wir uns einen kleinen Bunker gebaut. Für unsere Familie. Acht Personen. Mit Brettern innen verschalt. Als Dach haben wir Baumstämme über die Grube gelegt und das Ganze mit Stroh und Erde abgedeckt.«

»Hätte der Bunker einen Treffer ausgehalten?« will Annette Dittert wissen.

»Nein, aber vor Splittern hätte er uns geschützt.«

Die Familie Trochimiuk hatte sich relativ gefasst in den Bunker begeben. Sie war von den Deutschen beruhigt worden. Es waren Soldaten, die auf dem Hof einquartiert wurden. Etwa 20 Mann. Sie hätten sich ordentlich benommen, erzählt Tadeusz. Sogar ihre Rationen hätten sie mit ihnen geteilt. »Sie vertrauten uns und ließen alles offen liegen: Brot, Schokolade, Zigaretten. Ein Soldat hat meinen kleinen Bruder sogar richtig verwöhnt. Er erinnerte ihn an seinen Sohn, den er sehr vermisste.«

»Haben Ihnen die Deutschen gesagt, wann es losgehen sollte?«

»Nein! Aber sie haben uns gesagt, wir brauchten keine Angst zu haben. Von der anderen Seite käme kein Feuer.«

»Woher wussten die Deutschen das?«

»Sie haben auf der anderen Seite spioniert. Nachts haben sie sich Uniformen der Roten Armee angezogen und sind über den Bug gegangen. Sie haben alles ausgespäht. Frühmorgens kamen sie wieder zurück.«

Das dramatische Geschehen im Sommer 1941 beschäftigt Tadeusz Trochimiuk bis heute. Mit seiner Baseball-Kappe und seinem groß karierten Hemd sieht er aus wie ein amerikanischer Farmer. Für ihn ist klar, warum die Russen nicht zurückgeschossen haben. »Die hatten irgendeinen Feiertag. Wahrscheinlich waren sie noch besoffen und die Waffen nicht ausgeteilt. Deshalb waren die Russen zu einem Gegenfeuer nicht in der Lage.«

Die Deutschen hatten auf dem Trochimiuk-Hof drei Geschütze in Stellung gebracht. Anschließend fällten sie die Bäume, um freies Schussfeld zu haben. In der Nacht, bevor die Kanonade losging, wachte Tadeusz auf und schaute mit seinem Vater nach den Tieren. Die Kühe hatten sie ebenso angebunden wie die Pferde, damit sie nicht wegrennen, wenn die Kanonen losböllern. Aber alles schien ruhig zu bleiben. Vater und Sohn kletterten wieder zu den anderen in den Bunker. Kurze Zeit später war es so weit. Auf einen Schlag begann das Trommelfeuer der schweren Geschütze. Der Donner der Kanonen, die Druckwellen, das Beben der Erde – die Familie glaubte, es in ihrem kleinen Loch nicht aushalten zu können. Die Frauen gerieten in Panik. Aber allmählich gewöhnten sie sich an den Höllenlärm.

Als es plötzlich still wurde, krochen sie aus ihrem Bunker. Die Luft war schwarz von Kanonenrauch. Die Soldaten kühlten die heißen Geschützrohre mit nassen Decken. Ein eigenartiger Brandgeruch habe sich ausgebreitet, erinnert sich Tadeusz Trochimiuk. Aber bei ihnen sei nichts zerstört gewesen. Die Deutschen hätten Recht behalten.

»Hattet ihr mehr Angst vor den Deutschen oder vor den Russen?«

»Schwer zu sagen! Wir hatten einfach Angst vor dem Krieg. Nachdem die Deutschen hier waren, wollten wir nicht, dass danach die Russen kommen. Es ist gefährlich, in der Mitte zu sitzen.« Geheuer waren ihm beide Seiten nicht, aber die Deutschen seien zivilisierter und sauberer gewesen, meint Tadeusz. Trotz seiner vorsichtigen Wertschätzung hat er den Deutschen ein Schnippchen geschlagen. Auf dem Rückzug hätten sie sich wieder auf dem Hof seiner Eltern einquartiert. Ihre Lage war schwierig. Sie drohten von der Roten Armee eingekesselt zu werden. Nur noch ein Schlupfloch war offen. Das wollten sie zum Ausbruch nutzen. Die Trochimiuks sollten dafür ihr letztes Pferd und einen Wagen hergeben. Tadeusz dachte an die Zeit danach – Pferd und Wagen waren überlebenswichtig. Nachts schlich er sich auf den Hof und schraubte ein defektes Rad an den Wagen. Das andere warf er in den Teich. Seine Rechnung ging auf. Die deutschen Soldaten kamen nicht weit. Am Ortsausgang brach das Rad. Sie ließen Pferd und Wagen stehen und versuchten zu Fuß durchzukommen. Die Trochimiuks hatten ihr Gespann wieder.

Der Weg zum Bahnhof dauert nur wenige Minuten. Gepflegt wirkt die Station nicht. Der Vorplatz ist von Schlaglöchern übersät. Das Bahnhofsgebäude sieht aus, als habe es schlimme Zeiten hinter sich. In der Wartehalle herrscht eine schläfrige Stimmung. Auf der langen Bank unter den Fenstern haben sich die wartenden Passagiere zur Ruhe gelegt. Wer wach ist, kann auf der gegenüberliegenden Wand polnische Kleinkunst betrachten, auf Holz gemalt und im Laufe der Jahre stark verblichen.

Wir gehen auf den Bahnsteig. Das Osttor Europas präsentiert sich auch hier nicht in bester Verfassung. Die Platten sind zertreten, zwischen den Schienen wuchert das Unkraut, auf den Gleisen liegt viel Unrat. Der Zug nach Brest lässt auf sich warten. Die Fahrgäste haben reichlich Gepäck bei sich. Meist sind es Frauen in groß geblümten Kleidern und von stattlicher Leibesfülle.

Schließlich rollt der Zug im Schneckentempo ein. Das Team hat einen Platz in der Mitte gewählt, um Heinz Werner Hübner beim Einsteigen zu filmen. Die Sache geht schief. Eine Wiederholung gewährt er uns noch. Aber mehr bitte nicht! Es ist inzwischen sehr warm geworden.

Die Abfahrt verzögert sich. Wir setzen unser Gespräch fort.

»Wie ging der erste Angriffstag weiter?«

»Nach dem Trommelfeuer herrschte erst einmal Ruhe. Dann tauchten russische Flieger auf, die aber fast alle abgeschossen wurden. Am Nachmittag erhielten wir Befehl, über den Bug zu setzen. Die Eisenbahnbrücke war so weit hergerichtet worden, dass auch Rad- und Kettenfahrzeuge darüber rollen konnten. Es dunkelte schon, als wir die Brücke überquerten.«

Vorsichtig rückten sie vor. Nicht weit von der Brücke führte die Straße an der Festung Brest vorbei, um die erbittert gekämpft wurde. Mit Granaten und Maschinengewehrfeuer setzten sich die eingeschlossenen Sowjets zur Wehr. Hübners Einheit gelang es, das Kampfgeschehen ohne Verluste zu passieren. Nach 10 Kilometern wurde hinter der Stadt angehalten. Die erste Nacht im überfallenen Land verlief ruhig. Am nächsten Tag kamen sie durch die ersten Dörfer. Überall wurde geschossen, aber es gab keine schweren Kämpfe. Frauen und alte Männer kamen aus Kellern und anderen Verstecken. Einige begrüßten die Deutschen als Befreier von sowjetischer Besatzung und Kommunismus.

»Wie wirkte das Propaganda-Bild der Nazis, das die Russen als Untermenschen darstellte, auf die deutschen Soldaten?«

»Schwer zu beantworten! Sicher gab es nicht wenige, die die Propaganda für bare Münze nahmen. Aber zunächst begegneten uns überwiegend Polen, denn die Sowjets hatten ja das Gebiet erst seit 1939 besetzt. Auf Männer in unserem Alter trafen wir nicht. Als Bevölkerung erlebten wir nur Frauen, Kinder und Greise. Und die kamen sehr freundlich auf uns zu.«

Die deutschen Soldaten fühlten sich überlegen, denn es ging ja schnell voran. Stalin, der sich später als genialer Schlachtenlenker feiern ließ, hatte seine Truppen schlecht auf den zu erwartenden Angriff vorbereitet. »Den Eindruck von Elite-Einheiten hatten wir nicht, als wir die ersten Gefangenen sahen. Es waren junge Männer aus wohl allen Sowjetrepubliken, viele Asiaten darunter und auch Dunkelhäutige.«

Der Zug ruckt an. Schnell sind wir an der Brücke. Heinz Werner Hübner schaut aus dem Fenster. Ein Wiedersehen mit dem Bug! Sehr beeindruckt zeigt sich der Zeitzeuge nicht. »Ein Flüsschen wie viele andere. Man denkt an damals. Es war ein einschneidendes Ereignis in meinem Leben. Aber nach über sechs Jahrzehnten verblasst das.« Nach Sekunden war der Bug überquert. Der Fluss hat seine Fasson bewahrt: 30 Meter breit, an beiden Ufern Bäume und Büsche. Ihre Spiegelung im Wasser gibt dem Fluss eine grünliche Färbung.

Weißrussland empfängt uns reserviert. Zäune schirmen den Gleiskörper ab. Beobachtungstürme erwecken den Eindruck von hoher Wachsamkeit. Vom Charakter her stark sowjetisch! Präsident Lukaschenko hält die Tradition des Polizeistaates in Ehren. Der

Zug stoppt an einer Rampe. Die Büste eines Sowjethelden blickt uns streng entgegen. Acht Grenzkontrolleure entern den Zug, gewandet wie zu Sowjetzeiten. Tellermützen und grünliche Uniformen. Wir sind angemeldet, aber die Überprüfung unserer Dokumente dauert ihre Zeit. Andere sind ja auch noch an Bord. Nach 30 Minuten geht es weiter. Kurz darauf kommen wir an.

Im Vergleich zu seinem Gegenüber in Terespol macht der Bahnhof von Brest einen fast pompösen Eindruck, stalinistisches Empire. Aber so hat er nicht immer ausgesehen. 1886 wurde er im pseudo-russischen Stil erbaut. Seine Größe und seine Ausstattung mit elektrischem Licht machten das Bauwerk zu einer Ausnahmeerscheinung im Zarenreich. Zu seiner Eröffnung soll, eingeladen von Alexander III., sogar Wilhelm I. von Deutschland gekommen sein, wird mir in Brest versichert. Ich spare mir die Überprüfung. Der Bahnhof hat das Streiten zwischen den Völkern heftig zu spüren bekommen. Im Ersten Weltkrieg schwer beschädigt, wurde er danach von den Polen im klassizistischen Stil wiederhergestellt. Nach dem Zweiten Weltkrieg, der den Brester Bahnhof wiederum von Zerstörungen nicht verschonte, hat er sein heutiges Aussehen bekommen. Frisch renoviert steht er vor uns. Der große Sowjetstern auf dem Bahnhofsturm kündet von einer in Weißrussland weiter geschätzten Ära, in der Brest das Eingangstor zum Roten Imperium war. Zum Ruhme dieser Zeit trägt auch das Heldenmosaik bei, das in der Bahnhofshalle die Erinnerung an die Verteidiger der Brester Festung wach hält. Zu Beginn der Unabhängigkeit von Weißrussland Anfang der 90er-Jahre hatten die Sowjetsymbole selbst hier einen schweren Stand, aber jetzt sind sie völlig unumstritten.

Zwei Offiziere der Grenztruppen nehmen uns in Empfang. Unser Vorhaben hatten wir vor Monaten anmelden müssen. Wir wollen mit einem Zeitzeugen sprechen, der den Angriff der deutschen Wehrmacht auf der Seite der Angegriffenen in Weißrussland miterlebt hat. Um das zu bewerkstelligen, musste Mariusz Kiedrowski vom Studio Warschau seine ganze Organisations- und Überredungskunst einsetzen. Zweimal schickte er eine russisch sprechende Kollegin nach Minsk, um die notwendigen Visa und Einfuhrpapiere für die Kameraausrüstung zu bekommen.

Mit großer Geduld und Zähigkeit hatte Mariusz – er ist der Producer für den polnischen und weißrussischen Teil unserer Reise – schließlich alle Hürden der postsowjetischen Bürokratie genommen. So stehen wir voller Zuversicht dem großen Lenin gegenüber, der auf dem Vorplatz des Brester Bahnhofs unerschütterlich seine Stellung behauptet.

Aber wo ist Peer Schlottke? Mit seinem polnischen Kollegen Wlodek Czubak war er losgefahren, um uns am Zug abzuholen. Der Grenzübergang für PKWs sei kein Hindernis, hieß es. Ist er aber offensichtlich doch! Den Bug haben sie überquert, lassen uns die beiden per Handy wissen, aber Weißrussland will sie nicht hereinlassen. Wir ergattern zwei Taxis – gute alte Wolgas – und fahren zum Grenzübergang, um auf die Kollegen zu warten. Einer der beiden Offiziere fährt mit. Sicher ist sicher, wird ihm die Leitung gesagt haben.

Lenin läuft in Brest nach wie vor gut, stellen wir fest; ganz anders als in der Ukraine und Polen. Wir fahren über den Lenin-Boulevard und passieren den Lenin-Platz. Auch Nikolai Gogol kommt mit einem schönen Denkmal zu Ehren. Der Schöpfer des »Revisor« und der »Toten Seelen« hätte im heutigen Weißrussland viel Stoff für eine bissige Satire gefunden, was ihn allerdings den Podestplatz kosten würde. Die Straße »17. September« findet meine Aufmerksamkeit. Der Name wirft ein bezeichnendes Licht auf die Nachbarschaftsverhältnisse in dieser zerrissenen Region. Erinnert wird mit dem 17. September an den Einmarsch der Sowjets nach dem Hitler-Stalin-Pakt 1939. Für Polen war es eine Tragödie, das Ende ihres damaligen Staates, für die Weißrussen ist dieses Datum bis heute der Tag der Befreiung vom »Herrenvolk« der Polen, die hier vorher geherrscht hatten.

Was lässt sich sonst über Brest sagen? Die Stadt hat wegen ihrer Grenzlage eine stürmische Geschichte hinter sich. Tausend Jahre ist sie alt. Zunächst gehörte sie zum Fürstentum Turow, dann zu Kiew, danach zu Wolhynien, bis es von Litauen und Polen vereinnahmt wurde. Nach der dritten polnischen Teilung 1795 fiel Brest an Russland, kam nach dem Zweiten Weltkrieg wieder zu Polen und wurde 1939 von den Sowjets mit Beschlag belegt. Bei Hitlers

Angriff auf die Sowjetunion leistete die Festung – wovon nicht nur das Mosaik im Bahnhof kündet – lange Widerstand, was Brest den Ehrentitel »Heldenstadt« einbrachte. Nun gehört Brest zur Republik Weißrussland, die, wie die Ukraine, nach dem Zerfall der Sowjetunion 1991 unabhängig wurde.

An eine Episode in der Geschichte sei noch erinnert. Das deutsche Kaiserreich führte hier 1918 im Namen der so genannten Mittelmächte, denen sich neben Österreich-Ungarn auch Bulgarien und die Türkei anschlossen, Verhandlungen mit den Sowjets. Diese hatten soeben die Zaren gestürzt und wollten schnell den Ersten Weltkrieg für sich beenden. Die Deutschen wussten um die Schwäche der neuen kommunistischen Macht. Sie diktierten einen Friedensvertrag, der Finnland, dem Baltikum, Polen und der Ukraine bereits damals die Unabhängigkeit gebracht hätte. Dies führte zu einer schweren Kontroverse unter den Bolschewiken. Lenin akzeptierte das Diktat und setzte sich gegen Trotzki durch. Doch der Vertrag war nur von kurzer Dauer. Wenige Monate später kapitulierte Deutschland vor den Westmächten, die wiederum das Abkommen von Brest-Litowsk aufhoben.

Wir haben leider keine Zeit, uns weiter mit Brest zu beschäftigen. Bei der Durchfahrt stellen wir fest, dass die Sowjetmacht mit der Anpflanzung vieler Bäume an Straßen und Plätzen ein wohltuendes Erbe hinterlassen hat. Für mich persönlich muss ich anerkennen, dass Brest heute auf mich einen besseren Eindruck macht, als ich es in Erinnerung hatte. Aber jetzt beschäftigt uns immer noch die Frage: Was machen Peer Schlottke und Wlodek Czubak? Am stark bevölkerten Grenzübergang ist weit und breit nichts von ihnen zu sehen.

Über Handy erfahren wir, sie sitzen fest. Peer Schlottke hat alle Papiere, auch einen Fahrauftrag für diese Reise bei sich. Es fehlt nur der Hinweis, dass er mit diesem Auto nach Weißrussland fahren darf. Schlau, wie er ist, hat er das kapiert, obwohl der Zöllner nur Russisch spricht. Eine andere Sprache hätte der weißrussische Beamte möglicherweise auch noch verstanden: ein Euro-Schein zwischen den Papieren. Aber dieses Verständigungsmittel geht dem öffentlich-rechtlichen Fahrer gegen den Strich. Also sitzt er in seinem Auto und der Zöllner in seinem Häuschen. Bewegung null.

500 Meter weiter versuche ich auf der anderen Seite, unseren Begleitoffizier in Gang zu setzen, um dem Stillstand ein Ende zu bereiten. Es gelingt ihm, einen Kollegen vom Grenz-Kontrollpunkt herbeizuholen. Der erklärt mir den Ernst der Lage und die Schwere des Vergehens. Ich spüre, ein schöner Schein könnte den Durchbruch ermöglichen, aber ich will den erzieherischen Ansatz meines braven Fahrers nicht unterlaufen. Also spiele ich die Bedeutung unseres Vorhabens hoch. Schließlich zeige ich meinen Dienstausweis vor. Daraufhin macht sich bei dem Offizier erst recht die Meinung breit, dass ein schöner Schein das schwierige Problem zu beiderseitigem Vorteil schnellstens lösen könnte. »Ick kann warten, ick muss nich rüber«, berlinert Schlottke von der anderen Seite. Also bleibe ich hart. Der Offizier zieht ab. Er wird den Fall klären.

Wir fahren inzwischen in unseren Taxis zum Drehort. Eine kurze Strecke, und wir sind in Wolinka. Früher war hier ein Dörfchen, heute gehört es zu Brest, wirkt aber mit seinen kleinen Holzhäusern immer noch sehr ländlich. Jewgenij Wladimirowitsch Saschko erwartet uns schon. Trotz seiner 70 Jahre macht er mit seinem vollen struppigen Haar einen jugendlich lebhaften Eindruck. Er lacht gerne und ist auch schnell gerührt. Drei alte Frauen haben auf einer Bank vor einem Häuschen Platz genommen. Sie lassen sich kein Wort entgehen. Bei Bedarf schalten sie sich sofort ein. »Hier stand unser Haus«, zeigt uns Jewgenij Wladimirowitsch. »Ich weiß nicht mehr genau, wo es war, aber es war etwa hier. Es hatte wie dieses einen Zaun und ein Eisentor, dahinter war ein kleiner Hof. Wir hatten unsere Wohnung von einer Jüdin gemietet.«

»Wie war das 1941?«

»Ich war acht Jahre alt. Es war schrecklich. Der Krach war schlimm. Unser Haus brannte. Wir rannten nach draußen: mein Vater, mein Onkel, mein Bruder, meine Schwester, meine Mutter und ich. Glassplitter fielen uns auf die Köpfe. Meine Mutter schützte sich mit einem Gepäckstück. Alles war voller Feuer und Rauch.«

»Wohin sind Sie gelaufen?«

»Dahin, wo kein Feuer war. Aber wir sind nicht weit gekommen. Nur bis zu dieser Straße. Sie war noch nicht asphaltiert. Meine Mutter schrie. Sie war von Splittern getroffen worden, sie blutete am Kopf und am Bein, aber konnte weiterlaufen. Mein Vater rannte zurück, um mich zu holen. Da wurde er getroffen. Er fiel um. Sein Bein war abgerissen. Drei Tage später ist er gestorben.«

»Und was war mit Ihnen?«

»Ich wurde zur Seite geschleudert.«

»Es hat furchtbar gekracht«, schaltet sich eine der alten Frauen ein. »Lauft, lauft, hat mein Vater geschrien. Es ist Krieg.«

»Was war aus Ihrem Haus geworden?«

»Das gab es nicht mehr. Unsere tote Nachbarin lag davor, ziemlich lange. Die Leichen wurden von niemandem geräumt. Alles war verbrannt. Eine Tasche mit Kinderspielzeug lag da, ganz schwarz. Ich weiß nichts mehr, ich fühle mich nicht wohl.« Jewgenij Wladimirowitsch kann nicht mehr weitersprechen. Nach ein paar Minuten sammelt er sich. »Das Gute im Leben vergisst man eher. Aber so etwas Schlimmes vergisst man nie. Können Sie sich vorstellen, wie unser Leben danach aussah, ohne Vater? Wir waren alle auseinander gerissen, meine Mutter, mein Bruder und ich. Wir wussten nichts voneinander. Zu essen gab es nichts. In den Dörfern haben wir uns gesucht. Schließlich haben wir uns gefunden. Unsere Mutter hat alles für ein Stück Brot eingetauscht, dafür gebettelt. So war das Leben.«

»Und später?«

»Es ging aufwärts. Meine Mutter hat noch lange gelebt. Bis 1982. Ich selbst bin Schlosser bei der Eisenbahn geworden, habe Lokomotiven repariert. 42 Jahre habe ich gearbeitet.«

Inzwischen sind Peer Schlottke und Wlodek Czubak eingetroffen. Vier Stunden weißrussische Grenzabfertigung haben sie erleben dürfen. Immerhin: Der Offizier hat Wort gehalten.

»Wie lebt es sich heute in Weißrussland?«, fragen wir Jewgenij Wladimirowitsch.

»Ich lebe besser als mein Vater und mein Sohn wird besser leben als ich. Das Leben geht voran.«

»Ich bekomme meine Rente. Ich habe alles, was ich brauche«, ist von der Frauenbank zu hören. »Wer arbeitet oder versucht zu arbeiten, der kann es schaffen. Unsere Jugend ist klug und tapfer.«

»Aber alles ist viel teurer als früher. Gute Arbeit gibt es auch nicht mehr«, widerspricht die älteste der Frauen. »Als es hier polnisch war, hatten wir ein schlechtes Leben. Nach dem Krieg wurde es Schritt für Schritt besser. Am besten ging es uns unter Breschnjew. Da gab es Lebensmittel und Kleidung, alles nicht teuer. Es wurde viel gebaut damals. Die Menschen waren in guter Stimmung. Nicht so schlecht gelaunt wie heute. Nein, alles ist schlechter geworden.«

Wir wünschen den Alten viel Glück. Jewgenij Wladimirowitsch erklärt uns noch, er hätte nichts gegen die Deutschen. »Geholfen haben uns aber die Russen. Die haben uns vom ›Herrenvolk‹ der Polen befreit.« Wir wollen das nicht kommentieren.

Vor dem Grenzübergang zurück nach Polen staut sich eine enorm lange Schlange. Unser Begleitoffizier dirigiert uns nach vorne. An der letzten Kontrollstelle bleiben aber auch wir hängen. Unsere Pässe werden einkassiert, und dann tut sich gar nichts mehr. Kein einziges Auto wird abgefertigt. Aus den Bussen und Pkw quillen die Menschen, völlig aufgelöst in der Hitze. »Das ist doch Schikane, die Leute hier so schmoren zu lassen.« Heinz Werner Hübner ist zutiefst erzürnt. In der Tat wird hier höchstes DDR-Format demonstriert. Selbst Hinweise auf Kinder verfangen nicht. Zaghafte Proteste werden durch einschüchternde Blicke und Worte sofort zum Verstummen gebracht. 20 Stunden Wartezeit ist hier nichts Ungewöhnliches.

Der Grenzübergang wird ausgebaut, wie es aussieht. Vermutlich mit finanzieller Unterstützung der Europäischen Union, nehmen wir an. Zwei Grenzbeamtinnen stiefeln heran, adrett und resolut. Sie sind offensichtlich die Chefinnen dieser Schicht. Kurze Zeit später ist der Weg für uns frei. »Prosche barzo«, sagen die Damen auf Polnisch, »bitte sehr«, und lächeln dabei freundlich zum Abschied. Ein Blick auf den Bug, und schon sind wir wieder über die Brücke.

Polen wird von schönstem Abendsonnenschein überflutet. Heinz Werner Hübner schaut zum Fluss hinüber. »Ich hätte mir nicht träumen lassen, mal wieder am Bug zu sein. Es ist eine ganz andere Welt geworden. Und doch hat sich vieles nicht geändert.« Er hat bis zum Schluss den Krieg in Russland an vorderster Front als einfacher Soldat mitmachen müssen, mit Strapazen, Leiden und Grausamkeiten, die in ihrem Ausmaß auch mit vielen Worte nicht zu schildern sind. Deswegen lässt er es. Mehrfach verwundet kehrte er nach Deutschland zurück.

Als Fernseh-Manager und Programm-Macher führte er Jahrzehnte später Verhandlungen in Warschau und Moskau. »1970 war ich zum ersten Mal nach dem Krieg wieder in Polen. Wir wollten ein Fernsehstudio in Warschau einrichten. Es herrschte bei allem guten Willen noch ein Gefühl des Argwohns und des Abwartens. Nach dem Krieg konnte das nicht wundern, und der Kalte Krieg war ja auch noch nicht vorüber. Inzwischen haben sich gottlob die Beziehungen zwischen Deutschen und Polen, aber auch zwischen Deutschen und Russen in einer Weise normalisiert, wie wir das nicht erwarten konnten. Es wäre schön, wenn sich das fortsetzt und hier am Bug die Menschen den Badestrand da drüben nutzen könnten und die Wachtürme endgültig verschwänden.«

Die Wallfahrt nach Grabarka

Annette Dittert

Wir hatten den Fluss verloren. Das ging immer wieder ganz schnell. Denn nur selten führt eine Straße direkt links oder rechts entlang des Bugs. Aber hier sollte doch eine Fähre sein, fragen wir in einem kleinen Dorf, in dem wir zwar sofort von Neugierigen umstellt sind, in dem uns aber keiner weiterhelfen kann. Dennoch zeigen alle wild durcheinander in verschiedene Richtungen. Die Fähre? Da drüben, immer Richtung Osten fahren, meinen einige. Da lang geht es, meint ein älterer Bauer, einfach die kleine Straße lang.

Ich bitte Wlodek, unseren Fahrer, einfach weiterzufahren. Wir würden sie schon alleine finden, die Fähre. Denn es gibt eine Regel, die ich mir gemerkt habe. Frage nie einen Polen auf dem Land nach dem Weg. Sie werden immer irgendwohin zeigen, egal ob sie wissen, wo es langgeht. Und je weniger sie es wissen, umso entschiedener. Denn die Polen sind einfach zu höflich und zu hilfsbereit, um zuzugeben, dass sie nicht weiterhelfen können. Ich möchte nicht wissen, wie viele Irrfahrten wir auf diese Art schon hinter uns gebracht hatten. Heute sollte das nicht schon wieder so enden.

Wir haben das Flussufer verloren, gut, sage ich zu Wlodek, dann fahren wir jetzt eben einfach nach Gefühl immer weiter Richtung Osten. Schließlich soll es hier irgendwo eine Fähre geben. Und wo eine Fähre ist, da muss auch ein Weg zu ihr hinführen.

Als wir die Gesänge hörten, wussten wir, dass es nicht mehr weit sein konnte. Nach einer abenteuerlichen Fahrt über Felder und Geröll, immer dem Geräusch hinterher, waren wir tatsächlich nach einer halben Stunde wieder am Flussufer. Vor uns eine Szene wie aus dem Mittelalter. Auf einem großen, hölzernen Floß standen vielleicht 40, 50 Menschen, tief in diesen seltsamen, lauten Gesang vertieft, der uns hierher geführt hatte, während zwei junge braun gebrannte Männer das Floß über den Fluss wuchteten. Es hing an einem Stahlseil und mit Hilfe einer Konstruktion, die ich bis heute nicht verstanden habe, zogen sie es quer durch die Strömung. Es schien nicht ganz einfach zu sein, oder die Last war zu schwer, jedenfalls dauerte die Aktion fast eine halbe Stunde, obwohl der Bug an dieser Stelle nur 10, vielleicht 20 Meter breit ist. Genügend Zeit also, sich die seltsame Gruppe genauer anzusehen.

Auf dem Floßboden vor ihnen hatten sie eine große Holz-Ikone abgestellt. Der heilige Eunufrius. Das sah ich schon vom Ufer aus, denn den hatten wir in Jableczna schließlich eingehend kennen gelernt. Es war dieselbe Art der Darstellung wie auf der Ikone von Jableczna, wahrscheinlich eine Kopie, die sie symbolisch mit sich führten. Eine Pilgergruppe also, auf dem Weg nach Grabarka.

Wenn man in Polen im Sommer auf dem Land unterwegs ist, trifft man häufig auf Pilgergruppen, und mit der Zeit lernt man, sie zu unterscheiden. Die meisten sind auf dem Weg nach Tschenstochau. Katholische Jugendgruppen mit bunten Kopftüchern und zünftigen Rucksäcken, für die die Pilgertour meist den ersten längeren Ausflug ohne Eltern darstellt. Eine Zeltlageratmosphäre umgibt diese Gruppen, die wenig Heiliges oder gar Mystisches hat. Diese Gruppe hier war anders. Die Gesänge waren monoton, fast atonal, die Stimmung hatte nichts Lärmend-Fröhliches, sondern war seltsam nach innen gekehrt. Es war eine orthodoxe Pilgergruppe auf dem Weg nach Grabarka, dem wichtigsten Wallfahrtsort der orthodoxen Gläubigen in Polen.

Grabarka heißt ein heiliger Berg unweit des Bugs, an dessen Fuß eine Quelle entspringt, deren Wasser wundersame Heilungen vollbringen soll. Ihren Ursprung hat diese mystische Legende im 18. Jahrhundert. Genauer gesagt, 1710. In diesem Jahr suchte eine Choleraepidemie die Bewohner der gesamten Umgebung heim. Nachdem Tausende der Krankheit erlegen waren, soll ein Mann einen Traum gehabt haben. In diesem Traum wurde ihm der Weg nach Grabarka gewiesen. Er solle ein Kreuz nehmen, es bis oben auf den Berg tragen und anschließend aus dem Wasser der Quelle trinken. Chroniken aus dieser Zeit zufolge taten das mit ihm Zehntausende und das Wunder geschah: Die Menschen wurden spontan geheilt, die Krankheit verschwand. Und auch wenn es heute keine Choleraepidemien mehr gibt, pilgern nach wie vor jedes Jahr Zehntausende zu diesem Berg, der seitdem als heilig gilt. Große und kleine Kreuze tragen sie auf dem Rücken oder in der Hand. Singend und betend bewältigen sie tage-, manchmal wochenlange Fußmärsche. So wie die Gruppe, auf die wir gerade getroffen waren, und die jetzt mit dem Floß das andere Ufer erreicht hatte.

Asia ist heiser. Ihre Stimme sei schon immer ein bisschen rau gewesen, erklärt sie uns. Das viele Singen aber habe ihr den Rest gegeben. Ich schätze sie auf Mitte 20, eine junge Frau mit langen, dunklen Locken, die sie mit der linken Hand nach hinten wirft, bevor sie uns direkt ins Gesicht schaut und fragt, wer wir sind und worum es uns geht. Eine Frau, die weiß, wer sie ist und was sie will. Ein Interview, sagen wir, um mehr über Grabarka und die Wallfahrt dorthin zu erfahren. Asia zögert einen Moment, denkt nach, nimmt ihr Holzkreuz wieder hoch, das sie neben sich an einen Baum gelehnt hatte, und nickt. Sie ist einverstanden. Es ist ja auch bereits der letzte Tag. Und so begleiten wir sie auf den restlichen Kilometern bis Grabarka.

Es ist der 17. August. Der große Feiertag in Grabarka, zu dem orthodoxe Gläubige in diesen Tagen pilgern, beginnt am 18. August nach Sonnenuntergang mit einem Gottesdienst, der bis in den frühen Morgen des nächsten Tages dauert. Es ist die Nacht, in der die Orthodoxen die »Przemienienie«, die Verklärung Christi, feiern. In dieser Nacht nahm Christus seine Jünger mit auf einen Berg, und dort erstrahlte sein Gesicht plötzlich durch ein inneres Leuchten, auch sein Gewand wurde weiß wie Licht. Es war eine der letzten Wundertaten Christi und für die Orthodoxen ist die Erinnerung daran eines der wichtigsten Feste des Jahres.

Asia geht schnell und scheint wenig erschöpft von den letzten Tagen, obwohl sie und ihre Gruppe fast 100 Kilometer zu Fuß hinter sich haben. Für sie ist es das erste Mal, dass sie mitgeht. Ihr Kreuz trägt sie für ihre Mutter, der es seit einiger Zeit nicht gut geht. »Ich mache das aber auch für mich. In der Hoffnung, etwas für mich zu erfahren, was mich geistig das ganze Jahr weiterbringt.« Mit ihr pilgern gut 70 Menschen, die meisten so jung wie sie. Erst seit 10 Jahren gibt es diese Pilgerfahrten wieder, seit dem Niedergang des

Sozialismus. »Aber schon zu Beginn der 8oer-Jahre ging das los, dass das Interesse an unserem Glauben sich wieder entfaltete, gerade bei den Jungen«, erzählt sie, während wir in einem ziemlichen Tempo neben ihr herlaufen müssen, um mit ihr Schritt zu halten. Ihre Eltern konnten ihren Glauben noch nicht so offen praktizieren. »Das war zwar bei uns in Polen, anders als in der Sowjetunion, nicht richtig verboten, aber gerne gesehen war es auch nicht. Und solche großen Pilgerfahrten hätte man so offen nicht machen können.« Da es nicht ganz einfach ist, ein längeres Interview im Laufen zu drehen, wir die Gruppe aber auch schlecht anhalten können, laufen wir einfach mit, schweigend, während Asia mit ihrer tiefen, heiseren Stimme wieder zu singen beginnt und mir dabei ab und zu von der Seite auffordernd zublinzelt. Aber ich fühle mich so schon fremd genug. Singen muss ich jetzt nicht auch noch dazu.

Nach einer Stunde, es ist brütend heiß – und die Gruppe läuft jetzt schweigend eine staubige Landstraße entlang, die nur ab und an asphaltierte Stellen aufweist –, kommen wir in ein kleines Dorf. Mietna steht auf dem Ortsschild, das ein bisschen schief im Asphalt steht, und hinter dem Schild wartet offenbar schon seit einiger Zeit eine große Gruppe älterer Frauen und Männer, an der Spitze ein schwarz gewandeter Priester. Als wir näher kommen, sehe ich, dass einige der alten Frauen Brot und Salz zur Begrüßung vor sich her tragen. Feierlich verneigt sich der Priester unserer Gruppe vor ihrem Priester, assistiert von einer kleinen, alten Frau, deren Stimme leicht bricht, als wieder alle gemeinsam zu singen beginnen. Mit beiden Händen trägt sie ein kitschiges Marienbild vor der Brust und führt uns zum Dorfplatz, wo sich auf langen Holztischen Brote, Würste und Schüsseln mit Bigos, dem typischen polnischen Kohleintopf, türmen. Sie streicht ihr Kleid glatt, setzt sich an die Seite und beobachtet zufrieden, wie die Pilger in wenigen Minuten das gesamte Essen verschlingen, was sie und das restliche Dorf stundenlang vorbereitet und zusammengetragen hatten.

Vera Kuczynska heißt sie. Ihr Marienbild hat sie jetzt neben sich auf den Boden gestellt und sie freut sich sichtlich, als wir uns neben sie setzen. Seit dem Ende des Zweiten Weltkriegs sei sie hier in Mietna. »Für uns ist es immer ein Fest, wenn die Pilger im August hier vorbeikommen. Hier im Dorf leben doch nur noch alte Leute. Und die Pilger, das sind junge Leute, die von überall her kommen. Aus allen Ecken Polens, aus der Ukraine, aus Weißrussland. Und jedes Jahr werden es mehr. Heute kann ja jeder nach Grabarka pilgern, der das möchte, früher war das verboten. In die Kirche konnten wir schon gehen, aber eine Prozession durchs Dorf nach Grabarka, das wäre nicht möglich gewesen.« Sie blinzelt mit den Augen gegen die Sonne und lächelt nachdenklich, während sie ihr Marienbild wieder vom Boden hochnimmt und in die Arme schließt. »Ich wollte immer so gerne einmal dorthin, aber jetzt, wo es geht, bin ich einfach zu alt. Es wäre zu anstrengend.«

Asia sitzt ein bisschen abseits im Schatten. Woher das denn komme, dass so viele junge Leute heute den orthodoxen Glauben für sich wieder entdecken? Aber das kann sie uns auch nicht wirklich erklären. Für sie persönlich sei das immer schon wichtig gewesen. »Diese Ruhe, die Stille und vor allem die klaren Regeln. Es ist alles genau vorgeschrieben, in der Liturgie, aber auch im alltäglichen Leben.« Wie sie das meint, ob sie ein Beispiel habe? »Ja sicher, etwa, wenn ich meine Tage habe, also unrein bin, dann darf ich nicht zur Kommunion gehen, nicht beichten. Oder die Beichte generell, die ist nicht so beliebig wie bei den Katholiken. Wir müssen immer vor der Kommunion beichten. Und bei unserer Beichte sitzen wir direkt vor dem Priester. Wir müssen ihm ins Gesicht sehen, das ist wichtig.« Strenger sei der orthodoxe Glaube und spiritueller. Die langen Gottesdienste, die Gesänge, und die Sprache, das alte Kirchenslawisch, in dem die Messen gehalten werden, »das alles ist doch viel tiefer und geheimnisvoller als das, was bei den Katholiken passiert«.

Asia ist jetzt so heiser, dass ich mir nicht sicher bin, ob sie in Grabarka noch sprechen können wird. Irgendwie passt ihre nüchterne, pragmatische Art nicht zu dem, was sie erzählt. Was sie denn sonst so mache im Leben? Biologie habe sie in Warschau studiert, aber auf Bitten ihrer Eltern sei sie in ihr Dorf zurückgegangen. »Wir Orthodoxen haben nun einmal hier in Ostpolen unsere Heimat. Und es ist nicht gut, dass die meisten jungen Leute von hier nach

Westen verschwinden. Denn dann sterben die Dörfer hier irgendwann.« So sei sie heute Biologielehrerin in dem Dorf, in dem sie geboren ist. Knapp 100 Kilometer von Grabarka. Ich dürfe das nicht missverstehen, sie gestalte ihr Leben schon so, wie sie es wolle.

Da mich das nicht wirklich überzeugt, versuche ich es nun direkt. Ich fände es dennoch widersprüchlich, was sie erzählt habe. Einerseits wirke sie auf mich selbstbewusst, emanzipiert, habe Biologie studiert, andererseits erkläre sie mir hier gerade, dass sie als Frau unrein sei, wenn sie ihre Tage habe und dann nicht zur Beichte dürfe. Asia wirft ihre Haare wieder mit der linken Hand nach hinten und setzt noch einmal neu an. »Das ist doch kein Widerspruch. Das alles heißt ja nicht, dass die Frauen zu Hause sitzen. Wir entwickeln uns weiter. Viele meiner Freundinnen haben wie ich in Warschau studiert, und nicht nur die typischen Frauenfächer. Journalismus, Physik, oder Biologie, so wie ich.«

Es sei doch Unsinn, dass eine selbstbewusste, moderne Frau nicht religiös sein könne. Sie unterwerfe sich den Regeln ihrer Religion freiwillig und gerne. »Und wenn das mit dem, was ich möchte, nicht zusammenpasst, dann muss man eben einen Ausweg finden. Ich bin energisch, und bis jetzt habe ich immer eine Lösung gefunden. Und wenn ich nicht mehr weiter weiß, habe ich eine Psychologin, bei der ich mich ausspreche.« Sie schaut mich herausfordernd an und ich beschließe, es für den Moment dabei zu belassen. Eine Psychologin. Das hatte ich jetzt nicht erwartet. Hier in Ostpolen auf dem Land nicht und bei einer gläubigen orthodoxen Pilgerin schon gar nicht.

Genauso wenig hatte ich das erwartet, was ich dann vor mir sah. Hunderte von Buden mit billigem Tand, Hotdogs, Spielautomaten, Plastik-Ikonen. Wir waren am Fuß des heiligen Bergs angekommen, mit unserer kleinen Gruppe strömten von überall her immer wieder neue Gruppen aus allen Himmelsrichtungen, und das Erste, auf das wir und sie alle trafen, war eine große Kirmes. Keine Mystik, nichts Heiliges und still war es schon gar nicht. Stattdessen ein Riesengeschäft. Zumindest für Wojtek, der eigens aus Warschau angereist war, natürlich nicht zu Fuß, und nicht als Pilger, sondern mit dem Auto und als Geschäftsmann. So viel wie hier an einem Tag verdiene er sonst das ganze Jahr nicht mit seiner Hotdog-Bude. Und sein Bruder, er zeigt auf das Zelt neben seinem Stand, der verdiene mit seinen Spielautomaten auch sonst an keinem Ort der Welt so schnell so viel. Noch allerdings war es fast gespenstisch leer auf der Kirmes, obwohl rings um den Berg sicher schon gut 10.000 Menschen ihre großen und kleinen Zelte aufgeschlagen hatten. »Die kommen ja auch erst hierher, wenn alles vorbei ist, morgen früh, nach der heiligen Nacht. Aber dann alle auf einmal.« Er nickt, und als er sieht, dass wir kein Hotdog von ihm wollen, fährt er fort, aus seinem Auto einen Karton nach dem anderen auszupacken. Hunderte Kartons voller billiger Würste für den Morgen nach der heiligen Nacht. Und daneben die Spielautomaten.

Asia hatten wir im Getümmel der Ankunft verloren. Sicherheitshalber hatten wir uns bereits vorher mit ihr an der Quelle verabredet. Dort waren aber bereits jetzt Tausende versammelt. Eine kaum zu überschauende Menschenmenge, die sich bis hoch zur Spitze des Bergs zu drängeln schien. Mich überkamen leise Zweifel, ob wir Asia hier wiederfinden würden. Aber noch war Zeit und wir hatten auch noch einen Termin mit der Äbtissin des Klosters von Grabarka.

Denn auf der Spitze des Bergs steht – umgeben von einem Wald von Tausenden von Kreuzen, die hier im Laufe der Jahre hingebracht wurden – das wichtigste orthodoxe Frauenkloster Polens, das Kloster der heiligen Marta und Maria.

Ein unscheinbares Wohnhaus, in das wir nicht hineindürfen, denn die Nonnen sind im Stress. Überall wird geputzt, gefegt, seit Tagen gehe das schon so, dafür müssten wir Verständnis haben, erklärt eine Schwester am Eingang. Stattdessen kommt die Äbtissin zu uns heraus. Schwester Hermione. Ganz in Schwarz mit einer ähnlichen hohen Kopfbedeckung, dem Klobuk, wie ich sie schon von den Mönchen in Jablezna kannte. Zusätzlich trägt sie noch ein Tuch unter dem Klobuk, das bis auf die Schultern fällt und ihr Gesicht so knapp einrahmt, dass man zweimal hinschauen muss, um zu erkennen, mit wem man es zu tun hat.

Es ist ein junges Gesicht, das ich sehe, und tatsächlich, erklärt sie streng, sei sie erst 39. Seit 1995 ist sie die Äbtissin des Klosters, das erst 1947 hier gegründet wurde. Sie erzählt klar, geradeaus und fast ohne jede Mimik.

Die Gründerin des Klosters von Grabarka war eine russische Aristokratin, Sofia Niekludow, die als kleines Mädchen noch mit den Kindern des Zaren gespielt hatte, und, nach einer abenteuerlichen Lebensgeschichte, schließlich als Schwester Maria mit dem Aufbau des Klosters betraut wurde. Mitten in einer für die orthodoxen Gläubigen schwierigen und verworrenen Zeit. Denn mit dem Zweiten Weltkrieg und dem Bug als neuer Ostgrenze Polens waren die wichtigsten Klöster und Wallfahrtsorte der Orthodoxen plötzlich jenseits des Bugs in der Sowjetunion verschwunden und damit kaum mehr zugänglich. Durch die Umsiedlung der Ukrainer durch Polen verlor die orthodoxe Kirche in Polen außerdem noch einmal einen Großteil ihrer Gläubigen, denn die waren meist Ukrainer oder Weißrussen. Schwester Maria kam aber nicht nur aus einer aristokratischen Familie und war dementsprechend gut ausgebildet, sie muss auch sehr zäh, pragmatisch und hartnäckig gewesen sein. Schon zwei Jahre später zählte das Kloster trotz der widrigen äußeren Umstände 11 Nonnen.

Heute ist es nicht nur das wichtigste, sondern auch das größte orthodoxe Kloster diesseits des Bugs. 16 Nonnen leben hier, fast alle unter 40, zwei Novizinnen, erklärt die Äbtissin, die sich auf eine Bank neben dem Kloster setzt und erzählt. Dass es zeitweilig nur vier bis fünf Nonnen im Kloster waren, der starke Zulauf der Jugend in den Kirchen heute aber auch für Nachschub im Kloster sorge. Dass alle Neuzugänge geblieben seien und sie sich heute keine Sorgen mehr um die Zukunft des Klosters mache. Über die Probleme, die sie früher im Sozialismus hatten, will sie nicht sprechen. »Es gab gewisse Schwierigkeiten, wenn wir Jugendgruppen hier hatten, vor 1989, dann sind wir immer sehr beobachtet worden.« Das Schlimmste für das Kloster sei aber danach passiert. 1990 wurde die Holzkirche, die noch aus dem 19. Jahrhundert stammte, von einem Brandstifter aus einem Nachbardorf vollständig zerstört. Alles verbrannte, wertvolle Wandmalereien, Ikonen aus dem 17. Jahrhundert, der Altar, das gesamte Mobiliar. Alles bis auf die Bibel, die die Flammen wie durch ein Wunder überlebte und die bis heute im Kloster verwahrt wird. Angeblich habe der Brandstifter zunächst ein Auto stehlen wollen, und als das nicht gelang, aus Wut darüber das Feuer gelegt. Ob nicht doch latenter Rassismus, eine lang aufgestaute Abneigung der katholischen Umgebung, in dieser Tat ihren Ausdruck fand, darüber will hier heute keiner mehr sprechen.

Die Kirche wurde in den Jahren darauf wieder vollständig aufgebaut, in mühsamer Kleinarbeit. Erst im Mai 1998 konnte sie wieder eingeweiht werden. Die Pilger jenes Jahres wurden gebeten, einen Stein mitzubringen, und aus den vielen tausend Steinen, die auf diesem Weg zum Heiligen Berg gelangten, bauten die Nonnen eine große Mauer rings um das Kloster, das seitdem so geschützt wird. Die Äbtissin steht auf und nickt kurz. Das war offenbar ihr Schlusswort. Sie verschwindet fast wortlos. In wenigen Stunden beginnt die heilige Nacht und die letzten Meter vom Fuß des Berges bis zur Kirche gehen die Nonnen gemeinsam mit den Pilgern.

Asia steht an der Quelle, genau dort, wo wir verabredet sind, und wäscht ein Tuch, das sie die ganze Zeit am Körper getragen hat. »Damit reinigen wir uns symbolisch von unseren Sünden und Sorgen«, erklärt sie ernst und hängt es in einen der Sträucher, die rings um die Quelle stehen. Neben Tausende von anderen ähnlichen Tüchern, die hier bereits hängen. »Morgen früh werden die Nonnen die Tücher abnehmen und verbrennen. Und mit ihnen alles, was uns das Jahr bedrückt hat.« Sie kann kaum mehr sprechen, aber das ist ihr ganz recht, denn sie will auch nicht mehr sprechen. Denn sie ist angekommen, dort wo sie hinwollte, und will sich jetzt auf die bevorstehende Nacht konzentrieren. Sie nimmt ihr Kreuz, ein letztes Mal, denn am Friedhof neben der Klosterkirche werden die mitgebrachten Kreuze jetzt gesegnet, bevor die Gläubigen sie dann neben die vielen tausend anderen Kreuze in den Boden stecken und sich von ihnen verabschieden.

Es ist tatsächlich ein ganzer Wald von Kreuzen, große, kleine, mit Inschriften versehene Kreuze, bunte Kreuze, mit Moos überwachsene, rosenkranzbehängte Kreuze. Jedes Kreuz eine Bitte, eine Hoffnung, der Wunsch eines Pilgers. Und überall stehen oder knien betende Menschen, in sich versunkene Gestalten, die ihre Umgebung kaum wahrnehmen.

Vor einem besonders großen Holzkreuz steht eine junge Frau und weint hemmungslos. Ich will sie nicht stören, aber sie beginnt sofort zu erzählen, als sie uns sieht. »Ich bin so müde und erschöpft, aber ich weine vor Freude, vor Glück, dass ich noch einmal hierher kommen konnte. Sehen Sie, das hier ist mein Kreuz, das ich im vergangenen Jahr aus Weißrussland hierher getragen habe. Zwei Monate, nachdem ich aus dem Krankenhaus entlassen wurde. Ich war schwer krank und wusste nicht, ob ich den langen Weg zu Fuß schaffen würde. Aber ich wollte unbedingt hierher, um dafür zu beten, dass Gott mich leben lässt. Und ich habe es geschafft. Jetzt ist ein Jahr vergangen und ich lebe weiterhin. Und jetzt bin ich hier, um dafür zu danken.« Mit einer Gruppe aus Minsk sei sie hergekommen. »Auch noch weiter östlich aus Weißrussland kommen die Gruppen. Ich weiß, dass sogar Menschen aus Moskau hier sind, aus der Ukraine, aus der Slowakei.« Sie beginnt erneut zu beten und zu weinen, und als der Priester kommt, um die Kreuze zu segnen, verlassen wir vorsichtig den Friedhof. Wir gehören hier nicht hin.

Und dann beginnt die heilige Nacht. Die Sonne ist untergegangen und ein Rest Licht taucht die Szenerie in ein flammendes Orange. Der Metropolit Sawa, das Oberhaupt der polnisch-orthodoxen Kirche, steht auf einer kleinen Bühne, mit ihm an die hundert Priester, die Nonnen des Klosters und ein großer Chor, der zu singen begonnen hat. Der Metropolit segnet das Brot und mit diesem Gottesdienst beginnt die Zeremonie der heiligen Nacht, die bis in den frühen Morgen dauern wird.

Asia treffen wir noch einmal auf dem Friedhof wieder. Es ist kurz nach Mitternacht, sie hat gebeichtet und war bei der Kommunion. Jetzt sitzt sie, eine kleine Kerze in der Hand, zwischen den Gräbern des Friedhofs und betet für die Verstorbenen. »Panichida« nennt sich diese Totenandacht auf Altslawisch. Bis in den Morgen wird sie hier sitzen, mit vielen anderen Menschen, die um sie herum das Gleiche tun. Schwaden von Weihrauch hängen in der Luft. Der Friedhof ist übersät mit kleinen Lichtpunkten. Wir verabschieden uns von Asia. Als sie hochsieht, hat sie Tränen in den

Augen. Rührung? Müdigkeit? Sie weiß es selbst nicht. »Ich kann das nicht erklären, was das hier für mich bedeutet, ich hoffe nur, dass das, was ich hier an Geist bekommen habe, für das ganze nächste Jahr reichen wird und anhält. Vielleicht für mein ganzes Leben.«

Wir bahnen uns unseren Weg über den nur durch die Kerzen erleuchteten Friedhof. Die Nacht ist feucht und kühl, aber außer uns scheint das niemand zu spüren. Die Menschen beten leise, vor den Gräbern, vor den Kreuzen, und sie scheinen alle denselben Singsang zu murmeln. Doch wenn man genau hinhört, betet jeder anders, entfaltet sich ein Stimmengewirr aus Russisch, Ukrainisch und Polnisch. Wenn man genau hinsieht, dann sieht man Gesichter, die aus Regionen weit jenseits des Bugs hierher gekommen sind. Menschen, für die es keinerlei Bedeutung mehr hat, dass dieser Fluss seit dem Zweiten Weltkrieg zu einer neuen Grenze geworden ist. Menschen einer Region, die seit dem Zusammenbruch der Sowjetunion wieder zusammenkommen, im Sog des Zerfallsprozesses ihre gemeinsame Religion und ihre Traditionen wieder neu entdecken, als habe es all die Jahre zuvor nie gegeben.

Ich winke Asia noch einmal von weitem zu, sie sieht mich nicht mehr. Sie ist Polin, aber sie ist auch etwas anderes. Sie ist Bewohnerin dieser Grenzregion, die ihre eigene Geschichte und Identität hat. So verworren die sein mag. Übermorgen wird sie wieder Biologieunterricht geben, in dem kleinen Dorf, in dem sie geboren ist und in das sie aus Warschau zurückgekehrt ist, damit ihr Glaube und das Dorf nicht sterben. Ein kleiner Junge, höchstens 12, kommt uns entgegen, tief in sein Gebet versunken. Er balanciert eine Kerze, die viel zu groß für ihn ist und deren heißer Wachs ihm über die Hände tropft. Vom Rand des Friedhofs aus meine ich die Lichter einer Stadt zu sehen. Ist es die Müdigkeit? Oder die Kirmes, die morgen früh beginnt, wenn hier alles vorbei ist? Weihrauchfetzen ziehen vorüber, vielleicht ist es aber auch schon erster Morgennebel.

Ich drehe mich noch einmal um, ganz langsam, aber Asia ist im Dunkel verschwunden. Wir haben zu Ende gedreht, alles gefilmt, was wir brauchten, und wir gehen, denn wir gehören nicht hierhin. Es ist das Ende unserer Reise und es ist eine seltsame Nacht, diese

Nacht hier in Grabarka. Eine Nacht, in der ich spüre, wie fremd dieses Polen sein kann. Wie weit entfernt und nah zugleich.

Eine Woche später sind wir wieder zurück in Warschau. An Stalins Kulturpalast hängen neue überdimensionale Reklamebanner. Fünf Uhr nachmittags, Rushhour. Der Verkehr ist mal wieder zusammengebrochen, aus den Büros strömen Tausende von gehetzten Hauptstädtern. Fast-Food-Ketten werben auf Videowänden mit Niedrigstpreisen. Ein Zeitungsverkäufer versucht sein Glück bei gereizten Autofahrern in den Rotphasen der Ampeln. Selbst auf den Skeletten neu entstehender Bürohochhäuser hängt Werbung. Kräne und Baustellen, wohin das Auge blickt. Die Ampel schaltet auf Grün, wir fahren im Schritttempo durch die Hauptstadt, durch eine große, immer amerikanischer werdende Wüste aus Beton und Glaspalästen.

Der Bug und Ostpolen scheinen Lichtjahre entfernt, obwohl es von hier nur knapp 200 Kilometer bis zur polnischen Ostgrenze sind.

Ich bin zu einem Dinner eingeladen. Lauter junge, erfolgreiche Warschauer, die sich über die Vor- und Nachteile des EU-Beitritts auslassen. Grabarka? Nie gehört. Als ich davon erzähle, wie faszinierend das Land am Bug ist, wie schön die Landschaft, wie irritierend vielfältig Geschichte und Menschen dort seien, ernte ich verständnislose, bestenfalls interessierte Blicke. Ich kenne das schon. Für die meisten Polen ist der Osten ihres Landes wesentlich weiter weg als Berlin oder London. Es scheint ein Phänomen zu sein, das sich von Land zu Land wiederholt. Den Blick starr Richtung Westen gerichtet, ist der Osten immer da, wo die anderen sind.

Ostpolen? Für die meisten Menschen in Warschau und westlich davon ist das »Polen B«, das für Armut steht und das daran erinnert, wie nah Polen auch an Russland liegt. Im Polen von heute will das kaum einer mehr wissen. Polen schaut nach Berlin, nach Brüssel, nach Amerika. Polen wird mental weiter Richtung Westen rücken, so schwer die Kämpfe in der EU auch werden mögen, während der Osten des Landes und die Regionen hinter der zukünftigen Außengrenze der EU immer weiter in Vergessenheit geraten. Schon jetzt sind es ganze Landstriche, die – im Sog dieser Westfixierung – ausbluten, die an Perspektivlosigkeit und Landflucht leiden. Orte, wo keiner mehr leben will. Diesseits und jenseits des Bugs. Ostpolen, die Westukraine, das alte Mitteleuropa, das ehemalige Galizien.

Dieses Grenzland am Bug, das keinen Namen hat und von der Geschichte so verwüstet wurde wie kaum eine andere Region Europas, steuert heute auf eine ungewisse Zukunft zu. Das Völkergemisch aus Juden, Ukrainern, Polen, Russen und Deutschen ist verschwunden. Die Juden wurden von den Nazis im Zweiten Weltkrieg fast vollständig vernichtet, die Polen aus ihren Ostgebieten von den Ukrainern und Russen vertrieben, während der polnische Staat nach dem Krieg die Ukrainer in die neuen polnischen Westgebiete umsiedelte, aus denen zuvor die Deutschen geflohen waren. Es war eine beispiellose Migration, die dieses Land aufgewühlt und dafür gesorgt hat, das sich bis heute hier niemand mehr sicher beheimatet fühlt. Und dennoch ist es ein Teil Europas. Einer der unübersichtlichsten, der verwirrendsten, aber auch einer der interessantesten. Es ist ein Teil Europas, der deshalb nicht noch mehr aus dem Blickfeld geraten sollte. Auch wenn mit dem Bug als neuer Ostgrenze der Europäischen Union wieder eine künstliche politische Linie mitten durch diese Grenzregion gezogen wird. Es bleibt eine Region, die Teil unserer Geschichte ist, das zerrissene Land am Bug. Deshalb haben wir diesen Film gemacht.

Zeittafel

981	Großfürst Wladimir von Kiew erobert das Grenzgebiet der heutigen Ukraine.
988	Taufe der Einwohner der Kiewer Rus auf Geheiß von Großfürst Wladimir. Missionare aus Byzanz setzen sich in Kiew durch.
12. Jahrh.	Entstehung der Fürstentümer Wolhynien und Halytsch (das alte Galizien).
1240	Eroberung und Zerstörung Kiews durch die Mongolen. Fürst Danylo übernimmt die Führungsrolle in Galizien und Wolhynien.
1253	Danylo wird König der Rus.
1256	Gründung von Lemberg durch König Danylo, der die Stadt nach seinem Sohn Leo benennt. Danylo lädt deutsche Siedler ein.
1349	Eroberung von Lemberg und Galizien durch den polnischen König Kasimir der Große. 600 Jahre polnischer Anwesenheit und Herrschaft in Galizien beginnen.
1356	Lemberg erhält Magdeburger Stadtrecht.
14. Jahrh.	Nach der Eroberung von Galizien und Wolhynien durch Polen wird der Katholizismus Herrschaftsreligion in dieser Region. Die orthodoxe Kirche wird der katholischen Kirche untergeordnet.

1453	Das Osmanische Reich erobert Konstantinopel. Damit verschärft sich die Krise der orthodoxen Kirchen.
1596	Kirchenunion von Brest: Die wichtigsten katholischen Dogmen und der Papst als Oberhaupt werden von der neuen unierten, griechisch-katholischen Kirche anerkannt. Die Kirchenspaltung auf ukrainischem Territorium löst schwere Auseinandersetzungen zwischen der unierten und der orthodoxen Kirche aus.
1772	Erste Teilung Polens, Galizien fällt an Österreich.
1774	Die Bukowina wird Provinz des österreichischen Kronlandes Galizien/Lodomerien.
1781	Toleranz-Edikt von Joseph II. Die Konfessionen der Habsburger Monarchie werden gleichgestellt. Gründung von Priesterseminaren für die griechisch-katholische Kirche. Sie wird im 19. Jahrhundert Motor der ukrainischen Nationalbewegung in Galizien.
1848	Nach der Revolution in Österreich erhält die ukrainische Nationalbewegung Auftrieb (insbesondere in Galizien).
Ende 19. Jahrh. – Anfang 20. Jahrh.	Auswanderungswelle aus Galizien nach Amerika. 500.000 Menschen emigrieren wegen des wirtschaftlichen Elends.
1914	Beginn des Ersten Weltkriegs. Galizien wird bis 1915 von russischen Truppen besetzt.
9.11.1918	Die Westukrainische Volksrepublik wird ausgerufen.

Nov. 1918 – Juli 1919	Ukrainisch-polnischer Krieg um Galizien.
1919–1939	Galizien und Wolhynien unter polnischer Herrschaft.
Sept. 1939	Galizien und Wolhynien werden nach dem Hitler-Stalin-Pakt von der Sowjetunion besetzt. Vereinigung mit der ukrainischen Sowjetrepublik (Kiew).
1941–1944	Galizien als General-Gouvernement von Nazi-Deutschland.
1943–1944	Blutbad zwischen Polen und Ukrainern in Wolhynien.
Juli 1944	Die Rote Armee besetzt Galizien und Wolhynien. Partisanenkrieg ukrainischer Nationalisten gegen die Sowjetmacht bis in die 50er-Jahre.
1946	Die griechisch-katholische Kirche in Galizien wird durch die Sowjets aufgelöst.
1989	Die griechisch-katholische Kirche wird wieder zugelassen.
1991	Unabhängigkeit der Ukraine.

Literatur zum Weiterlesen

Alexander, Manfred: Kleine Geschichte Polens, Stuttgart 2003.

Ausländer, Rose: Gedichte. Hg.v. Helmut Braun, Frankfurt a.M. 2001.

Celan, Paul: Die Gedichte. Hg. v. Barbara Wiedemann, Frankfurt a.M. 2003.

Pollack, Martin: Galizien. Eine Reise durch die verschwundene Welt Ostgaliziens und der Bukowina, Frankfurt a.M. 2002.

Roth, Joseph: Radetzkymarsch, Köln 1999.

Roth, Joseph: Werke. Bd. I-VI. Hg. und eingeleitet von Fritz Hacker und Klaus Westermann, Köln 1989-1991.

Schewtschenko, Taras: Ausgewählte Gedichte, Viersen 1994.

Simonek, Stefan/Woldau, Alois (Hrsg.): Europa erlesen. Galizien, Klagenfurt 1998.